戦国仏教と京都

法華宗・日蓮宗を中心に

河内将芳
kawauchi masayoshi

法藏館

戦国仏教と京都——法華宗・日蓮宗を中心に——＊目次

Ⅱ　寺地と京都

戦国仏教と京都

——法華宗・日蓮宗を中心に——

序

「戦国仏教」と聞いて、人はどのようなことを思いうかべるだろうか。おそらく多くの人びとは、「戦国」ということばがつけられているため、いわゆる「戦国大名」と同じように、猛々しい何かをイメージするにちがいない。

しかしながら、本書でみていこうという「戦国仏教」とは、そのようなイメージとは大きく異なる。なぜなら、「戦国仏教」とは、歴史学（文献史学）、あるいは宗教史・仏教史における、すぐれて学術的な呼称であり、用語だからである。しかも、「戦国仏教」は、戦国期の仏教とイコールの関係にもない。

それでは、その「戦国仏教」という呼称はどのようにして登場し、そして、研究史のうえに位置づけられているのだろうか。序では、まずこの点をひもとくとともに、それをふまえたうえで、本書のめざすところについてふれていくことにしよう。

一 「戦国仏教」をめぐる研究史

(1)「戦国仏教」という呼称

二〇〇九年（平成二一）、湯浅治久氏によって『戦国仏教――中世社会と日蓮宗――』（中公新書）と題された一冊の書物が刊行された。一般には耳なれないであろう「戦国仏教」という呼称が、書名として表舞台に立ったことは記憶にあたらしい。

もっとも、「戦国仏教」という呼称自体が登場したのは、それから三〇年あまりさかのぼった一九七五年（昭和五〇）のことになる。同年に刊行された『岩波講座日本歴史　第一〇巻　近世2』所収の藤井学氏の論考「近世初期の政治思想と国家意識」（のちに同『法華文化の展開』法藏館、二〇〇二年に所収）のなかで、はじめて「戦国仏教」という呼称はつかわれたと考えられているからである。

それでは、その藤井氏の論考において、「戦国仏教」という呼称はどのようにつかわれているのであろうか。該当する部分を引用してみるとつぎのようになろう。

親鸞や日蓮は本巻（『岩波講座日本歴史　第一〇巻　近世2』：河内註）でとりあつかう時代よりはるかに古い中世の人である。だが、かれらの教説が一定の社会的基盤をもって民衆社会にいつ受容されたかというと、かれらが生きていた時代はもとより、室町前期の段階でも、その教説に接する機会にめぐまれた人はまだ微々たる数である。幾世紀にもわたる門弟の布教と宗祖の述作の転写の量的蓄積を経て、かれらの教説がいわば国民的規模で民衆思想の地位を得たのは、たとえば史料の上で、幾万幾十万の数をもって門徒一揆が蜂起する戦国以降、さらに本巻でとりあつかう時代にかけてのことである。この意味では真宗も法華宗も、鎌倉仏教というよりは、戦国仏教と考えた方がはるかに実態に即した呼称である。

一見してあきらかなように、読みやすく、また印象深い文章であることがみてとれるが、ここでまず確認しておく必要があるのは、藤井氏のいう「戦国仏教」が、いわゆる新仏教に属する「真宗」と「法華宗」にかぎられるものであり、また、それらをして「戦国仏教」という「呼称」が「実態に即」すると判断されたのは、「かれら」（「親鸞や日蓮」）の「教説が一定の社会的基盤をもって民衆社会に」「受容された」のが「たとえば史料の上で、幾万幾十万の数をもって門徒一揆が蜂起する戦国以降、さらに本巻でとりあつかう時代（近世初期：河内註）にかけて」という事実によるものであった点であろう。

「社会的基盤」ということばがつかわれ、また、「門徒一揆」の「蜂起」に指標がおかれるなど、「戦国仏教」という呼称が登場するにあたっても、一九七〇年代当時の研究状況が色濃く影を落としていたことがうかがわれる。と同時に、同じ一九七五年には、黒田俊雄氏によって顕密体制論[1]と寺社勢力論[2]が提唱されており、そのことと、藤井氏が「戦国仏教」という呼称をえらびとったこととが無関係であると考えるほうがむしろ不自然であろう[3]。

もっとも、藤井氏自身が、「戦国仏教」という呼称を右の一節をのぞいて積極的につかわなかったことも関係するのであろう、このあとしばらく「戦国仏教」という呼称にふれる論考は登場しなくなる。そのような状況に変化がもたらされたのは、一九八八年（昭和六三）、大桑斉氏によって論考「十五・十六世紀宗教化状況における神観念――東アジア世界史の視点から――」[4]が発表されて以降となる。この論考で大桑氏は、「戦国仏教」という呼称を積極的につかうとともに、はじめてその内実についても論じることになるからである。

大桑氏の議論の特徴は、「日本の中世社会が近世に向かって動き出す変革」の時期にあたる「戦国期」は、「宗教に対して民衆救済という課題を、きわめて現実的なものとして突きつけ」、「これを受けとめようとした仏教者たちは、その依って立つ鎌倉仏教を、民衆救済の宗教として改めて再編する課題を担うことになった」ととらえた点にある。

また、それをふまえて、「藤井学氏が、親鸞や日蓮の教説が「国民的規模で民衆思想の地位を得たのは」戦国期以降のことであり、「この意味では真宗も法華宗も、鎌倉仏教というよりは、戦国仏教と考えた方がはるかに実態に則《ママ》した呼称である」という「戦国仏教」は、そのような仏教者たちの課題うけとめの結果として形成されたものと見るべき」と言及する。

しかも、「戦国仏教」が「民衆救済を課題としつつ具体的にどのようにして形成されていったのか」「その究明は、真宗や法華宗などを個別的に考えるだけでは不充分であり、同じ民衆仏教であった浄土宗や時宗、逆に体制との結合の顕著な禅宗、さらには仏教と一線を画して「神道」を形成しようとしていた神祇信仰などを含めて、それらの宗派的立場を越えた総合的把握が必要」であり、「「戦国仏教」は多神教・汎神論を前提とする一神教（の志向）としての本質を有している」との理解が示されたところにも特徴がみられよう。

大桑氏は、以上をふまえて、思想史の立場から「戦国期宗教化状況論」を展開することになるわけだが、ただ、「思想史的内容分析に主眼が置かれたために、社会的動態についての実証作業は弱い」[5]ということも影響したのだろうか、氏の議論がその後の宗教史や仏教史へとひきつがれていくことはなかったように思われる。

たとえば、一九九二年（平成四）に刊行された平雅行氏の論集『日本中世の社会と仏教』（塙書房）「序」のうち、「宗派史的方法とその問題点」が論じられたところでも、「新仏教」「旧仏教」概念の問題にかかわって、「かつて藤井学氏は、日蓮宗や浄土真宗が教団として実態を持ちはじめるのは、せいぜい戦国時代に入ってからであって、鎌倉仏教というよりは戦国仏教と捉えるべきではないかと提言したが、氏の提唱通り、鎌倉新仏教という用語よりは戦国新仏教・江戸新仏教の呼称の方が、はるかに実態に近い」とはふれられていても、大桑氏の議論に関説した形跡はみられないし、それはまた、二〇〇一年（平成一三）に刊行された同氏の著書『親鸞とその時代』（法藏館）においても同様と考えられるからである。

そのうえ、湯浅氏の『戦国仏教──中世社会と日蓮宗──』「第1章　戦国仏教とは何か」の参考文献としてあげられているのも、平氏の『親鸞とその時代』と藤井氏の『法華文化の展開』のみである。これらのことからもうかがい知れるように、『戦国仏教──中世社会と日蓮宗──』が執筆されようとしていた段階においてもなお、「戦国仏教」という呼称は、その有効性がみとめられるいっぽうで、その内実についてはほとんど議論がかわされてこなかったという事実にいきあたることとなろう。

（2）『戦国仏教──中世社会と日蓮宗──』の登場

それでは、その『戦国仏教──中世社会と日蓮宗──』では、「戦国仏教」についてどのような議論が展開されたのであろうか。議論の出発点としては、ここまでみてきたような研究史をふまえて、顕密体制論にもとづきつつ、「中世仏教＝顕密仏教」を前提に「鎌倉仏教が自立した存在となり、社会に影響力をもつようになるのはいつかというと、それは戦国時代である」との理解から説きおこされることになる。

研究史の流れからみれば妥当なところといえようが、ここからあと、その議論は特徴をみせていくことになる。たとえば、一向一揆や法華一揆など、藤井氏が指標とした「門徒一揆」[6]については、「ある意味でそれは戦国仏教の完成した姿の一つにすぎず、民衆的な基盤にこだわるあまり、その頂点のみを評価することに終始してしまっている感がある」と言及、「重要なのは、むしろどのような過程を経て鎌倉仏教が社会に浸透してゆくのか、いや、社会に浸透してゆくということはいかなる意味においてなのか、という点」にあると指摘されるからである。

したがって、「より日常的な「場」において、鎌倉仏教の何が誰によって受容されたのか、それが追求したものは何なのかを、特に受容する側の論理を尊重しつつ考えることが重要」として、「近年の中世社会をめぐる研究成果との接点」をさぐりつつ議論は展開されていくことになる。

ここでいう「中世社会をめぐる研究成果」とは、具体的には、「中世社会を覆う「一揆」の論理」や「村や町」、あるいは「戦国仏教の担い手」とされる「巨大な富を蓄えた富裕の人々」を意味する「有徳人」や「気候や環境」などを指すが、おもに東国社会にフィールドをおきつつ、西国社会へもめくばりしながら、具体的な事象の検討と「実証作業」が重ねられていくことになる。

そして、その結果として、「苛酷な環境や戦争の最中にある地域では、仏教と寺院が地域の核として地域住民の文字どおりの拠り所として確かに定着」するいっぽう、「温暖で流通が活発な比較的豊かな土地では、富裕な有徳人の手を離れてより広い住民層の帰依を求め、寺院が着実に地域に定着していった」という「事実を、日蓮宗という戦国仏教が日蓮以来の出世間主義を越えて、地域に開かれた存在として受け入れられたしるしとしてみてみたい。ここに戦国仏教は誕生したのである」との結論へ逢着していくことになる。

「仏教者たち」によって鎌倉仏教が「再編」され「形成」されたものが「戦国仏教」と理解する大桑氏に対して、湯浅氏の場合は、鎌倉仏教がどのように「受容」され「戦国仏教」として「成立」「誕生」したのかといった点に重心がおかれているところに特徴がみられる。

また、「成立」「誕生」の段階であえて議論をとどめている点にも特徴がみられるが、しかしながら、それは、「戦国仏教」をめぐるそれまでの議論が具体的な事象の検討や「実証作業」をともなってなされてこなかったことをふまえるなら、さけてとおることのできなかった作業といえよう。むしろ、このように具体的な事象や「実証作業」をとおして議論できる状況が示されたことによって、多くの人びとが議論に参加しうる環境がととのえられたことのほうに意義があると考えられる。

ちなみに、具体的な事象や「実証作業」の対象として法華宗（日蓮宗）がとりあげられた点も特徴といえ、それに対する批判のむきもあるようだが、そもそも「戦国仏教」という呼称が「真宗」と「法華宗」に限定されていたことを思いかえすなら、このことは、湯浅氏が、学問的な手順をふんで「戦国仏教」に対して真正面からむき合ったことを示すものにほかならないといえよう。むしろ「戦国仏教」の範囲を無限定にひろげなかったからこそ、議論がかわせるようになったのであり、そういう意味では的確な判断であったと考えられる。

もちろん、「戦国仏教」を将来にわたって「真宗」と「法華宗」におしとどめておいてもよいというわけではけっしてないが、いずれにしても、『戦国仏教——中世社会と日蓮宗——』の登場が、これまでの研究史を画するできごとであったことはまちがいない。したがって、「戦国仏教」について、歴史学の立場から何かを論じようとするものは、ひとしく湯浅氏の議論を出発点にしなければならなくなったといえよう。

なお、『戦国仏教——中世社会と日蓮宗——』ではふれられていないが、同書刊行の二年前には安藤弥氏が、「戦国期宗教史研究をめぐる現状と課題について」戦前にまでさかのぼって研究史を整理したうえで、「戦国仏教」を意識しつつ「宗派史を超えた構造的把握に挑戦するため宗教勢力という語句を試みに用い」た「戦国期宗教勢力」[7]論を提起していることはみのがしてはならない。

安藤氏の場合、湯浅氏とは対照的に、真宗史研究、あるいは本願寺研究に軸足をおき、「戦国仏教」を意識した実証研究を積み重ねるとともに、「真宗」の枠をこえたかたちで議論を展開しようとしている。ただ、その研究は、「戦国仏教」を出発点としたものとして、湯浅氏のものとならび立ちうると考えられるからである。

しかも、安藤氏は、佛教史学会編『仏教史研究ハンドブック』（法藏館、二〇一七年）の担当項目「戦国仏教」のなかでも、ふたたび研究史を確認したうえで、「現状は、戦国期に躍動した宗教勢力を各個に見ていくと同時に、あらためて包括的に捉える視点と枠組みを探ることが求められている」との重要な提言もおこなっている。氏の研究の進展には、ひきつづき注意をはらっていく必要があろう。(8)

ところで、以上みてきたような研究史の流れとはやや一線を画するかたちで研究をすすめているのが、神田千里氏である。神田氏の研究といえば、「戦国社会」や一向一揆・真宗信仰・「石山合戦」などの論考や著書で知られている。それらをふまえたうえで、戦国期と宗教についての議論も活発におこなっているわけだが、その代表的な成果が、『宗教で読む戦国時代』(講談社選書メチエ、二〇一〇年)と『戦国と宗教』(岩波新書、二〇一六年)となろう。(9)

このうち、前者については、すでに大田壮一郎氏によって詳細な検討と整理がなされており、それによれば、同書で展開された議論の特徴は、「様々な事例を用いて天道思想の社会的浸透を証明し、それを「国教」として概念化した上で国家論を展望」した点にあるという。おそらくこれは、イエズス会宣教師が残した史料に関する緻密な検討や、それをもとにしたキリスト教と「日本人の信仰」という神田氏がとりくんできた独自の考察を背景にして立ちあがってきたものと考えられよう。(10)

このように、神田氏の研究は、これまでの研究史の流れとは大きく方法論が異なっているという点では特異な存在ともいえる。ただ、戦国期の宗教(あるいは仏教)に強い関心を寄せているという点ではめざすところは同じであり、したがって、氏の議論と安藤氏がいうところの「包括的に捉える視点と枠組みを探る」こととがどのように交差していくのかという点についてもひきつづき注視していく必要があろう。

いずれにしてもこのように、二〇〇〇年代に入ってようやく「戦国仏教」をめぐる研究は、「戦国仏教」という呼称のひとりあるきといった段階から具体的な事象の検討や「実証作業」をとおして議論がかわせる段階へと入ったといえる。したがって、今後、必要とされてくる作業もまた、直接的には湯浅氏や安藤氏の議論を念頭におきつつ、より具体的な事象検討や「実証作業」の積み重ねといったものにならざるをえないといえよう。

二　本書のめざすところ

以上の研究史をふまえ、本書においても具体的な事象検討や「実証作業」の積み重ねをおこなっていきたいと思うが、それに先だち、著者のこれまでの立場を確認しておくと、著者の場合、そもそもの問題関心は、室町期から戦国・中近世移行期における京都の都市社会、とりわけ都市住民の人的な結合（社会的結合）がどのようにして立ちあがってきたのかという点にあり、その結合の紐帯のひとつとして信仰や宗教に注目するとともに、具体的な作業として、法華宗を対象に歴史学の観点から検討を重ねてきた経緯をもつ[11]。

したがって、法華宗を対象にしているとはいえ、その問題関心はあくまで人的な結合のありかたにあり、思想や教義といった側面よりむしろ社会集団としての教団や寺院が京都という都市社会のなかでどのようなすがたをみせていったのか、あるいはまた、人びとの結合に法華宗がどのような役割をはたしたのかといった点について考えてきた。

また、そのような検討をすすめていくにあたって注目したのは、京都の宗教界に絶大な影響力をもつ顕密寺院たる山門延暦寺大衆[12]や京都に拠点をおく朝廷（公家）ならびに室町幕府といった世俗権力、さらには戦国期の京都に影響力をおよぼしたさまざまな武家権力とのあいだでむすばれた関係性とその変化についてである。

藤井氏も、湯浅氏も、どちらかといえば、法華宗内部のいわば自生的な動きや変化に注目していた。それに対し、著者の場合は、むしろ他者との関係性に注目し、その変化の過程でうかびあがってくる教団や寺院としての法華宗の軌跡をたどるとともに、そこに、室町期とも、また近世とも異なり、しかも近世仏教の特徴のひとつとして知られる「相互に対等で自立的な宗派として、分立した」[13]すがたへとつながっていく「社会的地位の上昇という動き」を見いだし、それをもって、「戦国仏教」としての法華宗の「特徴」といえるのではないかと指摘するにいたったのである。[14]

ここでことさら「特徴」にふれているのは、同じ法華宗を対象としながらも、湯浅氏の議論が「成立」「誕生」に重心がおかれていたことに対応するものだが、このような著者の指摘が妥当なものかどうかといった点についても多方面からの検討が必要となってこよう。[15]

そのことをふまえたうえで、本書では、議論を少しでもまえにすすめていくためにこれまでの立場を継承しつつ、全体をⅠからⅣの四部構成にし、前半のⅠ・Ⅱにおいては、戦国期京都の法華宗内部に目をむけ、後半のⅢ・Ⅳにおいては、織田・豊臣政権との関係性のなかでみられるさまざまな事象についてみていきたいと思う。具体的には、本書が著者の第四論集であることを念頭に、ⅠからⅣには既発表論考および新稿を配置し、それらをまとめるかたちで、終では今後の展望についてもふれることができればと思う。

なお、あらためてみるまでもないことだが、「戦国仏教」という呼称は、「真宗」や「法華宗」といった「宗」、あるいは宗派の存在を前提としたものといえる。しかしながら、近年、中世後期の宗教史・仏教史においては、その「宗」や宗派の歴史的展開が検討すべき課題として注目されている。[16]とすれば、本書においても、戦国期京都における「宗」や宗派としての法華宗のありかたについてめくばりをしておく必要があろう。

この点に関連して注目されるのは、川本慎自氏が、「室町期から戦国期にかけては制度的な「宗派」という概念が生まれつつある時期[17]」と指摘し、また、大田壮一郎氏も、「室町後期」には「八宗はかつての国家と結びついた特権的な宗派という意味ではなく、複数性すなわち諸宗横並びの併存のみを意味するものとなっ[18]」たと指摘している点である。両氏が問題とするところと「戦国仏教」のいう「宗」や宗派とがそのまま接続するのかどうかといった点については、より慎重な検討が必要と考えられるが、それにつながる手がかりをさぐることはやはり重要と考えられるからである。

冒頭でもふれたように、「戦国仏教」と戦国期の仏教とは、かならずしもイコールの関係にはない。また、法華宗と「戦国仏教」とがイコールというわけでもけっしてない[19]。しかしながら、「戦国仏教」について考えていくことは、戦国期の仏教を考えていくうえでも重要な作業になるだけではなく、鎌倉期や南北朝・室町期、あるいは近世の仏教としての法華宗の特質をうかびあがらせていくためにも必要な作業となろう。

もっとも、そのさい、注意しておかなければならないのは、法華宗や真宗など、おのおのの「宗」や宗派ごとにきわだった個性がみられるのと同じように[20]、法華宗においても地域ごとにさまざまな違いがみられたという点である[21]。これまで著者が京都という一地域における法華宗にこだわってきたのもそれゆえであり、安藤氏が指摘する「戦国期に躍動した宗教勢力を各個に見ていくと同時に、あらためて包括的に捉える視点と枠組みを探ることが求められている」との提言を常に視野に入れつつ、具体的な事象検討や「実証作業」の積み重ねを着実につづけていくことが必要となろう。本書がそのようなささやかな流れの末端にでも加わることができればさいわいに思う。

なお、本書でつかうところの法華宗・日蓮宗という呼称は、「日蓮の法灯を継承する教団の総称[22]」であり、また、本文のなかで「法華宗」という呼称を原則としてつかっているのは、「中世では「法華宗」と号した[23]」という歴史的な事実によるものである。この点、あらかじめご理解願いたいと思う。

註

（1）黒田俊雄「中世における顕密体制の展開」（同『日本中世の国家と宗教』岩波書店、一九七五年、のちに『黒田俊雄著作集　第二巻　顕密体制論』法藏館、一九九四年）。

（2）黒田俊雄「中世寺社勢力論」（『岩波講座日本歴史　第六巻　中世2』岩波書店、一九七五年、のちに『黒田俊雄著作集　第三巻　顕密仏教と寺社勢力』法藏館、一九九五年）。

（3）大田壮一郎「中世仏教史の〈分水嶺〉――ポスト「顕密体制」を探る――」（荒武賢一朗・太田光俊・木下光生編『日本史学のフロンティア　2　列島の社会を問い直す』法政大学出版局、二〇一五年）。

（4）『仏教史学研究』第三一巻一号、一九八八年、のちに大桑斉『日本近世の思想と仏教』（法藏館、一九八九年）に「戦国期宗教化状況における神観念――東アジア世界史における日本の十五・十六世紀と宗教――」と改題され所収。

（5）安藤弥「戦国期宗教勢力論」（中世後期研究会編『室町・戦国期研究を読みなおす』思文閣出版、二〇〇七年）。

（6）最新の研究としては、仁木宏「宗教一揆」（『岩波講座日本歴史　第九巻　中世4』岩波書店、二〇一五年）、安藤弥「宗教一揆論という課題」（『日本史研究』六六七号、二〇一八年）参照。

（7）註（5）参照。

（8）安藤氏前掲「宗教一揆論という課題」参照。

（9）代表的な論集と単著としては、神田千里『一向一揆と真宗信仰』（吉川弘文館、一九九一年）、同『信長と石山合戦――中世の信仰と一揆――』（吉川弘文館、一九九五年）、同『一向一揆と戦国社会』（吉川弘文館、一九九八年）、同『一向一揆と石山合戦』（吉川弘文館、二〇〇七年）、同『戦国時代の自力と秩序』（吉川弘文館、二〇一三年）などがあげられよう。

（10）註（3）参照。

（11）河内将芳『中世京都の民衆と社会』（思文閣出版、二〇〇〇年）、同『中世京都の都市と宗教』（思文閣出版、二〇〇六年）、同『日蓮宗と戦国京都』（淡交社、二〇一三年）。

（12）南北朝・室町期以降の山門延暦寺については、下坂守『中世寺院社会の研究』（思文閣出版、二〇〇一年）、同

『京を支配する山法師たち――中世延暦寺の富と力――』（吉川弘文館、二〇一一年）、同『中世寺院社会と民衆――衆徒と馬借・神人・河原者――』（思文閣出版、二〇一四年）参照。
（13）註（1）参照。
（14）河内前掲『日蓮宗と戦国京都』参照。
（15）湯浅治久「新刊紹介　河内将芳著『日蓮宗と戦国京都』」（『史学雑誌』第一二三編八号、二〇一四年）、小池勝也「新刊紹介　河内将芳著『日蓮宗と戦国京都』」（『都市史研究』一号、二〇一四年）ほか。
（16）大塚紀弘「中世「禅律」仏教と「禅教律」十宗観」（『史学雑誌』第一一二編九号、二〇〇三年、のちに同『中世禅律仏教論』山川出版社、二〇〇九年）、同「中世仏教における「宗」と三学」（前掲『中世禅律仏教論』）、同「中世仏教における融和と排除の論理――「宗」と宗論をめぐって――」（『武蔵野大学仏教文化研究所紀要』二九号、二〇一三年）、川本慎自「室町幕府と仏教」（『岩波講座日本歴史　第八巻　中世3』岩波書店、二〇一四年）、大田氏前掲「中世仏教史の〈分水嶺〉――ポスト「顕密体制」を探る――」、同「宗論の史的考察」（天野文雄監修『禅からみた日本中世の文化と社会』ぺりかん社、二〇一六年）、近藤祐介「一五～一七世紀における門跡寺院と地域社会」（『歴史学研究』九七六号、二〇一八年）ほか。
（17）川本氏前掲「室町幕府と仏教」参照。
（18）註（3）参照。
（19）冠賢一「日蓮教団の展開」（小松邦彰・花野充道責任編集『シリーズ日蓮　第三巻　日蓮教団の成立と展開』春秋社、二〇一五年）。
（20）最近では、芳澤元「宗教勢力としての中世禅林――在俗宗教への道――」（『歴史評論』七九七号、二〇一六年、のちに同『日本中世社会と禅林文芸』吉川弘文館、二〇一七年）、斎藤夏来「五山僧の忘却と再発見の試み」（同『五山僧がつなぐ列島史――足利政権期の宗教と政治――』名古屋大学出版会、二〇一八年）など、あらためて禅宗の独自性に注目する研究がみられる。
（21）註（19）参照。
（22）中尾堯「十六世紀の京都妙顕寺における『重書目録』の検討――日広・日堯の文書・典籍の整理と蒐集事業をめ

ぐって――」（冠賢一先生古稀記念論文集刊行会編『日蓮教学教団史論集』山喜房佛書林、二〇一〇年）。

（23）　註（22）参照。

Ⅰ　師僧と檀徒

彼等の収入は大なるが、主たるものは檀家の寄進にして、彼等は之に依りて支持せられ、之に依りて贅沢に衣食す、其家の建築と修復は一切檀家之を負担し、必要に応じ家を建て装飾をなし、又清掃す、

（一五七一年一〇月六日付、ゴア発、パードレ・ガスパル・ビレラよりポルトガル国アビスの僧院のパードレ等に贈りし書翰）

第一章　戦国期・近世初頭における本阿弥一類の法華信仰

はじめに

家父光悦（本阿弥）は一生涯へつらひ候事至つて嫌ひの人にて、殊更日蓮宗にて信心あつく候、

これは、本阿弥家の家伝として知られる『本阿弥行状記』[1]にみえる一節である。本阿弥光悦の人となりを語るさいには、しばしば引用されるものとしてよく知られているが、光悦が「日蓮宗にて信心あつ」かったことを短文ながらよく伝えているものともいえる。

ここで光悦のことを「家父」といっている以上、右の証言は光悦の養子光瑳のものとなる。そして、そのような身近にいた人物からみても、光悦の法華信仰（日蓮宗信仰）は、「殊更」ということばにふさわしいものだったことがここからは知られよう。

それでは、その光悦をはぐくんだ本阿弥一類（一族）の法華信仰とは、どのようなものだったのだろうか。本章では、このことについて、古文書や古記録など、できるかぎり信頼できる同時代史料によって検討してみたいと思う。

この点に関連して先行研究をひもといてみると、歴史学の立場から検討を加えた藤井学氏による一連の研究[2]がうかびあがってくる。藤井氏の研究は、いずれも同時代史料にもとづいたものであり、一見するとそこに何かを付け加えることなどむずかしそうにもみえる。

しかしながら、藤井氏の研究が発表されて以降、現在にいたるまでにあらたな史料が複数発見されている。また、光悦をはじめとした本阿弥一類が居住し、日常をすごした戦国期・近世初頭の京都が、社会的にも、空間的にも大きく変貌をとげていったということに注目するなら、その変貌が信仰のありかたにおよぼした影響についても考えてみる必要があろう。

そもそも本阿弥一類が帰依する法華宗寺院の所在地でさえ、戦国期とそれ以降とでは大きくさまがわりしている。したがって、このような、いわば都市史的な観点から本阿弥一類の法華信仰を検討することは、これまでみえてこなかった部分に光をあてるとともに、光悦が洛外（京外）にひらいたことで知られる、いわゆる光悦村についてもあらたな意味を見いだすきっかけとなるであろう。

そこで本章では、以上をふまえたうえで、全体を「一　本阿弥一類の法華信仰」と「二　「光悦町」と光悦村」の二節に分け、具体的に検討していきたいと思う。

一　本阿弥一類の法華信仰

（1）本阿弥清信（本光）と日親との出会い

本阿弥一類が法華宗に信仰を寄せるようになったのは、いったいいつごろからだったのであろうか。じつは、このような基本的な点についてもそれを明示する同時代史料が残されていないため、はっきりとしたことはわからない。ただ、そのようななかにあって、近世中期に成立したものながら、本阿弥一類の法華信仰の発端を示すものとしてつとに知られているのが、『日親上人徳行記』[3]にみえる、つぎのような記事である。ややながくなるが、肝心なところを引用してみることにしよう。

> 本阿弥一名ハ松田氏、本の姓は菅原なり、此家の元祖妙本より代々相つゞきてきよのぶ《清信》にいたり、（中略）清信ふかく仏法を信じ、また法門をさとせり、このゆへに獄屋にして師《日親》のをしへ《教》をうけ、末法にたのむところハ法花《華》経にかぎり、（中略）ひとへに師を如来のごとく敬ひ、あらたに旦那となる、其のち、清信も師と同じく獄屋を出、あやうき難を遁れたること、まつたく師のいとく《威徳》による所といよ〳〵信じ敬ひ、志をはげみ、二世の御契約有しとき、師のたまハせしハ、子々孫々末葉のものまで法花《華》の正法をすて、邪師の法をうくるときハ、家門災難をまぬかれべからず、われ弘法相続し、ながくわが寺《本法寺》さかふるにおゐてハ、同じく本阿弥の家もさかふべし、わが地おとろふるときは本阿弥の家もおとろふべしと、かくのごとくふかき御契約ありて、大きに外護の旦那となる、文明年中に法号を授け給ひて、清信を本光となづく、それより一類剃髪してみな光の字を名のること、こゝに始る、（中略）子孫同名相続て本法寺外護の檀那として勲功あること自他のしる所なり、

ここに登場する「きよのぶ《清信》」とは、光悦からみれば、曾祖父にあたる人物である。『本阿弥三郎兵衛系譜』[4]によれば、清信は、本阿弥「妙寿ノ養子トナル」まえ、「松田右衛門三郎ト称」していたという。右に「本阿弥一名ハ松田氏」とみえるのは、そのことをあらわしている。

その清信が、「獄屋」に入れられたのは、右の記事の直前に記されているところによれば、「将軍義教」（足利義教）の「わきざし」（脇差）の「さやばし」り（鞘走）をうまく「つめ」ることができず、「大きにいかり給ひ」「籠舎」を命じられたためであったという。

ここから、そのころすでに清信が本阿弥の家職である刀剣の鑑定・磨礪・浄拭に従事していたことが知られるが、清信が入れられたその「獄屋」には先住の人のすがたがあった。それが「師」こと、日親そのひとである。つまり、清信は「獄屋」のなかで日親とまみえることになったわけだが、右の記事によれば、そこにいるあいだに清信は日親に帰依、「あらたに旦那」になったとされている。

『日親上人徳行記』が伝えているように、清信が実際に「獄屋」に入れられたのかどうかを同時代史料によって確認することはできない。ただ、そのいっぽうで、日親が「獄屋」に入れられたことについては、同時代史料によって確認することができる。たとえば、日親の著作『伝灯鈔』[5]にもつぎのようにみえるからである。

日親ハ嘉吉元年辛酉七月一日マデ預リノ分ニテ、綾小路万里小路ノ仮屋ニ出テ孤独ノ身トナリシ

これによれば、日親は嘉吉元年（一四四一）「七月一日」まで「預リノ分」だったという。ここでいう「預リノ分」とは、いわゆる囚人預置を意味すると考えられる。したがって、日親は室町幕府関係者のいずれかの「綾小路万里小路ノ仮屋」に預けられ、その監視下にあったということを意味するのであろう。

日親が「獄屋」に入れられたのがこの一度きりであったのなら、清信との出会いもこのときとなる。ところが、日親は、これからのち、もう一度、「獄屋」に入れられたことが知られている。そのことを伝える史料が、『長禄寛

正記[6]』という記録である。そして、そこにはつぎのように記されている。

同年《寛正三年》十一月八日千葉介ガ許ヨリ法花《華》ノ僧徒日親上人ト云法師ヲ召進ス、是ハ方々ニ横行シテ、法花《華》経ヲ談ジ、諸宗ノ仏法ヲ嘲リ、及宗論、（中略）出家ノ法ニ背キ、人ヲス、メ非法ヲ積リ、細川右馬頭《持賢》ニ預ラレ禁獄セラル、

嘉吉元年の出獄からおよそ二〇年たった寛正三年（一四六二）ころ、日親は京都から遠くはなれた肥前国において布教活動をおこなっていた。ところが、そこからまた京都へ「召進」められ、「細川右馬頭《持賢》」に「預ラレ」、「禁獄」されたことが読みとれる。

右にみえる「方々ニ横行シテ、法花《華》経ヲ談ジ、諸宗ノ仏法ヲ嘲リ、及宗論」といった記事からも、日親の布教活動のはげしさがしのばれる。おそらく清信もまた、そのような強烈な教えに心をゆさぶられ、ひきつけられていったのだろう。

それでは、その日親と清信が出会ったのは、右にみた二度におよぶ「禁獄」のうち、どちらになるのだろうか。仮に『日親上人徳行記』の記事にしたがうとすれば、清信も日親も、ともに足利義教によって「獄屋」に入れられたとされているから、最初のときとなろう。

もっとも、『本阿弥本家三郎兵衛家譜[7]』によれば、清信の没年は、「天文四甲午《ママ》二月十四日」とあり、単純に計算しても、嘉吉元年（一四四一）から天文四年（一五三五）のあいだには九四年におよぶ年月が横たわることになる。

嘉吉元年ころ清信が何歳だったのかということまではさだかでないが、そのときすでに本阿弥の家職をになってい

たことを考慮に入れれば、日親と出会うことは現実問題としてむずかしかったであろう。したがって、もし仮に清信が「獄屋」で日親と出会ったのだとすれば、二度目の「禁獄」のときとなる。

しかしながら、先にもふれたように、そのことを同時代史料によって確認することはできない。ただ、それを横においたとしても、ひとりの僧侶である日親の教えに接し、心酔して、その「旦那」になったということは事実として十分ありえたであろう。

このような、ひとりの僧侶とひとりの檀徒という、一対一によってなりたつ関係を師檀関係とよんでいるが、本阿弥一類の法華信仰もまた、そのような師檀関係から出発したことが、『日親上人徳行記』の記事からうかがえる。と同時に、すでに藤井氏も指摘するように、日親のことばとして、「子々孫々末葉のものまで法花（華）の正法をすて丶邪師の法をうくるときハ、家門災難をまぬかれべからず、われ弘法相続し、ながくわが寺（本法寺）さかふるにおゐてハ、同じく本阿弥の家もさかふべし」という一節が『日親上人徳行記』にみられる点は注目されよう。

「法花（華）の正法」「われ弘法」（法華宗）を捨てれば、本阿弥の「家門」には「災難」がおとずれるとされるいっぽう、それらを「相続」すれば、「わが寺」（本法寺）も「本阿弥の家」もともに「さかふる」という文脈から、本阿弥一類の法華信仰もまた、師檀関係から寺院（「わが寺」）と檀家（「家門」）という集団対集団でなりたつ寺檀関係へとつながっていくものであったことが読みとれるからである。

もっとも、先にもふれたように、『日親上人徳行記』が近世中期に成立したということをふまえるなら、その内容をそのまま中世にまでさかのぼらせるわけにはいかない。しかしながら、「夫婦・一家一族すべて法華宗門徒なる形態が、室町時代初期より、いずれの門流を問わず、門徒に対して要求されつつあった」[8]と考えられている以上、検討の対象を清信個人から本阿弥一類にまでひろげてみる必要はある。そこで次項では、この点についてみていくことにしよう。

（2）『諸寺勧進帳』にみえる本阿弥一類

清信の曾孫にあたる光悦がうまれたのは、現在のところ、戦国期も最末期にあたる永禄元年（一五五八）のことと考えられている。[9]それからおよそ一八年たった天正四年（一五七六）一〇月に京都の法華宗本山寺院の結合体である会合（いわゆる十六本山会合、史料では「諸寺」）は、洛中（上京・下京）に在住する檀徒に対して、いわゆる洛中勧進をおこなう。[10]

その目的は、このころ京都でも台頭いちじるしかった織田信長とその家臣団に対して応分の贈答をおこなうための資金づくりであり、また、そのときに会合で作成された『諸寺勧進帳』とよばれる冊子も、会合の共有文書である『京都十六本山会合用書類』[11]のなかに残されている。

この冊子は、藤井氏の研究以降に発見されたものであり、したがって、藤井氏もふれていないわけだが、それをひもといてみると、洛中のうち上京に在住していた檀徒の一人ひとりが今回の勧進に対してどのように対応していたのかをつぶさに知ることができる。こころみに、そのなかの「中小川」のところをひらいてみると、つぎのように書かれていることがみてとれる。

中小川
本法寺　　金壱匁　　ろ　　本三郎
（中略）

同　三百文　ろ　本孫左内
（中略）
本法寺　五百文　ろ　本新九郎
本法寺　五百匁不出　・　本弥四郎
（中略）
本法寺　三百文　ろ　本光意
（中略）
本法寺　五百文　ろ　本光仁
（以下、略）

『諸寺勧進帳』の記載のしかたには特徴がみられ、まず最初に町名が記され、そのつぎに帰依する寺院と今回の勧進にさいして喜捨した募財額、そして、寺院をあらわす符号と檀徒の名などがことこまかに一行ごとに書かれている。

たとえば、右に引用したものの一行目からは、「本三郎」という檀徒が「本法寺」に帰依し、今回の勧進に「金壱匁」を喜捨したことが読みとれるわけだが、そのことをふまえたうえで、注目されるのは、右に引用した檀徒の名すべてに「本」の文字がみえ、しかも帰依する寺院もこぞって本法寺（したがって、符号もすべて同じ「ろ」）であるということがみてとれる点であろう。

それでは、この「本」の文字をもつものたちとは、どのような人びとだったのだろうか。そのなぞを解くかぎは、彼らが住む町名「中小川」にある。というのも、若干時期はさがるものの、寛永期に作成されたと考えられる『洛中絵図』（京都大学附属図書館所蔵）をながめてみると、「中小川」とその周辺には、「本阿弥」と書かれた区画が数多くみてとれるからである。

つまり、ここから、右の史料にみえる「本」とは、本阿弥という名字の一字をあらわしたものであることがあきらかとなる。それを裏づけるように、『本阿弥行状記』にも、「光悦若かりし時、朝とく門外に出ければ、下小川に人多く集まりける」という一節がみえ、光悦が住んでいた家屋敷の「門」もまた、小川付近にあったことが知られよう。

これらのことからもわかるように、右の史料にみえる人びとこそ、天正四年段階での本阿弥一類（全体か一部かはさだかではないが）であったことがあきらかとなる。と同時に、『日親上人徳行記』が伝える内容を忠実になぞるかのように本阿弥一類が本法寺に帰依していたこともあきらかとなろう。

そのような本阿弥一類のなかで、とりわけ注目されるのは、「本光仁」の名が右の史料から読みとれる点である。というのも、『本阿弥行状記』には「光悦が父光仁と申者」とみえ、また、『光悦寺過去帳』[12]にも「光仁院日寿、片岡次郎左衛門事、光悦父、慶長八癸卯十二月二十七日」とあることからもあきらかなように、この「本光仁」こそ、光悦の父光二そのひとであったと考えられるからである。一般に光悦の父の名といえば、「光二」が知られているが、「光仁」ともよばれていたことがここからは知られよう。

藤井氏の研究ではつかわれていないが、本法寺に伝わる『妙法堂過去帳』[13]によれば、光二（光仁）は、「慶長八癸卯十二月」「廿七日」に「八十二」歳で亡くなったとされている。したがって、天正四年の段階では、光二（光仁）は五五歳だったことになる。ときに光悦一九歳、いわゆる「次郎左衛門家」の家督は、このときはまだ父の手にあったのだろう。

その「本光仁」の右横にみえる「本光意」は、『本阿弥家系図』（『菅原氏松田本阿弥家図』[14]）によれば、光二（光仁）の義兄弟であったことがわかる。『妙法堂過去帳』には、本阿弥「光意日仙　慶長九辰八月」とみえ、逆算すれば、天正四年段階では三七歳となる。光二（光仁）とともに「光」という字を名乗っている点からも、『日親上人徳行記』が伝えるように、彼らの祖父「清信」が「文明年中」に「法号」を授けられ、「本光」となって以降、「剃髪してみな光の字を名のる」ことも同時代史料によって裏づけられることとなろう。

もっとも、そのようにしてみたとき気になるのは、そのほかの「本三郎」「本孫左」「本新九郎」「本弥四郎」の四人が、いずれも「剃髪してみな光の字を名の」っていない点である。「本孫左」「本新九郎」「本弥四郎」については、今のところ手がかりがなく、よくわからない。ただ、残る「本三郎」とは、本阿弥本家（『本阿弥行状記』にみえる「本阿弥家の物領」）の仮名が代々、三郎兵衛であることからすれば、本家の人物と考えられる。

「本光仁」や「本光意」の兄弟となれば、光刹が該当するが、ただ、同世代でありながら、剃髪しないで仮名を名乗っている点は不審といわざるをえない。『本阿弥本家三郎兵衛家譜』には、「崇親院光刹日満　天正九辛巳九月八日」とみえ、また、『妙法堂過去帳』にも「光刹六十四歳」とみえることから、光刹は天正九年（一五八一）に六四歳で亡くなったことがわかる。つまり、光刹はこの後わずか五年後に亡くなってしまうわけだが、そのことを考慮に入れるなら、あるいは、ここにみえる「本三郎」とは、光悦と同世代にあたる、光刹の子光徳という可能性も考えられよう。

光徳といえば、その子「光室が母は光悦が姉なり」と『本阿弥行状記』に記されているように、光悦の姉の夫となる人物として知られている。その婚姻関係がこの時期になりたっていたのかどうかまでを確認することはできないが、数年後に亡くなる父にかわって、このころすでに本家をになっていたのかもしれない。

ちなみに、『妙法堂過去帳』の「廿日」のところには「元和五七月」「恵聚院」「光徳日元」「六十四才」と書かれており、天正四年段階では、光徳は二一歳だったことがわかる。その二一歳の光徳がもし本家をになっていたのだとすれば、一九歳の光悦の目にもそのすがたはまぶしく映ったことであろう。

(3)「文明年中」

このように、永禄元年（一五五八）うまれの光悦が一九歳だった天正四年（一五七六）の段階で、父光二（光仁）をはじめとした一類が「中小川」に居住し、そろって本法寺に帰依するという関係を法華宗とのあいだでむすんでいたことがあきらかとなる。

そして、その源はといえば、清信と日親との出会いにまでさかのぼることになるわけだが、注目されるのは、『日親上人徳行記』に「文明年中に法号を授け給ひて、清信を本光となづく、それより一類剃髪してみな光の字を名のること、こゝに始る」とある点であろう。

断片的ながらも同時代史料をつなぎあわせてみると、応仁・文明の乱以前に日親とめぐりあい、それに帰依した「清信」が乱以後の「文明年中」に「本光」という「法号」をさずかり、そして、それをきっかけにして「一類剃髪してみな光の字を名のる」といったひろがりをもつにいたったと考えられるからである。

そういう意味では、本阿弥一類の法華信仰もおおよそ戦国期を出発点としていたとみてよいであろう。したがって、永禄元年うまれの光悦のまわりには、うまれたときからすでに法華信仰とは切っても切れない豊かな環境がそなわっていたことになる。

これまで、光悦の法華信仰をめぐっては、しばしば『本阿弥行状記』のなかで存在感を示す光悦の母妙秀の法華信仰に目がそそがれ、その影響によって光悦もまた篤い信仰をもつようになったと語られることが多かった。もちろん、それも事実にはちがいないのだろうが、しかしながら、実際にはそれ以上に、うまれ育った本阿弥一類と法華宗との関係という環境が光悦にあたえた影響も大きかったことについてはやはり確認しておく必要があろう。

また、もし仮に『諸寺勧進帳』にみえる「本三郎」がいとこの光徳の若かりしころのすがたであったとするなら、そのすがたも、当時一九歳だった光悦に少なからず影響をあたえたことであろう。『本阿弥行状記』には、光悦が「二十歳計りより、八十歳にて相果候迄は、小者一人、飯たき一人にてくらし申」したという有名な逸話が伝えられているが、そのような暮らしぶりを心に決めたのもまた、この時期と重なるからである。

それでは、その光悦がひらいたとされる、いわゆる光悦村とは、変貌をとげる京都という都市社会や空間のなかにあってどのような意味をもつものだったのだろうか。そのことをつぎに考えていくことにしよう。

二　「光悦町」と光悦村

（1）都市京都の変貌

光悦村に対する評価は、これまでの研究によれば、おおよそふたつに分けることができる。ひとつは、芸術家の集住による芸術村であるというもの[15]、いまひとつは、法華信仰にもとづく理想郷をめざしたものであるというもの[16]である。本節では、これらの評価をふまえつつも、変貌をとげる京都という都市史的な観点から光悦村をみていくことにしよう。

ところで、光悦がうまれたと考えられている永禄元年（一五五八）ころの京都とは、どのようなすがただったのだろうか。この点については、さいわいなことに同時期の京都を描いた、いわゆる初期洛中洛外図屏風などをとおして、ある程度うかがうことができる。

そして、それらから、当時の京都とは、洛中とよばれた市街地がかぎられた範囲にしかひろがっておらず、しかも、その市街地が上京と下京のふたつに分かれ、その周囲を惣構とよばれる堀や土塀、あるいは木戸門や土塁などによって囲繞される特徴あるものだったことがみてとれる[17]。光悦をはじめとした本阿弥一類もまた、前節でふれたように、上京のなかの「中小川」とよばれた地域に集住しており、したがって、幼いころの光悦もまた、惣構に囲繞された特徴ある市街地のなかで育ったこととなろう。

そのような、光悦にとってもなじみ深い京都のすがたを一変させたのが、豊臣（羽柴）秀吉による、いわゆる京都改造である。とりわけ、本阿弥一類が集住する「中小川」の西南地域には、天正一四年（一五八六）から翌天正一五年にかけて聚楽第（聚楽城）が築城され、それまで内野とよばれた空間地に巨大な城郭がすがたをあらわすことになる。

また、天正一九年（一五九一）には、諸国の大名屋敷が「中小川」の南側近くにまでひろがり、それにともなって、小川地域のシンボルであった誓願寺・革堂（行願寺）・百万遍（知恩寺）の三寺院も移転を余儀なくされる。そのうえ、同じ年には、京都全体を囲繞する御土居（御土居堀）[18]とよばれる全長およそ二二キロメートルにおよぶ土塁と堀がつくられ、京都の歴史上はじめて洛中と洛外の境界が構造物によってあきらかとなったことは、光悦にかぎらず、多くの人びとに時代の変化を実感させたことであろう。

それまでの、どちらかといえば境界があいまいであった京都に慣れ親しんできた人びとにとって、御土居の登場は、その意識を一変させるのに十分なできごとであったと考えられるからである。もっとも、この御土居がつくられるにあたって、その範囲をどのような基準でさだめたのかという点については、よくわかっていない。

ただ、中世京都の出入口として知られる、いわゆる七口（京七口）を意識した可能性は高いであろう。[19]実際、御土居は、上京や下京といった市街地だけを囲繞していたわけではなく、その外側もひろくとり込んだうえ、北西部の丘陵地にいたっては、それをさかのぼってまでつくられたからである。

そして、その丘陵地を縦断する道筋上にあったのが、七口のひとつにあたる長坂口であった。長坂とは、「在鷹峯西北班半里許、坂路行程二十町許」で、「丹波ニ至ル」[20]山道であり、長坂口とは、その長坂と洛中洛外の接点を意味する。それゆえ中世では、内蔵寮の率分関など、関（関所）がおかれるところとしてもよく知られていた。

中世において関がおかれるということは、そこが境界であると同時に、交通の要衝であることも意味する。もっとも、室町期までは、その関がおかれる場所はかならずしも一定しないという特徴もみられた。ところが、戦国期に入ると、「長坂口村」[21]といったかたちで史料にあらわれ、集落としても固定していくようになったと考えられている。[22]

じつは、その「長坂口村」にあたるのが、御土居をはさんで、のちに光悦村がひらかれる鷹峯の南側にあたる地域であった。たとえば、近世初頭に描かれた『京都図屛風』（個人所蔵）でも、長坂につながる道筋と御土居が直交する北側に鷹峯にあたる集落、そして、その南側に「長坂口村」とおぼしき集落がみてとれるからである。[23]

したがって、この位置関係がただしければ、光悦村は交通の要衝上にひらかれたことになる。ただし、そこは御土居の外側となるので、洛外に相当しよう。先にもふれたように、本阿弥一類が集住していた「中小川」は、御土居がつくられたのちも上京のなか、つまりは洛中にあった。それに対して、光悦村は洛外に位置するわけだが、それがいったい何を意味するのか、つぎにこの点について考えていくことにしよう。

（2）「光悦町」

よく知られているように、いわゆる光悦村がひらかれることになった経緯を説明する史料は、二点残されている。ひとつが『本阿弥行状記』であり、いまひとつが『本阿弥次郎左衛門家伝』[24]である。ともに本阿弥家の家伝ともいうべきものであり、したがって、同時代史料とはいいがたい。しかしながら、現在のところ、この二点の史料しか残されていない以上、それらの検討からはじめていかざるをえないであろう。

権現様（徳川家康）大坂御帰陣の御時、板倉伊賀守（勝重）殿に御尋ね被成候事は、本阿弥光悦は何としたるぞと仰せ有ける、存命に罷在候、異風者にて、京都に居あき申候間、辺土に住居仕度よしを申と被申上ければ、近江・丹波などより京都への道に、用心あしき、辻切追はぎをもする所あるべし、左様の所をひろ〴〵と取らせ候へ、在所をも取立べきもの也との上意なり、此旨還御の後、伊賀守殿より被仰渡、忝仕合に存じ奉る也、其拝領の地は鷹が峰の麓なり、東西二百間余り、南北七町の原なり、清水の流れ出る所を光悦が住居と定む、（中略）其外を数々にわけて、一類、朋友、ひさしくめしつかひし者どもまでに銘々分ちとらせける、

光二惣領光悦儀、元和元年御帰之時、二条於御城、板倉伊賀守殿を以、光悦御知行可被下旨被仰渡候所、光悦其刻、六十に及年罷寄、江戸・駿府へ罷越相勤申候儀、難叶候旨、御断申上候、野屋敷拝領仕度候旨奉願候得ハ、則山城国愛宕郡□□□東西弐百間余、南北十町余、百七拾六石八斗壱升拝領仕申所を取立、今以鷹峰光悦

村と中候、

前者が『本阿弥行状記』、後者が『本阿弥次郎左衛門家伝』の記事となるが、共通するところといえば、「元和元年」（一六一五）、「大坂御帰陣の御時」（大坂夏の陣直後）に「二条」「御城」において「権現様」（徳川家康）から京都所司代「板倉伊賀守」（勝重）を通じて、光悦に対し「山城国愛宕郡」の「鷹が峰の麓」に「東西二百間余り」、「南北七町」（「南北十町余」）の地が拝領されることになったという点であろう。

この地がのちに「鷹峰光悦村」とよばれるようになるわけだが、ただし、「光悦村」という呼称を記す『本阿弥次郎左衛門家伝』は、寛延二年（一七四九）以降に書かれたものであり、その呼称が当初からあったのかどうかという点については慎重にならざるをえない。また、慶長二〇年が元和元年に改元されるのは七月一三日であり、家康が京都を発ったのも八月四日と確認できる以上[25]、右のような動きもそのわずかなあいだにおこったことになろう。

いっぽう、相違しているところは、光悦が鷹峯を拝領する経緯にかかわるものであり、重要といえる。たとえば、後者によれば、家康が光悦に「御知行」をあたえようとしたところ、「江戸・駿府」へ「罷越相勤」めることは「六十に及年罷寄」び、「難叶」いので、そのかわりに「拝領」を願い出た「野屋敷」が鷹峯の地であったという説明に対し、前者では、「京都に居あき申候間、辺土に住居仕度」きという光悦の意向を耳にした家康が、「近江・丹波などより京都への道に、用心あしき、辻切追はぎをもする所」をあたえ、「在所をも取立」つよう命じたのが、「鷹が峰の麓」であったとされているようにである。

はたしてどちらの説明が事実だったのか、という点については、先にもふれたように、『本阿弥行状記』も、『本阿弥次郎左衛門家伝』も、ともに同時代史料とはいいがたいため、さだかにすることはできない。ただ、前者にみえる、光悦が「京都に居あき申候間、辺土に住居仕度よしを申」したと伝えている点は、社会的にも空間的にも変貌をとげた都市京都という観点からみたとき、みのがすわけにはいかない。

というのも、ちょうど光悦が二〇歳代から三〇歳代にかかる「天正一〇年代に、京都はわずか一〇年余で一挙に都市域を数倍に拡大し、家数三万軒、人口一〇万人以上の大都市[26]」となり、それと連動して、市街地には、零細な家持町人らをおもな構成員とした地縁的な社会集団、共同体としての町が多数誕生するとともに、古くからの市街地であった「中小川」にもその町を維持するためのさまざまな規制がおよぶようになっていたと考えられるからである。

おそらくそのような規制は、本阿弥一類のような、いわば門閥的な住人層にも無縁とはいかなかったであろう。そして、このような門閥的な住人層のことを仮に「上層町衆[27]」とよぶとすれば、「京都に居あき申候間、辺土に住居仕度」しと考えていたのは、光悦だけではなく「上層町衆」に共通するものだった可能性は高いであろう。

それを裏づけるように、洛中ではなく洛外にひらかれた光悦村のようすを伝える『光悦町古図[28]』（光悦寺所蔵、**図1**）をみてみると、「茶や四郎次郎」（茶屋四郎次郎）や「おがた宗伯」（尾形宗伯、光琳・乾山の祖父）といった「上層町衆」の名も見いだすことができる。「上層町衆」にとって、もはや窮屈な世界となってしまった洛中から、いわば別天地をもとめてひらかれたのが洛外の光悦村であったと考えられよう[29]。

もっとも、あらたにひらかれた空間もまた、『光悦町古図』をみるかぎりでは、村というより、むしろ町というべきものであったことがわかる。御土居を意味する「土手」にひらかれた「京口」からのびる「通り町すじ」と鍵形をなす「西への道すし」の両側には短冊状に地割された土地区画がみられ、そのすがたかたちだけからいえば、洛中に展開していた町々と何らかわるところはみられないからである。

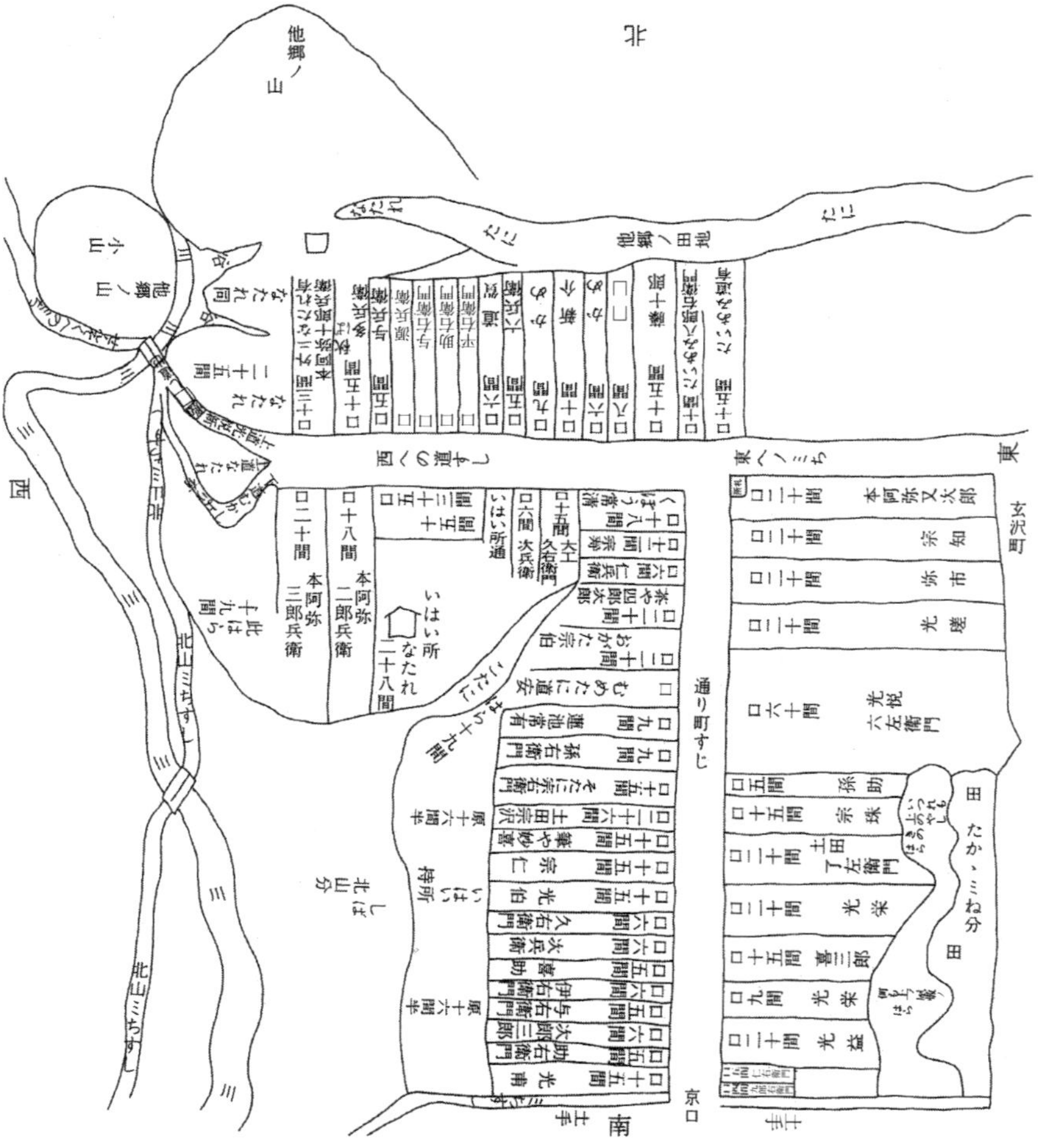

図1　『光悦町古図』より作成した光悦町

源城政好『京都文化の伝播と地域文化』（思文閣出版、2006年）所収図を一部修正

ただし、現地をおとずれてみればわかるように、今でもかなりの傾斜地であり、地形的な制約から間口を異常に広くとらざるをえなかった点は洛中の町々とは異なる。とはいえ、『本阿弥行状記』が伝えるように、「数々にわけて、一類、朋友、ひさしくめしつかひし者どもまでに銘々分ちとらせ」た土地に家屋敷がもし建ちならんでいたのだとすれば、その光景はまぎれもなく洛中の町々とかわるものではなかったであろう。光悦の曽孫にあたる本阿弥光伝の時代のものながら、光悦寺に残される古文書に「光悦町」や「町中」という文言がみられることがそのことを裏づけている。

ちなみに、「光悦町」のひらかれたところが、「用心あしき、辻切追はぎをもする所」だったのかどうかについては確認することができない。ただ、先にもふれたように、交通の要衝地であったことはまちがいなく、御土居をはさんで南側の「長坂口村」と連続するかたちで何らかの「新地」開発を徳川家康や板倉勝重ら幕府側がのぞんでいたとしてもけっして不思議ではないであろう。

（3）新在家

このようにしてみるとわかるように、「光悦町」は、光悦側の意向と幕府側の意図とが合致した結果、実現をみたと考えるのが自然と思われる。ただ、そこが単なる「新地」開発地ではなかったことは、『本阿弥行状記』がつぎのように伝えている点からもあきらかとなろう。

然るべき寺院を四ケ所まで見立、壱ケ所は嫡子光瑳が才覚にて法花（華）の談所を建立す、常照寺これなり、（中略）又一ケ寺は光悦が母妙秀が菩提所なり、則妙秀寺と号す、（中略）また一ケ所は天下の御祈禱、次に本阿弥が

先祖の菩提所光悦寺なり、信の志ある道心者を集めて昼夜十二時声を絶さず、替る〳〵法花（華）の首題を唱へ奉り、

これによれば、「光悦町」には、「常照寺」「妙秀寺」「天下の御祈禱」（「知足庵」）「光悦寺」といずれも法華宗の寺院が「四ケ所」建てられたことがわかる。光悦の母妙秀が亡くなったのが、元和四年（一六一八）七月五日[30]、また、光悦が亡くなったのも寛永一四年（一六三七）二月三日[31]と伝えられているので、「四ケ所」の寺院は一度に建てられたわけではけっしてない。

それでも、「光悦町」に法華宗寺院が四カ寺も林立したうえ、光悦をはじめとした住人の多くが法華宗の檀徒や信徒であったことをふまえるなら[32]、右の史料にみえる「信の志ある道心者を集めて昼夜十二時声を絶さず、替る〳〵法花（華）の首題を唱へ奉り」というのも誇張ではなかったであろう。

ところで、このような、かぎられた地域に法華宗の檀徒や信徒が集住した別天地としては、その前例というべきものが京都ではみられた。元亀四年（一五七三）四月、敵対する足利義昭を降伏させるため織田信長によっておこなわれた上京焼き討ち後の復興策の一環としてつくられた新在家（「新在家絹屋町」[33]）がそれである。

洛外ではないものの、その場所は、惣構に囲繞された上京と下京のあいだの空間地（「内裡（裏）惣堀より南江二町、近衛を限、東ハ高倉を限、西者烏丸を限、二町」）に位置し、また、「四方にかきあけの堀有て、土居を築、木戸」[34]をそなえた「惣構」[35]をもつという点では上京や下京と別空間として存在していた。

また、そこでは、天正二年（一五七四）八月に「在京中惣弘通所可立談合、於新在家在之」[36]、つまりは京都における法華宗布教の拠点ともいうべき「京中惣弘通所」を建てるための「談合」がもたれたことでも知られている。

実際、前節でもふれた天正四年（一五七六）の年紀をもつ『諸寺勧進帳』においても、新在家を構成する「新在家

中町」「新在家北町東」「北町之西」「南町」に多数の法華宗檀徒の名を見いだすことができる。しかも、そのなかには、『老人雑話』の話者として知られる江村専斎の父「既在」や武野紹鷗・千宗易（利休）ともかかわりをもつ「連歌師」「玄哉」（辻玄哉）の名まで確認できるのである[37]。

ちなみに、辻「玄哉」の一族辻藤兵衛の子が、法華宗不受不施派の祖として知られる日奥とされているが[38]、いずれにしても、これらのことから、新在家（「新在家絹屋町」）が特異な様相をみせる町であったことだけはまちがいないといえよう。

この新在家がつくられるにいたった背景には、先にもふれたように、元亀四年四月におこなわれた信長による上京焼き討ちがある。そのときには、「自二条上京不残一間焼失[39]」し、「誓願寺」「百万遍」「講堂」（革堂）もことごとく焼かれてしまったと伝えられており[40]、光悦ら本阿弥一類が集住する「中小川」も無縁というわけにはいかなかったであろう[41]。

ときに光悦一六歳、一類とともに難をさけつつ、「於洛中洛外町人・地下人不知数殺害[42]」といった悲惨な光景も目のあたりにすることになったにちがいない。そして、その後に登場した新在家のうわさもまた、どこかで聞いたことであろう。

その記憶が光悦のなかにどのように残されていったのかということまでを史料によってたどることはできないが、法華信者のひとりとして、いわゆる「皆法華」の村や町に対するあこがれはいだきつづけることになった可能性は高いであろう。『光悦町古図』にその名がみえる「上層町衆」のいずれもが、法華宗檀徒であったことがそのことをなにより裏づけているように思われるのである。

光悦町御新検之高、百七十六石八斗一升之内、新庄屋庄兵衛一味之者共、高拾九石余に而人数二十三人は御新検を望、私支配請不申候、相残百五十六石余之人数は、古検を願申候御事、

これは、光悦の曾孫にあたる光伝がしたためた口上書写[43]にみえる一節である。同じ文書のなかには、「光悦町」は「六十年に余り町中作取に仕候」と記されており、「新地」開発地として「光悦町」の地子や年貢が、「六十年に余り」光悦一類（光悦やその子孫たち）と住人による「作取」という免税措置にあったことがわかる。

それが、同じ文書の別のところでは、「去々年御新検之高、百七十六石八斗一升に御定被成」れ、「大分之御年貢差上申」さなければならなくなったと記されている。このことから、「町中」においては、「私」（光伝）と「新庄屋」の「庄兵衛一味之者共」とのあいだで何らかの問題がおこっていたことがあきらかとなろう。

おわりに

先に引用した『本阿弥次郎左衛門家伝』にみえる「鷹峰光悦村」の「高」が「百七拾六石八斗壱升」と書かれていたのは、「去々年」の「御新検之高」に由来するものであったことがここからは知られるが、この「去々年」とは、元和元年から「六十年に余り」を加えた延宝五年（一六七七）ごろとなる。したがって、「御新検」とは、いわゆる延宝検地を意味し、それより以前の検地を示す「古検」とは、寛文検地を意味しよう。

ここで問題となっていることとは、「新庄屋庄兵衛一味之者共」「二十三人」が「御新検を望、私支配請不申候」と記されていることからもわかるように、「六十年に余り」つづいてきた「古検を願」うような光悦一類による

「光悦町」「支配」に対する反発に由来する。とくに「新庄屋庄兵衛」は、「町中へも知せ不申、度々屋敷之売買仕」、「借屋をも置申」し、「其内牢人と相見へ申者なども」いたと同文書にはみえ、「六十年に余」るあいだに増加していった新住人の代表格のような存在となっていた。

そもそも都市や町というものは、住人の流動性がはげしく、それゆえ活性化する側面もみられたわけだが、「光悦町」もまた、そのような流れとはけっして無縁ではなかったことが知られる。ただし、問題の「庄兵衛」が「新庄屋」とよばれていることからもうかがえるように、光悦一類の「支配」をゆるがす動きというのは、「光悦町」を光悦村へと変化させていくものでもあったと考えられよう。

光悦が亡くなって、すでに四〇年あまり。その時間の流れは、「光悦町」を光悦の理想とはかけはなれたものにしていくのに十分といえるものであった。結局のところ、『本阿弥次郎左衛門家伝』が、「光伝代迄持来支配仕所に延宝七年未年京都一統新地被仰付候而被召上候」と伝えているように、右の光伝口上書写が書かれてからまもなくの「延宝七年」（一六七九）に「光悦町」は光悦一類の手から「召上」げられ、鷹峯村の一部となっていく。「光悦町」の消失は、戦国期にそのすがたをあらわした本阿弥一類の法華信仰がもはやそのままでは存続しえないことを象徴するものでもあったといえよう。

註

（1）　正木篤三『本阿弥行状記と光悦』（中央公論美術出版、一九八一年）。
（2）　藤井学「近世初頭における京都町衆の法華信仰」（『史林』第四一巻六号、一九五八年）、同「本阿弥一門の思想構造について――妙秀と光悦の法華信仰を中心として――」（藤井駿先生喜寿記念会編『岡山の歴史と文化』福武書店、一九八三年）、同「光悦――その信仰の世界――」（『光悦の書――慶長・元和・寛永の名筆――』大阪市立美術館、一九九〇年）。いずれものちに同『法華文化の展開』（法藏館、二〇〇二年）に所収。
（3）京都大学附属図書館所蔵。
（4）光悦会編『光悦』（芸艸堂、一九一六年）。
（5）立正大学日蓮教学研究所編『日蓮宗宗学全書　第一八巻　史伝旧記部（一）』（山喜房佛書林、一九五九年）。
（6）『群書類従』第二〇輯。
（7）註（4）所収。
（8）藤井氏前掲「近世初頭における京都町衆の法華信仰」参照。
（9）註（4）参照。
（10）中尾堯『日蓮真蹟遺文と寺院文書』（吉川弘文館、二〇〇二年）、古川元也「天正四年の洛中勧進」（『古文書研究』三六号、一九九二年）、河内将芳『中世京都の民衆と社会』（思文閣出版、二〇〇〇年）、同『中世京都の都市と宗教』（思文閣出版、二〇〇六年）、同『日蓮宗と戦国京都』（淡交社、二〇一三年）。
（11）頂妙寺文書編纂会編『頂妙寺文書・京都十六本山会合用書類』四（大塚巧藝社、一九八九年）。
（12）註（4）所収。
（13）『妙法堂過去帳』（本法寺文書編纂会編『本法寺文書』二、大塚巧藝社、一九八九年）。
（14）『桃山の春・光悦展――町衆の信仰と芸術――』（京都文化博物館、一九九五年）。
（15）佐藤良『光悦の芸術村』（創元社、一九五六年）、註（1）ほか。
（16）藤井氏前掲「近世初頭における京都町衆の法華信仰」参照。
（17）高橋康夫『京都中世都市史研究』（思文閣出版、一九八三年）、河内将芳『信長が見た戦国京都――城塞に囲まれた異貌の都――』（洋泉社歴史新書y、二〇一〇年）。
（18）中村武生『御土居堀ものがたり』（京都新聞出版センター、二〇〇五年）。
（19）河内前掲『中世京都の民衆と社会』参照。
（20）『山州名跡志』巻之六（『新修京都叢書』第一五、臨川書店、一九六九年）。

(21)『永正十七年記』（『改定史籍集覧』第二五冊）。
(22)下坂守「京都の復興」（『近世風俗図譜　3　洛中洛外（一）』小学館、一九八三年）、河内前掲『中世京都の民衆と社会』参照。
(23)福島克彦「「惣構」の展開と御土居」（仁木宏編『都市――前近代都市論の射程――』青木書店、二〇〇二年）、源城政好「光悦の鷹ケ峰村」（村井康彦編『京の歴史と文化　5　洛――朝廷と幕府――』講談社、一九九四年、のちに同『京都文化の伝播と地域社会』思文閣出版、二〇〇六年）の〔補注1〕参照。
(24)『改定史籍集覧』第一六冊。
(25)藤井讓治編『織豊期主要人物居所集成』（思文閣出版、二〇一一年）。
(26)横田冬彦「城郭と権威」（『岩波講座日本通史　第一一巻　近世1』岩波書店、一九九三年）。
(27)林屋辰三郎「光悦の人と時代」（林屋辰三郎等編『光悦』第一法規出版、一九六四年、のちに同『伝統の形成日本史論聚五』岩波書店、一九八八年）。
(28)『光悦町古図』については、源城氏前掲「光悦の鷹ケ峰村」がくわしい。
(29)林屋氏前掲「光悦の人と時代」では、「一種の洛中所払の意味」があったと理解されている。
(30)『妙法堂過去帳』。
(31)『光悦寺過去帳』。
(32)藤井氏前掲「近世初頭における京都町衆の法華信仰」参照。
(33)高橋氏前掲『京都中世都市史研究』参照。
(34)『老人雑話』（『改定史籍集覧』第一〇冊）。
(35)『上下京町々古書明細記』（京都国立博物館寄託）。
(36)『己行記』天正二年八月条（京都大学大学院文学研究科図書館写本）。矢内一磨「堺妙国寺蔵「己行記」について――史料研究を中心に――」（『堺市博物館報』二六号、二〇〇七年、のちに同『中世・近世堺地域史料の研究』和泉書院、二〇一七年）。
(37)河内将芳「戦国期京都における勧進と法華教団――新在家を中心に――」（世界人権問題研究センター編『救済

の社会史』世界人権問題研究センター、二〇一一年、本書Ⅲ第二章)。

(38) 藤井氏前掲「近世初頭における京都町衆の法華信仰」参照。

(39)『兼見卿記』(史料纂集)元亀四年四月四日条。

(40)『東寺執行日記』(国立公文書館内閣文庫写本)元亀四年四月三日条。

(41) 河内前掲『信長が見た戦国京都――城塞に囲まれた異貌の都――』参照。

(42) 註(39)参照。

(43)『光悦寺文書』(註(4)所収)。本史料にみられる「光悦町」をめぐる相論については、源城氏前掲「光悦の鷹ケ峰村」がくわしい。

補論　近衛家「奥御所」の臨終

はじめに

摂家のひとつ九条家にうまれた九条尚経の日記『後慈眼院殿御記』[1]明応三年（一四九四）一〇月一三日条につぎのような記事がみられる。

伝聞、陽明後知足院（近衛房嗣）依所縁而被尊彼宗、其後一向前相国（近衛政家）等属一宗、自普賢寺（近衛基通）已来所被相承之阿弥陀仏被送山門云々、

「陽明後知足院」とは、このころすでに故人であった近衛房嗣を指す。右によれば、その房嗣が「所縁」により「彼宗」（法華宗・日蓮宗）を「尊」ばれたのをきっかけにして、息子の「前相国」（近衛政家）らが「一宗」に「属」するようになり、先祖の「普賢寺」（近衛基通）以来「相承」されてきた「阿弥陀仏」を「山門」（延暦寺）へ送りかえすまでにいたったという。

このことを耳にした尚経は、「未曾有」と最大限のおどろきを示しているが、尚経がおどろくのも無理はなかっ

た。なぜなら、近衛家といえば、九条家とともに、摂家として摂政や関白に任じられる公家社会のなかでも最上級の家柄に属していたからである。つまり、ここからは公家社会の頂点をしめ、しかもその中枢をになうような人びとのあいだにも法華宗の信仰がひろがっていたことが知られる。

この補論では、房嗣の孫にあたり、政家の娘と考えられている[2]「奥御所」という人物に注目し、戦国期における近衛家の法華信仰についてみていくことにしよう。この「奥御所」をはじめとした近衛家の法華信仰については、すでに辻善之助氏[3]や中尾堯氏[4]の研究が知られている。ここでは、それらの先行研究があまり注意をはらってこなかった、近衛家にいつごろから法華信仰が浸透していったのかという点に留意しながらみていくことにしよう。

一　「奥御所」の臨終

「奥御所」の父と考えられている近衛政家には、自筆の日記『後法興院記』[5]が残されているが、そのなかの明応五年（一四九六）閏二月八日条につぎのような記事がしたためられている。

依奥御所歓楽、入夜有祈禱事、本満寺三人来、

ここからは、娘の「奥御所」が「歓楽」（病気）をわずらい、その平癒のためであろう、「祈禱」をおこなうために「本満寺」僧が「三人」近衛邸にやって来たことがわかる。「奥御所」がいつごろからわずらっていたのか、『後法興院記』には関連する記事がみられないためよくわからない。

ただ、そのわずらいはかなり重いものであったらしく、右からわずか四日後の一二日条にもつぎのような記事を見いだすことができる。

就奥御所歓楽、為祈禱召本満寺僧衆、令読千巻陀羅尼、人数十人也、

八日のときは「三人」だった本満寺の「僧衆」が、この日は「十人」となり、また、その「十人」が「千巻陀羅尼」を読み、「祈禱」にあたったことが読みとれよう。

このとき、「祈禱」にあたった「僧衆」が属する本満寺がこの時期どこに所在したのか、それを明確に示す史料は残されていない。ただ、少し時期がさがった山科言継の日記『言継卿記』[6]天文一四年（一五四五）六月一〇日条には、「近衛殿御近所日蓮衆本満寺」とみえ、また、寛永期に作成されたと考えられる『洛中絵図』（京都大学附属図書館所蔵）でも、政家以降の近衛邸として知られる「近衛殿桜御所」のすぐ南側に「本満寺丁」という町名を見いだすことができる[7]。おそらくはこのあたりに本満寺は所在したのであろう。

もっとも、天文一四年であれば、天文法華の乱以後となり、「御近所」とみえるのが、それ以前の所在地と同一であるという確証は得られない。したがって、現在のところ、本満寺については、洛中に所在した法華宗寺院であったということ以外は言及できないのが正直なところといえよう。

その本満寺へ「奥御所」は、三月四日に移動する。『後法興院記』同日条に「奥御所歓楽危急之間、被向本満寺」とみえるからである。そして、翌五日条には、「奥御所不例於于今者、無憑躰」とみえ、もはや快復ののぞみがなかったようすも読みとれる。

どうやら「奥御所」もそのことを自覚していたらしく、本満寺にかけつけた政家や「関白（近衛尚通）幷女中衆」をまえにしてつぎのようなすがたをみせることになる。

当宗旨儀信心堅固躰、没後事等種々被云置、

くわしい内容まではわからないものの、「奥御所」は「当宗旨」（法華宗）に対する「堅固」な「信心」を示すとともに、みずからの「没後事等」も「種々」「云置」いたという。「奥御所」のこのような「堅固」な法華信仰がいつからそなわっていたのかという点についてはさだかではない。ただ、右のすがたを目のあたりにした政家が、「如此意得、雖知者・学生、難有事也」と記していることから考えれば、かなり以前から「知者・学生」もしのぐ「堅固」な「信心」を「奥御所」がそなえていた可能性は高いであろう。

はたして翌六日、「奥御所」は「病苦躰言語道断」となり、「晩景已火急」という状態に陥ったことが、『後法興院記』同日条から知られる。政家自身はこの直後に「帰宅」したため、臨終には立ち会えなかったようだが、「逗留」した「女中衆」より最期のようすを耳にし、そして、それをつぎのように記すことになる。

日没時分入滅《廿三》云々、臨終正念被唱題目、凡無比類事云々、

「奥御所」が亡くなったのは、「日没時分」だったが、いまだ「廿三」歳の若さであったにもかかわらず、この女性は、「臨終正念」にあたり「題目」を「唱」えて旅立ったという。文字どおり「無比類」き最期というべきもの

であったのだろう。

それから一〇日たった一六日の「今暁」に「奥御所葬礼」が「千本」でおこなわれたが、そこでは「自本満寺沙汰」され、そして、「善種院」という「謚号」と「妙尊」という「法名」もさずけられたことが、『後法興院記』同日条には記されている。

「入滅」前日に「奥御所」が「云置」いたという「没後事等」には、おそらくこのような「葬礼」のことも含まれていたのであろう。また、六月一七日には、「善種院百ケ日」の仏事として「於本満寺修小作善」せられており、これまた、「没後事等」に含まれていたのかもしれない。

以上みてきたような、「奥御所」の臨終をとおしてうかがい知れる「堅固」な法華信仰は、『後法興院記』につづられた記事のなかでもきわだったものといえる。そして、このことが近衛家の女性たちにあたえた影響もまた、大きかったと考えられる。

たとえば、これから数カ月後の一一月二四日、「余」（政家）の「姉」である「瑞光院」が「自昨日」「歓楽体以外難儀」におよび、翌二五日の「寅刻」に享年「五十八」で「入滅」するにあたって、「未事切時、移本満寺」と『後法興院記』同日条にはみえ、また、それから数年たった明応九年（一五〇〇）一二月二日の「今暁」「他界」した「余姉、今年六十」の「端御所」も、「他界」の直前であろう、「今日移本満寺」と『後法興院記』同日条には記されているからである。

さかのぼること文明一四年（一四八二）五月ころより「歓楽気」であった政家妻妾の「局」（「女房」）[8]が「他界」したさいには、「少将（近衛尚通）、小女等令移住他所」と『後法興院記』同年七月六日条にはみえ、「局」本人ではなく、「少将」（近衛尚通）らが「他所」へ移動したことが知られる。

それとくらべたとき、死にのぞんでみずからが本満寺へ移動するという「奥御所」「瑞光院」「端御所」らのふるまいが大きく異なるものであったことはあきらかといえる。また、病気平癒のために「局」の場合は、「医師」による「取脈」「良薬」、あるいは「家門鎮守」や「尊貴僧正本坊」における祈禱などの記事が『後法興院記』文明一四年六月条から七月条にかけてみられるのに対して、「奥御所」のときは、本満寺「僧衆」による祈禱のみであったという点も大きな違いといえよう。

二　「奥御所」の法華信仰

このように、「奥御所」の法華信仰が相当に「堅固」なものであったことはまちがいないところと考えられるが、それでは、その信仰はどこに由来するものだったのであろうか。直接的なきっかけをあきらかにすることはむずかしいと思われるものの、彼女をとりまく環境については考えることはできよう。

そこでまずは、祖父房嗣についてである。冒頭の『後慈眼院殿御記』の記事からも読みとれるように、近衛家における法華信仰は、「所縁」により房嗣が「彼宗」（法華宗）を「尊」ばれたことをきっかけにしたものであった。当然、「奥御所」の法華信仰もまた、房嗣のそれと無縁とは考えられない。

じつは、房嗣にも『後知足院関白記』[9]という自筆の日記が残されているが、現在伝わるもののうち、応仁二年（一四六八）までの記事には法華信仰にかかわる記載を見いだすことはできない。それに対して、文明一六年（一四八四）二月二三・二四日条の記事には、ともに「談義」を「聴聞」するために「本萬寺」（本満寺）へむかったことなどが記されている。「奥御所」は、没年から逆算すれば、文明六年（一四七四）うまれと考えられるから、あるいは「本萬寺」へむかう祖父のすがたも目にしていたのかもしれない。

その房嗣が「御年八十七」で「御入滅」[10]したのは、長享二年（一四八八）一〇月一九日の「辰刻」のことである。そして、その後、房嗣の「此間御座所」であった「石蔵」（岩倉）において、息子の政家の「申付」により「御中陰之儀」がおこなわれるが、それは、「籠僧四人、七日々々僧衆三人可召加」きもので、「本満寺衆修之」と『後法興院記』同年一〇月二四日条は伝えている。

ここで「本満寺衆」のすがたがみられたのは、同日条に「先公依御帰依也」とあるように、「先公」（房嗣）が「御帰依」していたためである。ここからも房嗣の法華信仰のようすが確実に読みとれるわけだが、そのような話もまた、幼い「奥御所」の耳には入っていたことであろう。

ところで、先にみたように、文明一四年（一四八二）に父政家の妻妾である「局」（「女房」）[11]が「他界」したさいには、「少将（近衛尚通）、小女等」は「他所」へ「移住」している。じつは、ここにみえる「小女」は「奥御所」である可能性が高く、しかも、亡くなった「局」が尚通の実母であるとともに、「奥御所」の実母でもあったとするなら、[12]政家が「局」のために「中陰以下事、於本満寺仰付」けたことなども目のあたりにしたことであろう。

このように、いくたりかの肉親の死とその追善仏事という体験が、「奥御所」を本満寺や法華信仰に帰依させていくきっかけになった可能性は高い。実際、父政家もまた、「本満寺に帰依したのは、恐らく母を喪った文明二年の頃」[13]と考えられているぐらいだからである。

ちなみに、『後法興院記』において、本満寺がはじめて登場するのは、文正元年（一四六六）六月二八日条のことになる。

明日後普賢（近衛忠嗣）（寺脱カ）第十三廻也、自今日於本満寺有法事、大乗妙経一部令読誦云々、殿（近衛房嗣）有御聴聞、

右は、房嗣の父「後普賢」寺殿（近衛忠嗣）の「第十三廻」にあたって、六月二八日より「法事」が「本満寺」においておこなわれたことを伝える記事である。ここでは、政家ではなく、「殿」（房嗣）が「大乗妙経一部」の「読誦」を「聴聞」したことがわかるが、これによって、房嗣の本満寺への帰依や法華信仰が、先にふれた『後知足院関白記』の記事に先行して、おそくとも文正元年には確認できることがあきらかになる。とともに、房嗣の場合もまた、父という肉親の追善仏事との関連でその信仰が史料のうえにあらわれたかたちとなろう。

　このように、残された史料によるかぎり、近衛家では、肉親の死とその追善仏事をきっかけにして法華信仰が深まっていったようすがみてとれる。そして、その発端が応仁・文明の乱の直前にあり、いっぽう、深化していくのが、応仁・文明の乱最中から乱後の文明期に集中しているという点には注目しなければならないであろう。

冒頭に引用した『後慈眼院殿御記』にみえる「一向前相国（近衛政家）等属一宗」とは、まさしく近衛家の法華信仰が深化していく時期にあたり、「奥御所」は、そのまっただなかにうまれ、育っていった人物であったといえる。それゆえに、臨終にあたっても「堅固」な「信心」のすがたをみせることになったと考えられるからである。

註

（1）『図書寮叢刊　九条家歴世記録　二』。

（2）柴田真一「近衛尚通とその家族」（中世公家日記研究会編『戦国期公家社会の諸様相』和泉書院、一九九二年）。

（3）辻善之助『日本仏教史　第五巻　中世篇之四』（岩波書店、一九五〇年）。

（4）中尾堯「近衛政家の日蓮宗信仰」（豊田武先生古稀記念会編『日本中世の政治と文化』吉川弘文館、一九八〇年、

のちに同『日蓮信仰の系譜と儀礼』吉川弘文館、一九九九年）。
（5）増補続史料大成。
（6）続群書類従完成会刊本。
（7）今谷明『京都・一五四七年――描かれた中世都市――』（平凡社、一九八八年）。
（8）高群逸枝「近衛政家」（同著、栗原弘校訂『平安鎌倉室町家族の研究』国書刊行会、一九八五年）、湯川敏治「近衛政家の妻室」（『日本歴史』五二七号、一九九二年、のちに同『戦国期公家社会と荘園経済』続群書類従完成会、二〇〇五年）、柴田氏前掲「近衛尚通とその家族」参照。
（9）『岡屋関白記・深心院関白記・後知足院関白記　陽明叢書記録文書篇　第二輯』（思文閣出版、一九八四年）。
（10）『後法興院記』長享二年一〇月一九日条。
（11）高群氏前掲「近衛政家」、湯川氏前掲「近衛政家の妻室」、柴田氏前掲「近衛尚通とその家族」参照。
（12）湯川氏前掲「近衛政家の妻室」参照。
（13）註（4）参照。

第二章　戦国末期畿内における一法華宗僧の動向

――日珖『己行記』を中心に――

はじめに

本章の目的は、中世から近世への移行期にあたる戦国末期に生きたひとりの法華宗僧の動向をとおして、宗教者と彼にみちびかれて信仰に入っていく数多の人びとのすがたをかいま見ることにある。その法華宗僧の名は、仏心院（龍雲院）日珖。鍋冠りで有名な日親の中山門流につながりながらも、寺門（園城寺）・山門（延暦寺）などにおいて顕密仏教を学び、さらには吉田神道にも通じるという、当代きっての碩学として聞こえた人物である。

しかも、その出自は、堺の豪商油屋伊達家。[1]弘治元年（一五五五）には京都頂妙寺の住持にむかえられ、永禄一一年（一五六八）には父油屋常言の発願によって堺妙国寺を建立し、その住持も兼務するという、いわばエリート中のエリートともいうべき僧侶である。

このような経歴をもつ日珖を本章でとりあげようとする理由は、とりもなおさず日珖自筆の日記が残されていることにある。『己行記』[2]と名づけられたその日記は、永禄四年（一五六一）から天正一三年（一五八五）にかけて、三〇歳から五四歳にいたるまでの行状や世事をつづったものとなっている。

自筆本は、堺妙国寺に所蔵され、その写本が東京大学史料編纂所や京都大学大学院文学研究科図書館に架蔵、活字本としても、『堺市史　第四巻　資料編第一』[3]や『日蓮宗宗学全書　第一九巻　史伝旧記部（二）』[4]に所収されている。さらには、『大日本史料』にも記事の一部がとり入れられるなど、一次史料としてもよく知られている。[5]

このように、さまざまな点において魅力に富んだ人物であるから、その研究も少なくはなく、中尾堯氏[6]、高木豊氏[7]、藤井学氏[8]など錚々たる先学がその名をつらねている。とりわけ、高木氏の研究は談義など宗門独自の宗教活動についてまであきらかにしており重要といえる。ただ、先学に共通して指摘できるのは、安土宗論に日珖が参加したことにその関心が集中し、研究がなされてきたという点であろう。

もとより安土宗論をさけて日珖を語ることはむずかしいといわざるをえないが、逆に安土宗論のことはひとまずおいて、それ以前の動向を検討しても興味深い事実を掘りおこすことができるように思われる。実際、日珖の生きた時代、戦国末期という時代にそくしてその動向をみてみると、日珖のおかれた状況や活動についてもより現実味をもってたどることができるように思われるからである。

この点において、佐藤博信氏が、『妙本寺年中行事』[9]をとおして、安房を含めた関東における日永や日我らの動向をあきらかにしていることは注目される。それにくらべて、関西については、先にあげた先行研究や日親・日奥に関する研究[10]をのぞけば、糸久宝賢氏[11]によるもの以外あまり活発とはいえないのではないだろうか。本章が、このような状況を動かす一助にでもなれればさいわいに思う。

一　日珖の動向

『己行記』という日記の特徴として、まず最初に目をひくのは、ひとつ書きを基調としたきわめて簡略な記載のしかたにある。また、その年々の日珖の「行年」（年齢）が冒頭に記されるとともに、日珖の動向が詳細に記されている点も特徴としてあげられる。

そこで、基礎的な作業として、『己行記』から読みとれる日珖の動向をその所在地とともに一覧にしてみたのが**表1**である。この表によって、日記が残されている時期の日珖の動向が一覧できるようになったと思うが、概していえば、堺と京都の往来がその基調であったことがわかる。それは、先にもふれたように、日珖が堺妙国寺と京都頂妙寺の住持を兼務していたことに由来するものと考えられよう。

ところで、『己行記』冒頭にあたる永禄四年（一五六一）の政情は、当該期畿内を支配していた三好政権にとっては、いっぽうでは極盛というべき時期であり、また、いっぽうではその衰微がしのび寄りつつある時期でもあった。

たとえば、今谷明氏[12]は、これより先の永禄元年（一五五八）の将軍足利義輝の入京をもって実質上、三好長慶は敗北したと理解しているようにである。この理解については、近年、天野忠幸氏[13]によって修正されつつあるが、それでも実態として、永禄三年（一五六〇）には三好政権は河内の畠山高政と義絶し[14]、また、永禄四年には近江の六角義賢とも対立する状況にあった。しかも、畠山と六角とは連携していたとみられ[15]、いわば東からも南からもおびやかされる苦境にあったことだけはまちがいないといえよう。

そのうえ、「四月廿四日、十河民部大夫（一存）遠行」と『己行記』にみえるように、長慶が頼りとする実弟十河一存が亡くなる。そして、七月「廿七日」には「江州衆出張」り、一〇月「廿六日」には「根来寺衆幷河内牢人泉州出張」とあるように、畠山高政が根来衆と連携して一存亡きあとの和泉岸和田城に軍勢を差しむけてくるという状況にまで陥っていた。

表1　『己行記』から読みとれる日珖の動向

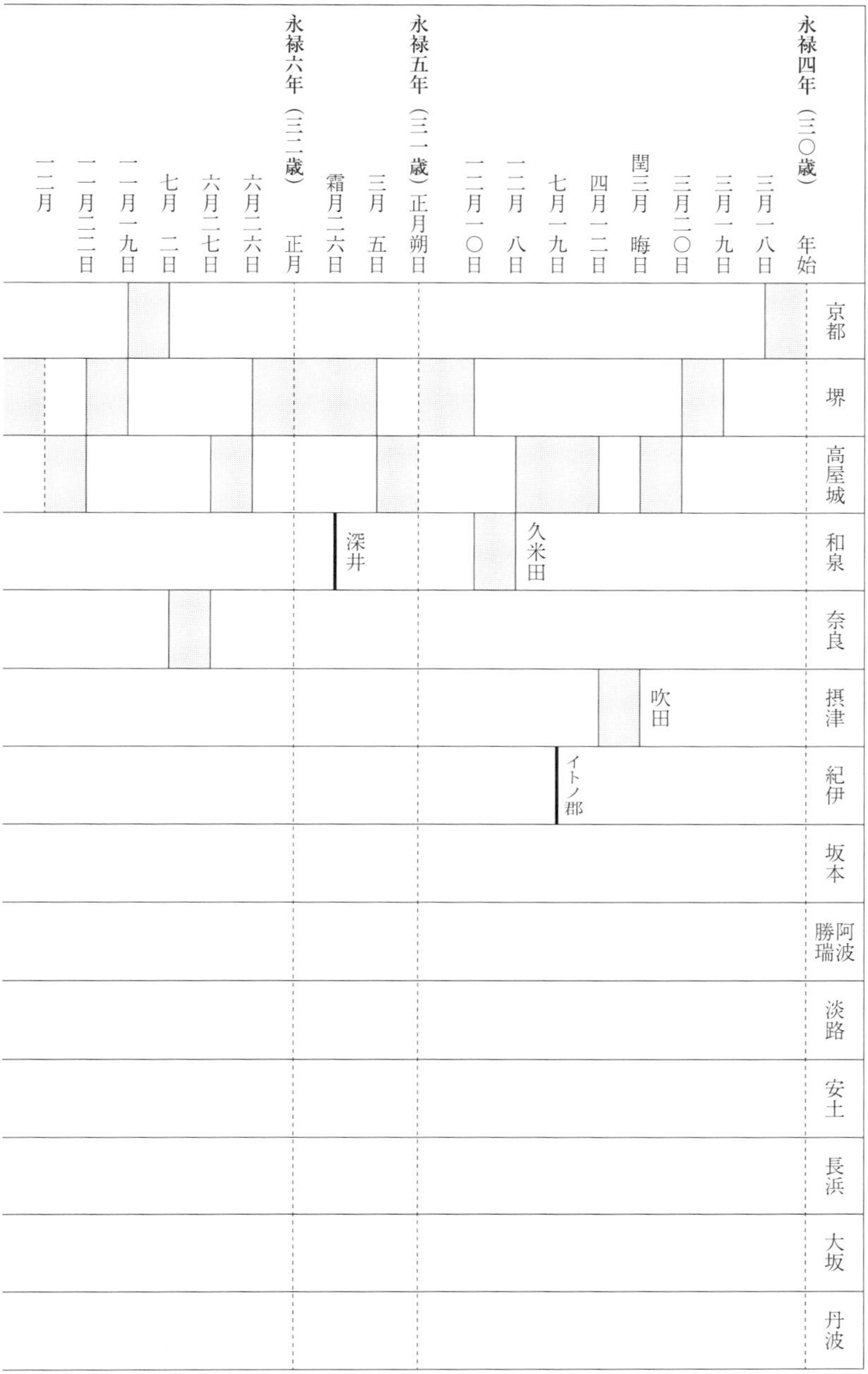

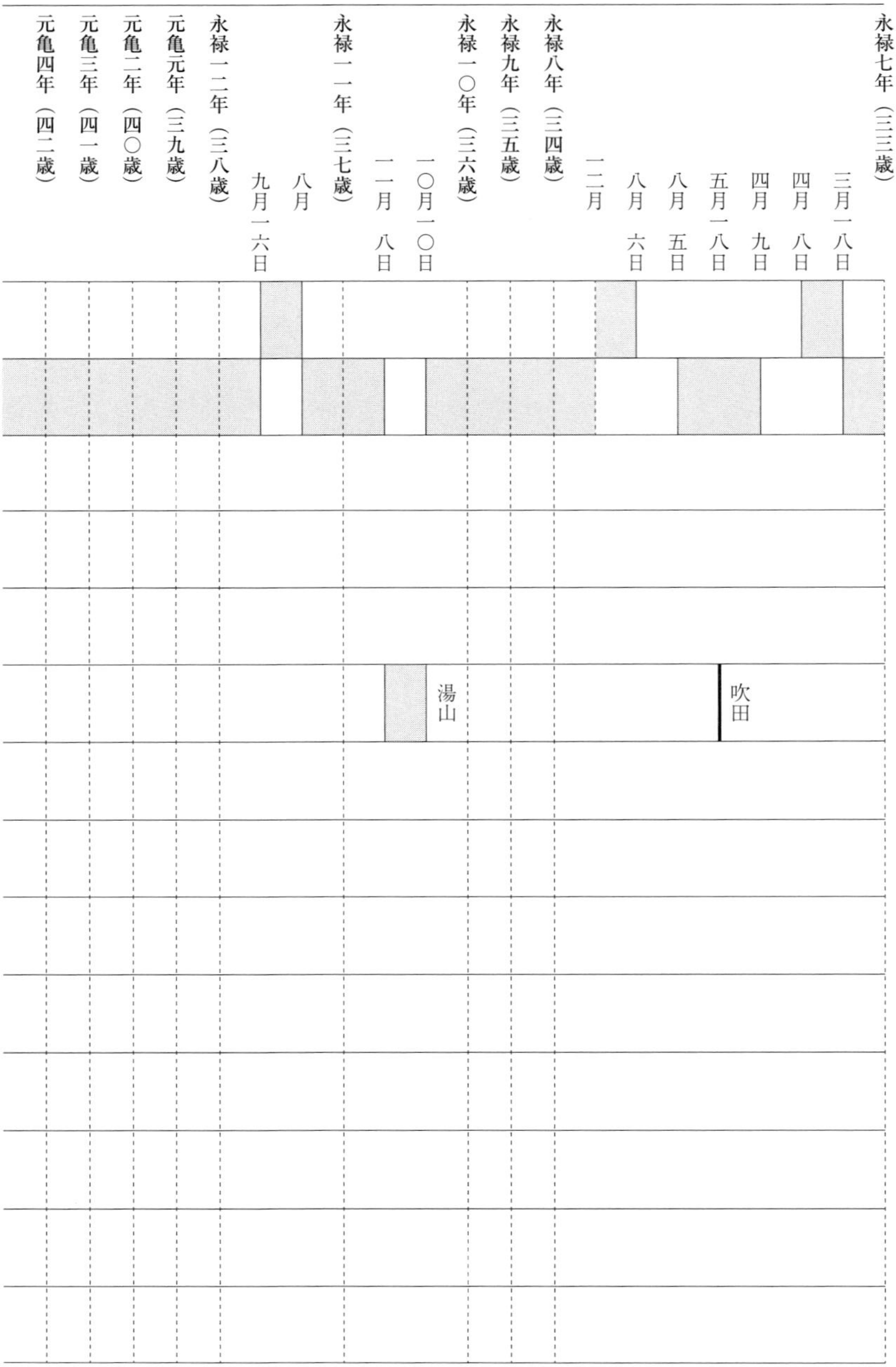

永禄七年（三三歳）
三月一八日
四月八日
四月九日
五月一八日
八月五日
八月六日
一二月
永禄八年（三四歳）
永禄九年（三五歳）
永禄一〇年（三六歳）
一〇月一〇日
一一月八日
永禄一一年（三七歳）
八月
九月一六日
永禄一二年（三八歳）
元亀元年（三九歳）
元亀二年（四〇歳）
元亀三年（四一歳）
元亀四年（四二歳）
吹田
湯山

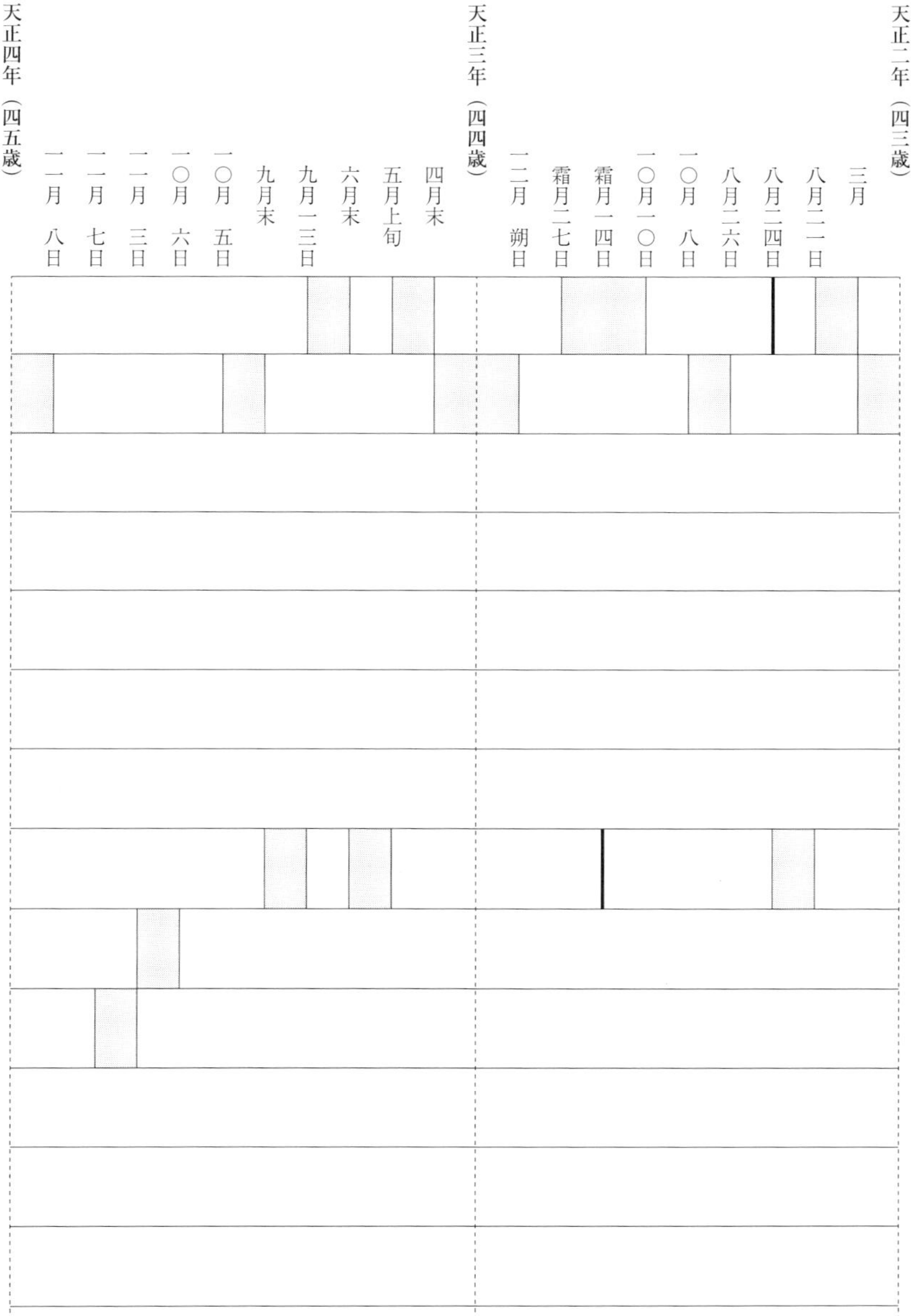
天正二年（四三歳）
三月
八月二一日
八月二四日
八月二六日
一〇月八日
一〇月一〇日
霜月一四日
霜月二七日
一二月朔日
天正三年（四四歳）
四月末
五月上旬
六月末
九月一三日
九月末
一〇月五日
一〇月六日
一一月三日
一一月七日
一一月八日
天正四年（四五歳）

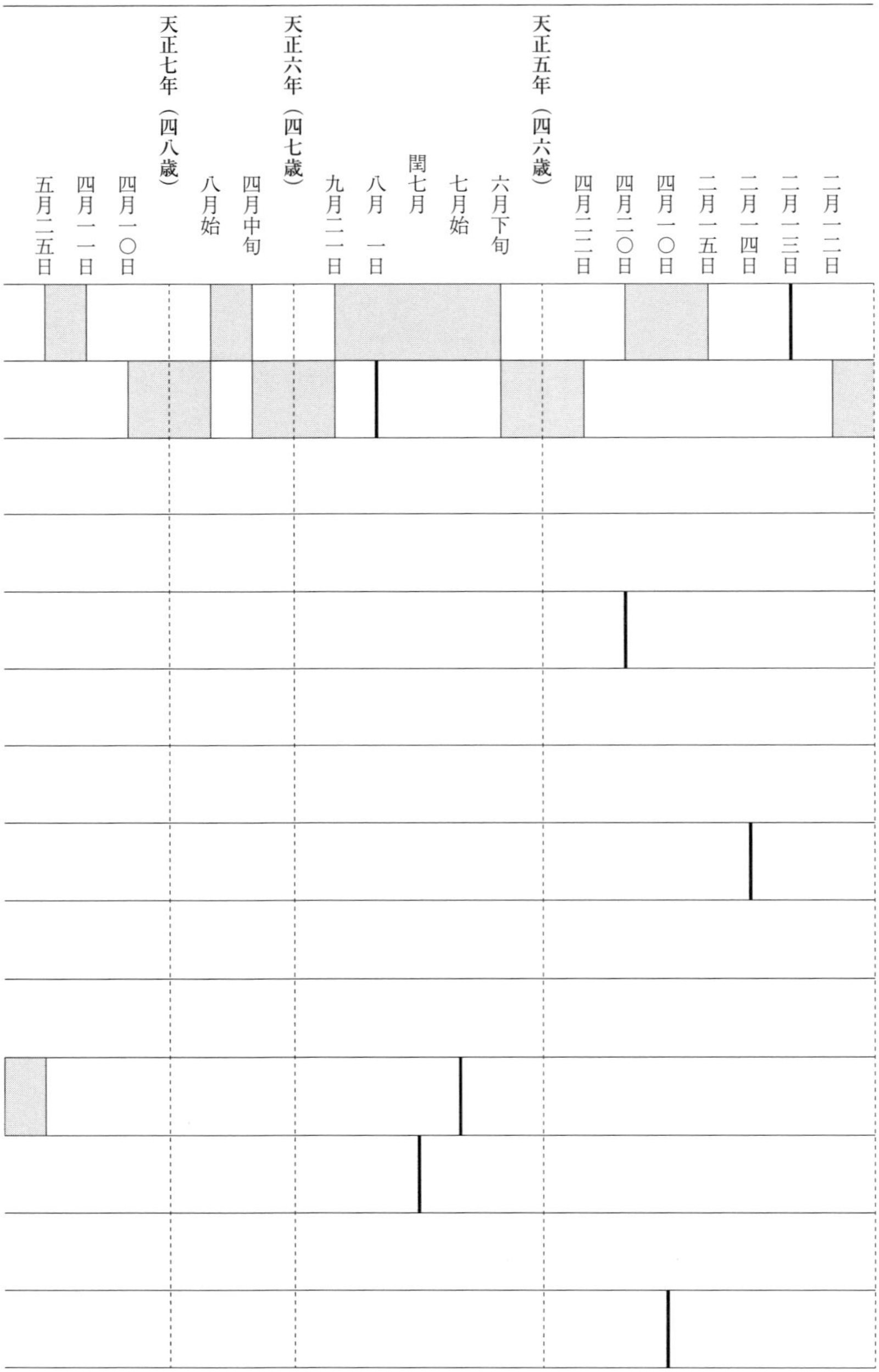

二月一二日
二月一三日
二月一四日
二月一五日
四月一〇日
四月二〇日
四月二三日
天正五年（四六歳）
六月下旬
七月始
閏七月
八月　一日
九月二一日
天正六年（四七歳）
四月中旬
八月始
天正七年（四八歳）
四月一〇日
四月一一日
五月二五日

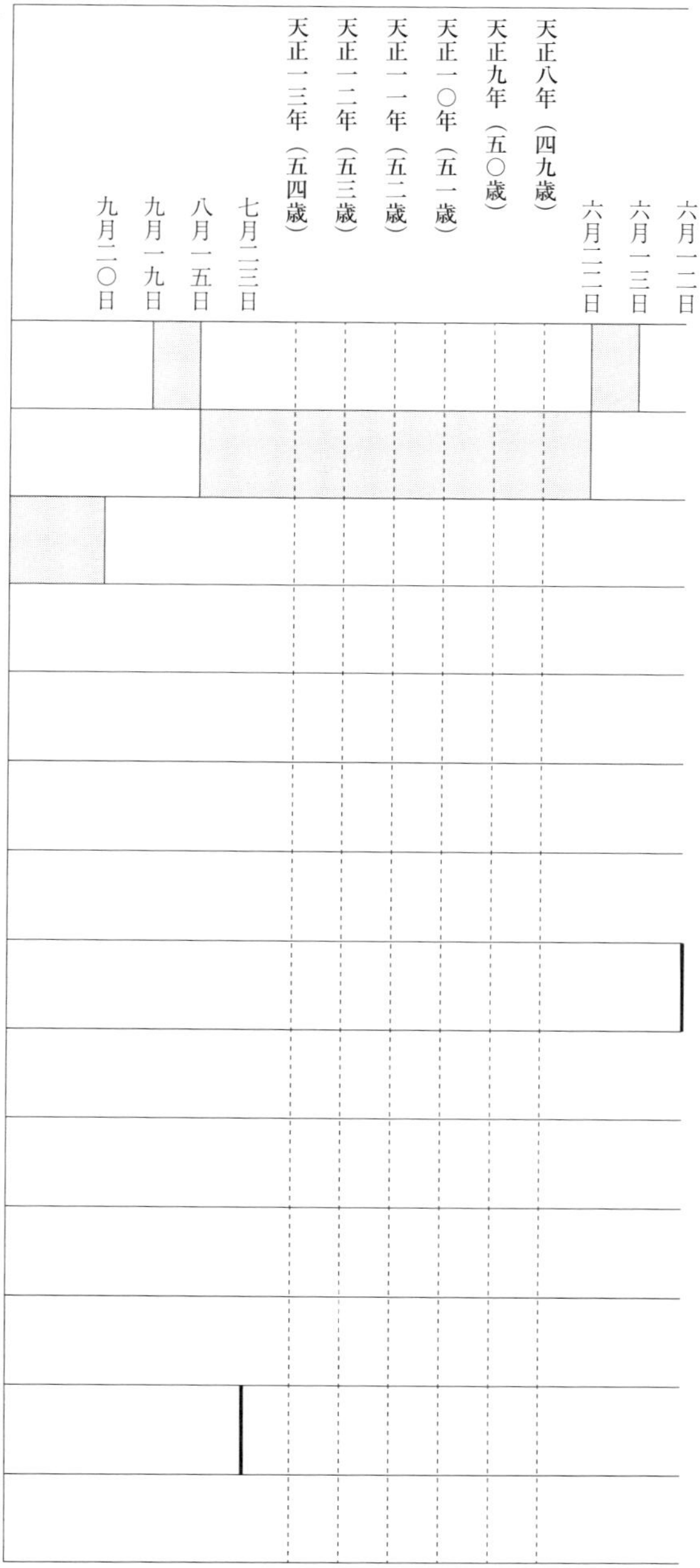

（註）網かけと太線（短期間の逗留と考えられるもの）が所在を示す。ただし、移動の宿泊地などはのぞいた。

ちなみに、ここで畠山高政が「河内牢人」とよばれているのは、永禄三年（一五六〇）に高政が長慶によって河内高屋城を追われたことによる。そして、その高政にかわって高屋城主となっていたのが、長慶の実弟三好実休であった。

このように、この時期、三好政権をとりまく状況はきびしさを増していたわけだが、にもかかわらず、永禄四年

（一五六一）の『己行記』にはつぎのような興味深い記事を見いだすことができる。

　廿日（三月）、入高屋城、廿一日ニ遷入御屋形、即実休（三好）来臨祝儀云々、

すなわち、この緊迫した情勢のさなかに日珖は、こともあろうに実休の居城高屋城に入ったのである。しかも、「七月七日、今（金）春能有之、於実休之屋形」とみえるように、七夕に金春の能を賞玩し、さらには、「同十六日ヨリ法談、四日之間」と、高屋城で法談をおこなうなど長期にわたって滞在していたことも確認できる。その間にも事態は緊迫度を増しており、『己行記』によれば、一〇月には「廿九日暁、実休諸卒、泉州陣立」、そして「十一月六日、久米田へ陣替」していくことになる。ところが、ここでもまた、おどろくべき記事を目のあたりにすることになる。

　一、十二月八日、自久米田、被請余、即其夜実休御受法、

すなわち、最前線の戦地というべき和泉久米田に日珖は請われ、「其夜」、実休は「御受法」したというのである。そればかりか、この夜は、実休の被官である「同備・加六兵・溝淵三郎左・佐河甚次郎」なども受法し、さらには、同月九日・二六日にも、「有馬中務・芥河兄弟」「河南兄弟」「豊嶋父子」「堀江猪介」「鏡新尉（ママ）」「篠原伊賀・同越前・篠原猪一郎」といった数多くの被官もその列につらなったということが確認できるのである。

明日にも合戦にのぞまんとする侍たちがみせる、このようなすがたからは、生死の境におかれた人びとの宗教に対する真摯な態度を読みとることができるが、それが黒田俊雄氏[16]が指摘したような、「武勇」に対してのものなの

か、それとも「安穏」に対してのものなのかについてはつまびらかではない。しかしながら、戦地におもむく侍たちにとって期すべきものがあったればこそ、先をあらそって日珖から法をうけるという行為におよんだことだけはまちがいないといえよう。

あけて永禄五年（一五六二）もまた、日珖は「自正月朔日至二月五日在城」している。そして、その間も実休らの武運長久を願うためであろう、「陀ラ尼数千巻」を唱え、正月五日には「海部左馬助」が受法するなど、あいかわらずの活動をくりひろげていたことがみてとれる。

ところが、このような活動をつづける日珖の願いもむなしく、その年の三月五日に実休が戦死してしまう。ここのところを軍記物のなかでも信頼性の高い『細川両家記』[17]は、「安宅摂津守（冬康）・三好山城守（康長）・三好下野守（宗渭）・三好備中守・篠原右京亮（長房）・吉成勘介此外高屋の城の阿州衆」とともに出陣した実休が、「三好山城守・同下野守・同備中守」ら「諸勢」が「敵陣へ一同に切かゝり」、まわりにわずかな手勢しかいなくなったその「透間」をねらわれて、「大事の疵」をうけ「討死」したと伝えている。

また、その疵とは、長江正一氏[18]によれば、『長享年後畿内兵乱記』[19]の記事から「根来」衆による「鉄炮」によるものとみられているが、いずれにしても、実休が三月五日に和泉久米田で戦死してしまったことだけはまちがいないといえよう。ところが、不思議なことに、『己行記』には実休戦死の記事がみられないいっぽう、つぎのような興味深い記事を見いだすことができる。

一、三月五日之夜、退城、有将テ籠城ノ諸男女無事ニ入堺功、すなわち、実休が戦死したその夜、日珖は「籠城ノ諸男女」を「堺」へと移送させたということが、ここからあきらかとなるのである。その後、「自三月六日至五月廿日、窮屈」と『己行記』にみえるように、日珖は堺で息を殺してことのなりゆきを見まもったようだが、「五月廿日、山方敗軍」と畠山高政が長慶の息子である三好義興らにやぶれたとの報を聞くにおよんで、つぎにみえるように、「実休之百箇日」の法要をおこなったことも確認できるのである。

一、六月十五日、実休之百箇日也、其前七日有訓読之大会式作善、

二　日珖と三好実休一族

このように、この時期の日珖の動向をくわしくみていくと、戦地におもむかんとする三好実休やその軍勢に吸い寄せられるかのようにして動いていたことが知られる。その間、実休をはじめとして多くの侍たちに法をさずけ、また、彼らの武運長久を願い、そして、実休戦死直後には高屋城に残された男女を無事に堺へ移送させるとともに、状況をみはからって実休の法要をとりおこなうなど、日珖がみせた一連の動きからは、いわゆる陣僧[20]的な役割を見いだすことが可能といえる。

もっとも、日珖の場合、一般的な陣僧とはまた異なる点もみられたことには留意する必要があろう。たとえば、日珖の活動は、軍勢にしたがってというより、むしろ高屋城という定点でのそれが顕著といえるからである。実際、『己行記』「行功部分記[21]」には、はじめて高屋城に入った永禄四年（一五六一）に「高■《ヤ》寺内造立事」とみえ、高屋

城内に何らかの施設をもうけたことが知られる。また、最初に引用した記事のすぐあとにも、「夫ヨリ即造作」とあり、おそらくこれらは、永禄六年（一五六三）一二月八日に「請取」った「高屋之弘通所草庵」に相当するものと考えられよう。したがって、日珖は、この「弘通所草庵」などにおいて、先にふれたような宗教活動をおこなっていたことになる。

もっとも、そのいっぽうで、日珖が最前線の戦地にその身をおいたこともまた事実であり、文字どおり不惜身命というべきその行動が、実休らの信仰心にひびいた可能性は十分考えられる。そして、それは実休亡きあとの一族にもひろがり、永禄八年（一五六五）には、「十河千松《存保》」や「同廿余人」がわざわざ堺にまでおもむいて日珖のもとで受法し、永禄一一年（一五六八）三月五日に日珖が「実休七周忌」のため千部経を転読したさいには、「十河孫六郎《存保》」や「三好彦次郎《長治》」だけではなく、その「母儀」までが堺へ来臨し、「御経聴聞」したことも確認できるのである。

そのようななか、実休一族の法華信仰の深まりをもっとも象徴的に示すできごととして知られるのが、天正三年（一五七五）に三好長治が阿波でおこなった「阿波一国の衆生れ子まで日蓮宗になし法花《華》経をいただかせ、他宗の寺へ出入する事ゆるされず」[22]とみえる、いわゆる阿波の皆法華政策となろう。そして、これにも日珖は深くかかわっており、『己行記』天正三年条にはつぎのような記事を見いだすことができる。

一、九月末三井寺へ行、其刻阿州ヨリ問答ノ義注進、則堺へ下向ナリ、十月五日ニ出船、六日其夜カタ《加太》ニ留ル、六日ニ勝瑞ニ付、七日依相暮《カ》タルニ、八日ニ三好彦次郎殿へ御礼在之、其間浄土宗与往復別帋在之、

一、浄土宗事法詰候而理運ノ感状ヲ取上、則高野ヨリ円正ト申学匠阿州呼下、当宗へ難状入之、三問三答如別

帋、是又法詰理運之感状取候而、十月《十一月カ》三日ニ勝瑞ヲ出、其夜フクラ《福良》ニ泊ル、

ここで「勝瑞」とみえるのは、三好長治の居城阿波勝瑞城とその城下を意味するが、右によれば、天正三年一〇月[23]に日珖は当地で「浄土宗」と「往復別帋」による「問答」（宗論）をおこない、「法詰」し、勝ちをおさめたことが読みとれる。また、「高野」山より来た「円正」という「学匠」とも「三問三答如別帋」きかたちで宗論をおこない、そこでも勝ちをおさめたと記されている。

この阿波での宗論については、少し時代がさがるものの、『三好記』[24]や『昔阿波物語』[25]にも記載されているが、これら編纂物の成立がさがるためであろうか、「其当座は真言のかち」などとも記されている。しかしながら、『三好別記』に「阿波一国いよ〳〵日蓮宗繁昌也」とあるように、また、『己行記』で日珖が「阿州事、於高座致披露、弥打伏スル也」とみずから語っているように、浄土宗に対しても、また「真言宗」に対しても折伏をおこなったというのが実際のところだったのだろう。

このように、『己行記』には、三好氏に直接かかわるような記事もみられるわけだが、それも天正三年以降においては、天正五年（一五七七）にみえる「三好孫六郎《存保》母儀死去」との記事を最後にすがたを消すようになる。おそらくそれは、畿内における織田政権の躍進と反比例するかのようにして凋落していった三好一族のすがたも映し出すものであったのだろう。

なお、本章では、日珖と三好実休一族との関係について、宗教や信仰面のみに焦点をあててみてきたが、その背景には、日珖の出身地である堺と三好氏との密接な関係があったこともみのがしてはいけない。たとえば、茶人としても有名であった実休が、久米田へ出陣する直前の永禄四年卯月一三日の朝に天王寺屋津田宗達と納屋今井宗久

二人をまねいて茶会をひらき、[26]また、そのいっぽうで、翌年五月四日の朝には宗達の茶会に三好康長とともにまねかれたことなどが知られるからである。[27]

今のところ、日珖の出身一族である油屋伊達家と実休とのあいだに直接的な接点を見いだすことはできていないが、いずれにしても、このような堺衆と実休との世俗的な関係が日珖の動向をささえる重要な基盤になっていたことはまちがいないであろう。

おわりに

以上みてきたように、戦国末期という時代のなかで日珖は、政情の混乱に巻きこまれつつも、三好実休の陣僧的な活動をおこなうと同時に、実休をはじめとした数多の侍たちへ法をさずけるなど、法華宗僧本来の活動をおこなっていたことがあきらかになったと思われる。

その背景には、飢餓・疾病・盗難・自然災害・収奪など数多くの試練に満ちていた中世社会にあって、とりわけ戦乱のはげしかった戦国期に生きた人びとの宗教に対する切実かつ熱い視線があったからではないかと思われるが、それをふまえたとき、実休をはじめとした数多くの人びとが受法したという事実は、最前線の戦地にまで危険をかえりみずおもむいた日珖だからこそなしとげられたことといえよう。したがって、そこにひとりの宗教者と宗教を渇望する人びととの共鳴を読みとることは十分可能と思われる。

そういう意味では、この時期の日珖は、ひとりの宗教者として充実した日々をおくっていたといえるのかもしれない。しかしながら、このような経歴をもった日珖ですら、こののちにおこる安土宗論を境にして、その活発な宗教活動を保守的・摂取的なものへと転換せざるをえなくなる。

そこに日珖のエリート性や、また、エリートゆえの惰弱さだけをとり出して非難することはある意味たやすい[28]。しかしながら、今必要とされているのは、そのことより、むしろ日珖らがよって立つ法華宗にとって織田政権や統一権力の存在がどのような宗教的・社会的意味をもっていたのかという、古くて新しい問題について考えていくことであろう。微力ながら、著者もまた、この問題にとりくみつづけていきたいと思う。

註

（1）油屋伊達家については、泉澄一『堺――中世自由都市――』（教育社、一九八一年）がくわしい。

（2）矢内一磨「堺妙国寺蔵「己行記」について――史料研究を中心に――」（『堺市博物館報』二六号、二〇〇七年）、同「堺妙国寺蔵「行功部分記」について」（同二七号、二〇〇七年）、同「堺妙国寺蔵「己行記」紙背文書をよむ」（同三〇号、二〇一一年）。いずれものちに同『中世・近世堺地域史料の研究』（和泉書院、二〇一七年）所収。

（3）堺市、一九三〇年。

（4）山喜房佛書林、一九六〇年。

（5）ここでは、活字本と東京大学史料編纂所写本・京都大学大学院文学研究科図書館写本ならびに矢内氏前掲「堺妙国寺蔵「己行記」について――史料研究を中心に――」所収の翻刻・写真もあわせて参照した。

（6）中尾堯「安土宗論の史的意義」（『日本歴史』一一二号、一九五七年）。

（7）高木豊「安土宗論拾遺」（『日本歴史』一六八号、一九六二年）。

（8）藤井学「日蓮宗徒の活躍」（京都市編『京都の歴史　4　桃山の開花』學藝書林、一九六九年）。

（9）佐藤博信「房総の中世後期における寺院と権力――特に日我「妙本寺年中行事」の検討を通じて――」（『日本史研究』三七八号、一九九四年）、同「室町期東国における有徳人の一様態――安房妙法寺日永上人とその周辺――」（『金沢文庫研究』二九二号、一九九四年）、同「安房妙本寺日我の歴史的位置」（『歴史学研究』六八四号、一九九六年）ほか。いずれものちに同『中世東国日蓮宗寺院の研究』（東京大学出版会、二〇〇三年）所収。
(10) 中尾堯『日親――その行動と思想――』（評論社、一九七一年）、藤井学「法華宗不受不施派についての一考察――近世初頭におけるその思想と社会的基盤を中心として――」（『日本史研究』三六号、一九五八年、のちに同『法華衆と町衆』法藏館、二〇〇三年）。
(11) 糸久宝賢『京都日蓮教団門流史の研究』（平楽寺書店、一九九〇年）。
(12) 今谷明『室町幕府解体過程の研究』（岩波書店、一九八五年）。
(13) 天野忠幸『増補版　戦国期三好政権の研究』（清文堂出版、二〇一五年）、同『三好長慶――諸人之を仰ぐこと北斗泰山――』（ミネルヴァ書房、二〇一四年）。
(14) 『厳助往年記』（『改定史籍集覧』第二五冊）永禄三年五月一六日条。
(15) 『足利季世記』（『改定史籍集覧』第一三冊）。
(16) 黒田俊雄「中世における武勇と安穏」（同『増補新版　王法と仏法――中世史の構図――』法藏館、二〇〇一年）。
(17) 『群書類従』第二〇輯。
(18) 長江正一『三好長慶』（吉川弘文館、一九六八年）。
(19) 『改定史籍集覧』第一三冊。
(20) 吉田政博「戦国期における陣僧と陣僧役」（『戦国史研究』三〇号、一九九五年）。
(21) 註(2)参照。
(22) 『三好別記』（『群書類従』第二一輯）。
(23) 立正大学日蓮教学研究所編『日蓮教団全史　上』（平楽寺書店、一九六四年）では、この宗論を九月とみているが、記事の読みかたからいえば、一〇月とみたほうが自然であり、また、「十月六日」の「十月」を一一月の誤謬として読んだほうがむしろ妥当ではないだろうか。大方のご批判をあおぎたい。
(24) 『続群書類従』第二一輯下。
(25) 山本大校注『第二期戦国史料叢書　5　四国史料集』（人物往来社、一九六六年）。
(26) 『宗達他会記』（『茶道古典全集　第七巻』淡交社、一九五九年）。なお、この会では出されていないが、実体所持の「天下無双ノ名物」といわれた茶壺「三日月」は、『山上宗二記』（『茶道古典全集　第六巻』淡交社、一九五八年）によれば、「一乱ノ時河内国高屋城ニテ六ツニワレタリ」といわれている。おそらく「一乱」とは永禄五年の実休戦死のときのことを指すのであろう。

(27)　『宗達自会記』（『茶道古典全集　第八巻』淡交社、一九五九年）。

(28)　註(6)(7)参照。

〔補註〕　本章の初出となる論考発表後、長谷川賢二氏によって「天正の法華騒動と軍記の視線――三好長治の「物語」をめぐって――」（高橋啓先生退官記念論集編集委員会編『地域社会史への試み』原田印刷出版、二〇〇四年、のちに天野忠幸編『論集戦国大名と国衆　10　阿波三好氏』岩田書院、二〇一二年）が発表され、阿波での宗論や日珖と三好氏との関係がより詳細に検討されている。また、堺における日珖の活動については、大畑博嗣「中世後期堺における法華宗僧の活動――日珖の動向を中心に――」（『大谷大学大学院研究紀要』二五号、二〇〇八年）が発表されている。

第三章 「法華宗の宗徒」松永久秀

はじめに

都の統治は、この頃（次の）三人に依存していた。第一は公方様で、内裏に次ぐ全日本の絶対君主である。ただし（内裏は）国家を支配せず、その名称とほどほどの（規模の）宮廷を持っているだけで、それ以上の領地を有しない。第二は三好殿で、河内国の国主であり、（公方様の）家臣である。第三は松永霜台《（久秀）》で、大和国の領主（であるとともに）また三好殿の家臣（にあたり）、知識、賢明さ、統治能力において秀でた人物で、法華宗の宗徒である。彼は老人で、経験にも富んでいたので、天下すなわち「都の君主国」においては、彼が絶対命令を下す以外何事も行なわれぬ（有様で）あった。

これは、イエズス会宣教師ルイス・フロイスの著作『日本史』（『フロイス日本史』[1]）第一六章（第一部五四章）「本年（一五六四年）および前年に、都地方で生じた幾つかのことについて」にみえる一節である。その内容は、一五六四年、すなわち永禄七年前後の京都周辺の政情を伝えたものとなっているが、これによれば、そのころ、京都は、「公方様」（足利義輝）と「三好殿」（三好長慶、義継）、そして、「松永霜台」（松永久秀）によって治められていたという認識が宣教師のあいだで共有されていたことがうかがえる。

もっとも、この永禄七年七月には三好長慶が亡くなり、そして、翌永禄八年（一五六五）五月には足利義輝も三好義継らによって襲撃されて、その命を落としてしまうことになる。したがって、右のような政情も急激な変化にみまわれることになるわけだが、その変化の渦中にいた人物こそ、松永久秀であった。その久秀が「法華宗の宗徒」であったことは、右の史料のほかにも、同じく『日本史』第二四章（第一部六六章）にみえる、つぎのような記事からもうかがうことができる。

> 法華宗の僧侶たちは、他のあらゆる宗派のうちもっとも罪深い連中であり、（松永）霜台《（久秀）》とその息子がその（派の）信徒であったところから当時栄えていた。

宣教師の立場からすれば、キリスト教をもっとも敵視すると思い込んでいた宗派が法華宗であり、それゆえ松永久秀が「法華宗の宗徒」「信徒」であったことも、このようにしばしば記録されることになるわけだが、ひるがえって、日本側の、しかも同時代史料によって久秀の法華信仰について語ることは思いのほかむずかしいというのが実情であった。

それが、近年の研究[2]によってそのようすが少しずつあきらかになりつつある。そこで、本章では、それらの研究によりながら、松永久秀と法華宗との関係についてみていくことにしよう。

一　松永久秀と永禄の規約

（1）永禄七年の「勝劣一致和睦」

ところで、冒頭に引用した史料の年紀にあたる永禄七年は、京都の法華宗にとってもひとつの画期というべき年にあたっていた。この年の八月、京都の本山寺院一五カ寺は連署し、「一致勝劣都鄙和睦之条目」[3]（いわゆる永禄の規約、永禄の盟約）をむすんだことで知られているからである。

ここにみえる「一致」とは、法華宗が依拠する『法華経』八巻二八品のうち前半四巻一四品を意味する「迹門」と後半四巻一四品を意味する「本門」とのあいだに優劣がないとみる理解を指す。いっぽう、「勝劣」とは、優劣があるとみる理解であり、これらは一般に本迹一致・本迹勝劣とよばれて、教義にかかわる重要な問題として知られてきた。

しかも、この問題は、現在の日蓮宗や法華宗のありかたにまでつながるという点では根本的なものといえ、実際、中世京都では、この問題をめぐって、寺院同士の「喧嘩」や「合戦」にまでいたったことが知られている。[4]したがって、それが「和睦」をみたという以上、事態としては大きく変化をとげたといわざるをえないであろう。

ただし、京都の法華宗寺院の場合、これまでにも何度か同じような規約や盟約をむすぶという経験をもっていた。にもかかわらず、今回が特別なものとみなされるのは、この永禄の規約がむすばれた翌永禄八年に、いわゆる十六本山会合とよばれる本山寺院による結合体の結成がみられたという点にあろう。[5]

この十六本山会合でもって、京都の法華宗は、戦国最末期から近世移行期という激動の時代を乗り切っていくからだが、その出発点ともいえる永禄の規約に松永久秀が深くかかわっていたということ自体は、これまでにもつぎのような史料から知られていた。

　人王百七代正親町御宇、永禄之頃、両派諍論紛紘、此時本国寺十五世日勝、就于管領三好修理太（ママ）輔長慶并ニ旦越松永弾正久秀、訴足利将軍十三代義輝公、仍命両臣、令和融之、維時永禄七年歳当甲子、七月下旬、此和睦之記録者同八月廿日也、

これは、本能寺に残される「永禄七年和睦之記録濫觴」と冒頭に記された記録[6]である。史料そのものの成立は同時代ではなく、かなりさがるが、ここからは、「両派諍論」（一致派と勝劣派の争い）をめぐり、本国寺が三好長慶と「旦越」である松永久秀を通じて足利義輝に訴え、義輝が「和融」を「両臣」に命じることによって「和睦」がなったとみられていたことが知られよう。

もっとも、右の史料だけでは、「和融」の動きがいつあらわれたのか、あるいはまた、松永久秀の存在がどのような意味をもっていたのかという点については、不明といわざるをえない。それが、都守基一氏、そして天野忠幸氏の研究[7]によって、かなり具体的にあきらかとなってきたのである。

とりわけ、都守氏によって詳細に検討が加えられた『永禄之旧規勝劣一致和睦之次第案文』[8]という史料の存在は大きい。この史料は、表紙に「妙顕寺　常住」、奥書に「元禄三年三月三日　廿世　日耀（花押）」と書かれており、元禄三年（一六九〇）には京都の妙顕寺日耀の手にあったことが知られている。また、その内容は、都守氏によれば、「永禄の規約締結にさいし、使僧として諸寺・諸檀那の間を奔走した薬草院日扇が自ら記した一件記録かつ案

文集」とされている。

都守氏によれば、薬草院日扇は、「のちに日梁と号し、和泉堺の出身」、京都の「妙覚寺末寺の堺九間町経王寺の四世を勤め、天正十年（一五八二）六月十一日に没」した人物であるという。その日扇が使僧となり、記録を残すにいたったのは、「下総国平賀本土寺日隆聖人、薬草院日梁へ御守之受与書」に「薬草院日扇、諸門和融之上洛時、為祈禱、奉図之、永禄六年癸亥九月廿五日」とみられることから、本土寺日隆の意向によるものであったことはあきらかといえよう。

実際、それを裏づけるように、『永禄之旧規勝劣一致和睦之次第案文』の冒頭には、「永禄六癸亥年九月二十二戊戌日、巳刻、従小西首途、極月十日乙卯京着」とみえ、日扇が京都をはじめ堺や南都（おそらく多聞山城）において活発に活動していたことが記されている。

また、この間にかわされた一連の書状案（**表1**）から日扇が、松永久秀の被官であり、しかも「妙覚寺旦那」でもあった松田市兵衛（一兵衛）[9]らをとおして久秀と接点をもっていたことがわかる。ここから、久秀が今回の「和睦」に深くかかわっていたことはあきらかといえよう。

（2）諸寺へ異見する檀那

表1にまとめた一連の書状案によれば、ことの発端は、永禄六年（一五六三）六月以前に一致派の「下総平賀本土寺幷檀方等、彼国酒井左衛門尉、押而当寺御末寺ノ門徒被成」れたため、松永久秀が、「門徒」の「返付」と「向後」「酒井左衛門尉」が「違乱」しないよう「御異見」することを「御末寺」の本寺にあたる京都妙満寺（勝劣派）に六月二二日付の書状案（**表1**―①）でもとめたことにある。

表1　『永禄之旧規勝劣一致和睦之次第案文』所収の書状案

	年	月日	文書名（差出）	宛所
①	（永禄六年）	六月二二日	松永久秀書状案	妙満寺床下
②	（永禄六年）	六月二八日	楠正虎書状案	妙満寺御同宿中
③	（永禄六年）	七月二日	妙満寺日慮書状案	松永弾正少弼殿御報
④	（永禄六年）	七月二日	妙満寺日慮書状案	楠河内守殿御返報
⑤	（永禄六年）	七月二日	当行事日靖書状案	喜多左衛門尉殿御宿所
⑥	（永禄六年）	七月五日	松永久秀書状案	妙満寺床下
⑦	（永禄六年）	七月五日	楠正虎書状案	妙満寺御同宿中
⑧	（永禄六年）	九月九日	酒井左衛門尉書状案	進上妙満寺御行事中尊報
⑨	（永禄六年）	一二月二四日	松永久秀書状案	本土寺御返報
⑩	（永禄六年）	極月二五日	薬草院日扇書状案	松田一（市）兵衛殿御宿所
⑪	（永禄六年）	極月二六日	薬草院日扇書状案	松田市兵衛殿御宿所
⑫	（永禄六年）	閏一二月八日	諸寺代妙覚寺日徳書状案	松永弾正少弼殿参人々御中
⑬	（永禄六年）	閏一二月九日	薬草院日扇書状案	松田市兵衛殿
⑭	（永禄六年）	閏一二月九日	薬草院日扇書状案	松田市兵衛殿
⑮	（永禄七年）	八月二三日	松永久秀書状案	法華諸御寺中

このとき、本土寺がどのようなルートでもって久秀のもとへ訴えをもち込んだのかという点についてはさだかではない。ただ、妙満寺側は、久秀のもとめにしたがって、ただちに「差下使僧」す旨を七月二日付の書状案（表1―③④⑤）で返答、その返答を久秀側がうけとったことも七月五日付の書状案（表1―⑥⑦）からあきらかとなる。

ところが、使僧から「従霜台《松永久秀》御一書趣」を耳にした酒井左衛門尉は猛反発、妙満寺へ送った九月九日付の書状（表1―⑧）のなかで、「他之知行」地ならいざ知らず、「私領中」で「本土寺僧檀奪取候様ニ被現紙上候」ことは、「還而本土寺理不尽」との反論を書きつらねることになる。

このような酒井左衛門尉の反応が、本土寺や妙満寺、あるいは久秀にとって予想できたことなのかどうかといった点についてはさだかではないが、事態の悪化と拡大を憂慮した関係者一同がたどりついた解決策のひとつが「一致勝劣和睦」であった。

すでに都守氏や天野氏が指摘しているように、九月九日付で酒井左衛門尉の書状案が出された直後の九月一四日に本土寺日隆は、一致派に属する京都の本国寺（のちに本圀寺）と妙顕寺に書状を送り[10]、「一致勝劣和融儀」についてふれている。また、これより少しあとの一〇月三日には、同じく一致派の比企谷妙本寺月行事と池上本門寺年行事も、連署して京都の本国寺に書状を送り[11]、「一致勝劣和融之儀」についてふれている。じつは、これらの書状を持参し上洛したのが薬草院日扇であった。

このように、永禄六年九月以降、京都と関東、つまりは「都鄙」において急速に「一致勝劣和睦」（「一致勝劣和融」）の気運が高まっていったことがうかがえる。そして、一一月一〇日に京都に着いた日扇は、その月の二四日に南都において「霜台へ対面」、その日のうちに本土寺への久秀書状案（**表1**―⑨）と「縮羅二端」をうけとっている。

また、翌二五日にも日扇は、松田市兵衛をとおして、書状案（**表1**―⑩）で京都の諸寺への「御使・御一書」を懇望し、翌二六日にはそれらが得られたことを「本望之至候」とのべている。そして、同日付の書状案（**表1**―⑪）のなかで、今回の久秀の存在をつぎのような印象深い文章で書き残すことになる。

就中、少弼殿（松永久秀）偏奉頼所存非一候、惣別此扱従先々各雖被成御苦労候、於諸寺者、自他之存分有之条、于今無落着候、従御旦方被仰扱候者、無異義可相調候へトモ、今迄於当宗、諸寺へ異見可申入檀那無之故、終無入眼候、

一致派と勝劣派の「扱」（仲裁、調停）をこれまで「諸寺」間でおこなおうと「御苦労」してきたけれども、「諸寺」には「自他之存分」があって「落着」してこなかった。また、その「扱」を「御旦方」がおこなうことにも「異義」はなかったものの、「今迄」は「当宗」において「諸寺へ異見可申入檀那」がいなかった。もはや、「少弼（松永久秀）殿」をおいてほかに「頼」みとする人はいない、と。

ここからは、日扇や本土寺日隆が、久秀の存在を「諸寺へ異見」できる「檀那」と認識していたことがあきらかとなる。逆に、このように認識されていたということ自体が、久秀の特異な立ち位置を示していよう。なぜなら、このころの信仰のありかたというのは、一般に師檀関係とよばれて、ひとりの僧侶とひとりの檀那とのあいだにむすばれる個別の関係が基本であり、「諸寺」という寺院の枠をこえて「異見」を申し入れるような檀那は存在しなかったと考えられるからである。

つまり、そのような希有な檀那とみなされていたのが、久秀にほかならなかったわけだが、その背景に三好長慶や足利義輝を主君にもつといった、久秀の政治的な立場が影響していたことはまちがいない。しかしながら、問題が「一致勝劣和睦」という、宗門の教義にかかわるものであった以上、この場合は政治的な立場というより、むしろ「御旦方」「檀那」としての立場が優先していたとみるのが自然であろう。

はたして、閏一二月八日付で「諸寺代妙覚寺日徳」が「就一致勝劣和睦之義、為御口入、預御使候、御懇意之段、難申尽候」との文面をもつ書状案（**表1**―⑫）を久秀方に送り、同日に「衆会八ケ寺之始、妙覚寺」とみえるように、妙覚寺において八カ寺（都守氏[12]によれば、一致派の妙顕寺・妙覚寺・立本寺・本国寺・本満寺・妙伝寺・頂妙寺・本法寺とされている）による「衆会」（「集会」）がもたれたことがわかる。

もっとも、翌閏一二月九日に二通の書状案（**表1**―⑬⑭）を日扇が久秀方へ送っていることからもわかるように、事態はなおも流動的であり、「寸善尺魔之道理」も考慮に入れるなら、「一致勝劣和睦」を「急速相調之様御馳走奉頼候」と重ねて依頼したのも当然といえよう。

結局のところ、規約は翌年の永禄七年（一五六四）八月二〇日付でむすばれることになる[13]。そして、それをうけて、八月二三日に久秀が、つぎのような祝意を示す書状案（**表1―⑮**）を京都の「諸寺」へ送ったこともあきらかとなるのである。

御状令披見候、仍一致勝劣御和談之由、誠当宗如金言流布、繁栄之基、殊勝存候、弥以御入魂、御教化可目出候、将又御樽代百疋給候、本意候、此旨御衆達可為喜悦候、恐々謹言、

（元文書後筆カ）「永禄七年甲子」

八月廿三日　久秀（松永）

法華（宗脱カ）諸御寺中

このようにしてみるとわかるように、久秀は、京都と関東、つまりは「都鄙」の、とりわけ一致派の法華宗寺院から頼りにされる「扱」者にして、「檀那」であったことがあきらかとなる。それゆえにまた、永禄の規約がむすばれるにあたってその存在はきわめて重要なものであったこともあらためてうきぼりとなろう。

二　「松永老母」と久秀の法華信仰

（1）「松永老母」と堺

それでは、久秀が「法華宗の宗徒」となったのは、いつごろからだったのであろうか。この点については、手がかりとなる史料が残されておらず、現在のところは不明といわざるをえない。ただ、これもまた都守氏・天野氏ともに指摘されているように[14]、『永禄之旧規勝劣一致和睦之次第案文』には、永禄七年（一五六四）「九月廿一日」に「於堺南庄松永老母宿所、諸寺参会」したという注目すべき記事が記されている。

ここでいう「諸寺」とは、堺に所在した法華宗寺院のことを意味するが、具体的にそれらとは、**表2**のように、「顕本寺」「頂源寺」「円明寺」「多宝寺」「興覚寺」「照光寺」「成就寺」「調御寺」「弘経寺」「経王寺」「法花寺」「仏乗院」「本受寺」「本教寺」「本住寺」「本伝寺」「本成寺」「本光寺」「本耀寺」「妙慶寺」「妙法寺」「妙蔵寺」「妙福

表2　堺の「諸寺」

寺院	院号・坊号
顕本寺	定教坊
	実教院
頂源寺	要行院
円明寺	善住坊
多宝寺	常寿坊
興覚寺	蓮乗坊
	善法坊
照光寺	円珠坊
成就寺	円乗坊
	妙法坊
調御寺	法泉坊
弘経寺	民部卿
経王寺	教蔵院
	教行坊
法花寺	本仙坊
	真浄坊
仏乗院	仏蔵坊
本受寺	真如院
本教寺	善勝坊
本住寺	桜泉坊
本伝寺	要春坊
本成寺	一乗坊
本光寺	円教坊
	慶栄坊
本耀寺	善儀坊
妙慶寺	実泉坊
妙法寺	法恩院
	報泉院
妙蔵寺	
妙福寺	

寺」となる。そして、これらの寺院に属する都合三〇人の僧侶が、「松永老母宿所」に「参会」したとされているのである。

「諸寺」には、一致派も勝劣派も含まれており、「大方殿」とよばれた「松永老母」に対して、「一致方」も、「勝劣方」も同じように「折五合・樽」など「音信」を贈ったことが記されている。また、それに対応するかたちで、「大方殿」からも「ふるまひ《（振舞）》」「御三こん《（献）》・さうに《（雑煮）》」が饗されたことが読みとれる。

ここからは、「松永老母」、つまり久秀の母が「堺南庄」に「宿所」をかまえ、そして、その「宿所」において堺の「諸寺」が「参会」し、しかも、多数の僧侶を饗応できるだけの経済力もそなえていたことがあきらかとなろう。「一致勝劣都鄙和睦」が、京都についで堺でも目にみえるようになっていたことがうかがえるわけだが、それが、「松永老母宿所」においておこなわれたという点からも、永禄の規約における久秀の重要性があらためてうきぼりとなる。

ところで、この「松永老母」が堺に居住していたということについては、天野氏が興味深い事実をあきらかにしている。[15]『東寺百合文書』ゑ函[16]に残される、弘治二年（一五五六）ごろと思われる安井宗運書状のなかに、「松弾老母所労ニ付而、在津被仕候」という一文がみえ、「松永老母」がそのころ、「所労」により「在津」していたことが知られるからである。つまり、永禄の規約がむすばれる永禄七年からさかのぼること、およそ八年前にはすでに「松永老母」は堺にいたことになろう。

ちなみに、宗運は、このとき、「われ〱《（我々）》やとハ《（宿）》、北の入口にて、柳町と申ところに経王寺と申寺候、その門の前にて候、大なるにかいつくり《（二階造）》の家にて候」と、堺北庄の「柳町」「経王寺」の「門の前」の「にかいつくり《（二階造）》の家」にいたとされているが、この段階で「松永老母」が北庄にいたのか、南庄にいたのかということまではさだかではない。

また、「所労」ゆえに「在津」していただけなのか、あるいはそれ以前から居住していたのかといった点もあきらかではないが、いずれにしても、「松永老母」が、京都とならんで法華宗寺院の林立する堺に「宿所」をかまえ、永禄の規約がむすばれた直後には、その「宿所」が堺の法華宗寺院の「参会」場所になるなど重要な役割をになっていたことだけはまちがいないといえよう。

（2）母と子

なお、都守氏は、右のような事実から「松永久秀の母は、熱心な法華信徒であったようである」とみている。しかしながら、それをうかがわせるような史料はこのほかに残されてはいない。ただ、女人成仏で知られる法華信仰のありかたから推せば、その可能性はかなり高いように思われる。また、法華信者として知られる本阿弥光悦とその母妙秀との関係なども参照してみるなら、あるいは、久秀の法華信仰にも「松永老母」の影響があったのかもしれない[17]。

いずれにしても、今のところは可能性の域を出るものではないが、永禄の規約がむすばれてからおよそ四年後の永禄一一年（一五六八）二月一五日にその「松永老母」が堺で亡くなったことは、『多聞院日記[18]』同年二月一九日条にみえるつぎの記事からあきらかとなろう。

去十五日、松源（弾）母儀、於堺死了、八十四才、松源（弾）ハ当年六十一才也ト、

永禄一一年段階で「八十四才」だったとすれば、永禄の規約がむすばれた永禄七年（一五六四）には八〇歳となる。当時としてはかなりの長命であり、文字どおり「松永老母」とよばれるにふさわしい人物だったことがわかるが、右にみえる久秀の年齢を信用すれば、永禄の規約ごろには、久秀もすでに五七の齢を重ねていたことになる。冒頭に引用した史料が伝えているように、「老人で、経験にも富んでいた」というのはいつわらざるすがただったのかもしれない。

ちなみに、これから二年たった永禄一三年（一五七〇）二月一二日にしたためられた『多聞院日記』の記事には、つぎのような一文も見いだすことができる。

来十五日、城州《松永久秀》母ノ第三年為追善、於堺千部経執行之間、則堺へ被越

「松永老母」の「第三年」（三回忌）にあたる二月一五日、久秀は、その「為追善」堺において「千部経執行」するために、多聞山城から堺へと出むいていった。その「千部経」（千部経会）が堺のどの寺院でおこなわれたのかという点についてはさだかではないが、母に対する久秀の孝養を示す事実としては注目すべきものといえよう。

おわりに

以上、本章では、近年の研究によりつつ、できるかぎり同時代史料にもとづいて、「法華宗の宗徒」としての松永久秀についてみてきた。もとより、その実像に迫るには、なおへだたりが大きいといわざるをえないが、そのへ

だたりを埋めていくためにも、たとえば、法華信仰が久秀の行動にあたえた影響、あるいはまた一族や被官たちの法華信仰についても考えていく必要があろう。ひきつづき検討を加えていくことを確認して、ひとまず本章をとじることにしたいと思う。

註

（1）松田毅一・川崎桃太訳『フロイス日本史　3　五畿内篇Ⅰ』（中央公論社、一九七八年）。
（2）都守基一「永禄の規約をめぐる中世日蓮教団の動向」（『興風』一八号、二〇〇六年）、天野忠幸「三好氏と戦国期の法華宗教団――永禄の規約をめぐって――」（『市大日本史』一三号、二〇一〇年）。
（3）永禄七年八月二〇日付法華宗十五本山連署一致勝劣都鄙和睦之条目（藤井学・上田純一・波多野郁夫・安国良一編著『本能寺史料　中世篇』思文閣出版、二〇〇六年）。なお、『妙顕寺文書』（東京大学史料編纂所写真帳）にも同文書が確認できる。
（4）河内将芳『日蓮宗と戦国京都』（淡交社、二〇一三年）。
（5）中尾堯『日蓮真蹟遺文と寺院文書』（吉川弘文館、二〇〇二年）、河内将芳『中世京都の民衆と社会』（思文閣出版、二〇〇〇年）、同『中世京都の都市と宗教』（思文閣出版、二〇〇六年）、同前掲『日蓮宗と戦国京都』。
（6）（年月日未詳）永禄規約由来書（『本能寺史料　中世篇』）。
（7）註（2）参照。
（8）法泉寺所蔵。本史料については、天野忠幸氏より格別のご教示を得た。
（9）天野忠幸『三好長慶――諸人之を仰ぐこと北斗泰山――』（ミネルヴァ書房、二〇一四年）。
（10）『本圀寺文書』（東京大学史料編纂所影写本）、前掲『妙顕寺文書』。
（11）『本圀寺文書』。
（12）都守氏前掲「永禄の規約をめぐる中世日蓮教団の動向」参照。

（13）註（3）参照。
（14）都守氏前掲「永禄の規約をめぐる中世日蓮教団の動向」、天野忠幸「松永久秀を取り巻く人々と堺の文化」（『堺市博物館研究報告』三一号、二〇一二年）。
（15）天野氏前掲「松永久秀を取り巻く人々と堺の文化」参照。
（16）京都府立京都学・歴彩館所蔵。
（17）河内将芳「松永久秀の母」（『法華』第一〇〇巻七号、二〇一四年）。
（18）増補続史料大成。

〔**補註**〕　松永久秀については、金松誠『シリーズ【実像に迫る】009　松永久秀』（戎光祥出版、二〇一七年）や天野忠幸『松永久秀と下克上――室町の身分秩序を覆す――』（平凡社、二〇一八年）などが刊行され、その研究がさらに進展をみせている。

II

寺地と京都

彼寺造作等之事、大宮之少路以東尓不可出之由被定了、然今度文明之乱以後、京中充満、

（九条尚経『後慈眼院殿御記』明応三年一〇月一三日条）

第一章　天文法華の乱後、法華宗京都還住に関する考察

――近江六角氏との関係を中心に――

はじめに

本章の目的は、天文五年（一五三六）におこった天文法華の乱（天文法難）後、京都における「諸党諸寺再興停止」[1]とされた法華宗が還住するにあたって、どのような交渉がおこなわれたのか、この点についてあらためて考えてみるものである。

研究史をひもといてみるとわかるように、この点については、すでに辻善之助氏[2]をはじめ、『日蓮教団全史　上』[3]や今谷明氏[4]らが検討を加えている。また、著者も山門延暦寺大衆との関係に注視して検討を加えたことがあるが、ひるがえって考えてみると、著者を含め、これまでの検討では不十分な点があることに気づかざるをえない。

というのも、天文法華の乱のさい、いわゆる法華一揆と軍事的に衝突したのは、延暦寺大衆だけではなく、それに合力した近江六角氏のすがたもあったからである。むしろ軍事的な観点からいえば、六角氏の活動によって法華一揆は壊滅に追いやられ、法華宗も退転を余儀なくされたといったほうがよい[6]。したがって、その還住にあたっても、延暦寺大衆との関係以上に六角氏との関係について注視していく必要があろう。

そこで、本章では、近年とくに進展をみせている六角氏研究[7]の成果にまなびつつ、あらためて法華宗と六角氏と

の関係[8]に注視しながら、京都還住について考えてみたいと思う。

一　法華宗と六角氏

（1）「法華宗還住之事」

現在のところ、法華宗の京都還住の動きがみられる、もっとも早い時期の史料と考えられているのが、つぎのようなものである。

法華宗還住之事、御佗事之段申之、不可然之由同被申之、其段一向上意者不知食候云々、

これは、室町幕府内談衆大館常興の日記『大館常興日記』[9]天文八年（一五三九）九月一五日条にみえる記事である。天文法華の乱からおよそ三年後の史料となるわけだが、この史料については、すでに先行研究も注目し、その説明もおこなわれている。たとえば、辻善之助氏は、「八年に至り、法華宗徒は還住を幕府に請うたが、九月十五日内談衆の議に於て、然るべからざると決した」との説明をしている。このとき、「法華宗還住」が幕府内で話題となり、それが「然るべからざる」とされたことは辻氏の説明どおりである。したがって、辻氏の説明が通説として、その後の研究にもうけつがれてきたのも無理はない。

ところが、今一度、子細にみてみると、これまでの説明には問題があるように思われる。たとえば、右の史料の最後のところにみえる「上意」とは、ときの将軍足利義晴を意味するが、その義晴がこの件に関して「一向」「不

知食」とはどういうことなのか、一見して不可解といわざるをえない点については、まったく説明がなされてこなかったからである。

しかしながら、この点については、天文法華の乱において法華一揆と直接干戈をまじえたのが、延暦寺大衆と近江六角氏の軍勢であったことからすれば、当然のことであったといえるのかもしれない。実際、天文五年（一五三六）時点で将軍義晴が出した文書といえば、管見のかぎりでは、七月二日に若狭の「武田大膳大夫入道《（元光）》」と越前の「朝倉弾正左衛門入道《（孝景）》」に対し、「就山門与日蓮宗鉾楯儀、警固事差上之」、つまりはみずからを「警固」させるため「差上」（上洛）するようにというものぐらいしか確認できないからである。[10]

醍醐寺理性院厳助の日記『厳助往年記』[11]によれば、義晴は、天文五年四月二六日に「南禅寺門前」に「御新造」された「公方様御殿」に「御移徙」したとされている。ここでいうところの「警固」とは、おそらくこの「御殿」周辺の「警固」を意味していたのであろう。

このように、将軍が「一向」「不知食」となれば、「法華宗還住之事」にかかわる「御佗事」について「不可然」と「被申」たのが、いったいだれだったのかということが問題となる。そして、そのことを考えるにあたってポイントとなるのが、「被申」のすぐうえに記された「同」という文字となろう。

なぜなら、ここから、「法華宗還住之事」の直前にも問題の人物は、なにがしかの話題を「被申」たことがあきらかとなるからである。そして、その直前の記事をたどってみると、「東口役所」（京都東郊の粟田口にもうけられた関所のことであろう）を「停廃之儀被仰出候て可然之由」を「被申」た「霜台」なる人物の存在がうかびあがってくる。

それでは、この「霜台」とはだれだったのかといえば、右の記事と同じ九月一五日条の冒頭に登場する「六角霜台」こと、弾正少弼六角定頼をおいてほかにはいないであろう。「六角天下進退ニ申扱事候」[12]という一文に代表されるように、六角定頼が天文期の幕政に深く関与したことはよく知られている。[13]したがって、法華宗が還住をとげるためには、この六角氏を動かさなければどうしようもなかったことがここからもあきらかとなろう。

（2）乱前後の六角氏の立ち位置

もっとも、六角氏といえば、近衛尚通の日記『後法成寺関白記』[14]天文五年七月二七日条に「於四条口有鑓、三雲・蒲生衆云々、即打入付火、軍勢乱入、京都衆令没落、下京大略焼了」とみえるように、天文法華の乱のさい、延暦寺大衆に合力して下京の攻撃にあたり、その「大略」を焼亡せしめた、法華宗にとっては憎んでもあまりある存在である。

逆に六角氏の立場にたてば、それゆえに「法華宗還住」は「不可然」と「申」さざるをえないわけだが、ただ、そのいっぽうで、天文法華の乱という合戦においては、六角氏はみずからを勝者と認識していなかったことにも注意が必要であろう。たとえば、退転した法華宗寺院跡地をめぐっては、乱後につぎのような動きがみられたことが知られるからである。

納所自観音寺帰、霜台（六角定頼）御返事有之、（中略）法花（華）堂跡・法花（華）坊主跡職、堅山上江可被仰付云々、

これは、相国寺鹿苑院主の日記『鹿苑日録』[15]天文六年（一五三七）七月四日条にみえる記事である。ここからは、法華宗寺院の跡地である「法花（華）堂跡・法花（華）坊主跡職」の分配に「山上」（山門延暦寺）があずかれるよう将軍や幕府

が「仰付」けるべきとの「霜台御返事」があったことがわかる。

ここで話題となっている「法花《（華）》堂跡・法花《（華）》坊主跡職」とは、いわゆる合戦の習いにしたがい、勝者が敵方没収地や闕所地として分配にあずかることのできる財産とみなされていたものだが、その分配に六角氏が加わるようすをみせていないということは、天文法華の乱における六角氏と延暦寺大衆の立場には大きな違いがあったと考えられる。天文法華の乱とは、あくまで法華一揆と延暦寺大衆との合戦であるとの認識が六角氏にはあったのであろう。

それはまた、乱直前まで六角氏がつぎのような行動をとっていたことからもうかがうことができる。

従江州就山門と日蓮党扱之儀、進藤・永原令上洛、木沢《（長政）》も令上洛、可直談由候、

これは、本願寺証如の日記『天文日記』天文五年七月一〇日条の記事だが、ここからは、「山門と日蓮党扱之儀」、すなわち延暦寺大衆と法華一揆との「扱」（調停や仲裁）をおこなうため「江州」より六角氏被官の「進藤・永原」が上洛し、また、細川晴元被官の「木沢」（木沢長政）も上洛して「直談」することになっていたことが読みとれる。

実際、『厳助往年記』七月二一日条によれば、「当所」（醍醐）[16]において「江州進藤与木沢」が「会」い、「山門与日蓮衆相剋、無事扱」がおこなわれたことも確認できる。延暦寺大衆と法華一揆との武力衝突を回避させるために六角氏が、第三者として「無事扱」をすすめていたこともあきらかとなろう。

このような「無事扱」は、『鹿苑日録』五月二九日条に「自江州□使者九里源兵衛上、叡山与法花堂《（党）》忩劇無為之調法□」とみえることから、同年五月にはすでにはじめられていたと考えられる。そして、それは成就したかのよ

うにも京都には伝わっていた。たとえば、後奈良天皇の日記『後奈良天皇宸記』[17]七月二六日条に「山徒寺日蓮衆終ニハ可為和睦之由、近江ノ六カク（角）其分也」とみえるからである。

しかしながら、実際は、この七月二六日にいたるまでに「扱」は不調におわったと考えざるをえない。『厳助往年記』によれば、「廿三日、自山門出張、江州衆彼是都合六万人計、東山所々居陣」とみえ、六角氏の軍勢が、七月二三日には「東山所々居陣」したことがわかるからである。

結局のところ、六角氏は延暦寺大衆に合力し、法華一揆を壊滅に追いこむことになるわけだが、しかしながら、これよりわずか数年前の天文元年（一五三二）八月には、「江州六角殿と京の法華衆一味[18]」して山科本願寺を攻撃したという事実を思いおこすとき、なにがしかの経路は残されていた可能性は高い。そして、法華宗は、それを頼りに還住の道を模索することとなるのである。

二　六角氏による「御取合」

（1）「自今ハ諸法花宗ハ叡山可為末寺」

本能寺に伝えられる『両山歴譜』[19]によれば、天文一一年（一五四二）一一月一四日付で「法華宗二十一箇寺御房」に宛てて「帰洛」をゆるす後奈良天皇綸旨が出されたとされている。いわゆる「帰洛勅許」とよばれるのがこれにあたるが、残念ながらその原本は伝わっておらず、この綸旨が出されるにいたった背景についてもさだかではない。

ただ、ここからは法華宗が、さまざまな経路をたどりつつ還住をはかっていたことがうかがえる。「帰洛勅許」

の場合は、公家社会との経路を利用しようとしたわけだが、そのいっぽうでそれ以外の経路も模索していたことがみてとれる。たとえば、「帰洛勅許」より先だつこと一年ほどまえの天文一〇年（一五四一）につぎのような文書[20]を法華宗寺院が得ていたことが知られるからである。

当寺寄宿停止事、波多野備前守《秀忠》被執中条、既成奉書上者、更不可有相違之由候也、仍執達如件、

天文十

八月十六日　為清《飯尾》（花押）

妙蓮寺

冒頭にみえる「寄宿停止」とは、軍勢が寺院などを強制的に接収することを禁じたものだが、ここから逆に、文書の宛所である「妙蓮寺」が天文一〇年段階で「寄宿」に耐えうる寺観をかまえていたことがうかがえる。この文書を伝達した「為清《飯尾》」も、また文中に登場する「波多野備前守《秀忠》」も、ともに細川晴元の被官として知られている。したがって、ここからは、彼らの主人晴元が京都における妙蓮寺の存在をみとめていたことがあきらかとなろう。

そもそも細川晴元といえば、「中あしくな[21]」った山科本願寺を攻撃させるために法華一揆を立ちあがらせた人物であり、ひいては天文法華の乱の遠因をつくった張本人ともいえる。その晴元の被官らが右のような文書にかかわっているということは、晴元が、「帰洛勅許」よりまえにすでに法華宗の還住を暗黙のうちにみとめていたと考えざるをえないであろう。

それを裏づけるように、右と同じような「寄宿」にかかわる文書は、これまた「帰洛勅許」よりまえの天文一一

年（一五四二）閏三月一六日付で、為清と同じ晴元被官の「元運（飯尾）」の署判で「本能寺雑掌」に対しても出されている。[22]それればかりか、本能寺については、つぎのような文書[23]も出されたことが確認できるのである。

本能寺事、依有子細、本屋敷江可有還住之旨、被成奉書上者、旧跡六角以南、四条坊門以北、櫛笥以東、大宮以西、四丁町事、任御代々御判旨、如先々当知行不可有相違之由也、仍執達如件、

天文十四

八月二日　　　　　　為清（飯尾）在判

当寺雑掌

ここからは、本能寺が、天文法華の乱によって追われた「本屋敷」である「旧跡六角以南、四条坊門以北、櫛笥以東、大宮以西、四丁町」への「還住」とその「当知行」までをみとめられたことが知られる。文書としては案文であるものの、差出が妙蓮寺のものと同じく飯尾為清であることから、晴元が本能寺の「本屋敷」への「還住」をみとめていたことはあきらかといえよう。

しかしながら、それはとりもなおさず、天文法華の乱という合戦における勝者としての延暦寺大衆の権利を有名無実なものにすることにほかならなかった。おそらくはこのような動きに対応してであろう、延暦寺大衆は法華宗に対して、つぎのような要求をつきつけることになる。

当宗帰洛勅許ニ付、山門憤猶不止、自今ハ諸法花（華）宗ハ叡山可為末寺、

これは、『両山歴譜』天文一五年（一五四六）条にみえるものだが、もはや「法花（華）堂跡・法花（華）坊主跡職」の分配にあずかれないと判断した延暦寺大衆は、「諸法花（華）宗」を「叡山」の「末寺」にしようと動き出したことが知られよう。

ここにおいて、法華宗がその還住をとげるためには、延暦寺大衆との「和談」と「末寺」化要求への対処が不可避なものになっていたことがあきらかとなる。そして、それを実現させるためには、延暦寺大衆と法華宗とのあいだを「取合」（仲介）できる第三者も必要とされたわけだが、ただ、ここまでのいきさつから考えれば、細川晴元がそれをになうことはむずかしかったであろう。となれば、残された選択肢はひとつしかない。それが、法華宗とも、また延暦寺大衆とも接点をもつ六角氏の存在であったと考えられるのである。

（2）「京都安堵・同旧地等不可有相違候」

さて、本能寺には、天文一五年のものと考えられる、つぎのような文書[24]が残されている。

山上与当宗間之儀、御屋形（六角定頼）様種々御懇之御儀、諸寺各忝存候、無事ニ相調候者、御屋形様江弐万疋御礼、為諸寺可申上候、弥御取合奉憑候、恐々謹言、

十一月六日　　諸寺代

立海（花押）

宗仙（花押）

平井加賀守《高好》殿
進藤山城守《貞治》殿
御宿所

文中にみえる「諸寺」が具体的にどの法華宗寺院をあらわしているのかについてはさだかではない。ただ、右の文書を含めた一連の史料のなかには「十五ケ寺」[25]とみえるので、かつて「法華宗二十一箇寺」とよばれた京都所在の法華宗寺院のうちの「十五ケ寺」を意味しているのであろう。

したがって、「諸寺代」とは、この「十五ケ寺」の名代を指すわけだが、ここからは、その「諸寺代」が「平井加賀守《高好》」「進藤山城守《貞治》」をとおして、その主人である「御屋形様」こと、六角定頼に対して「山上与当宗間」の「御取合」を「憑」んだことが読みとれる。

注目されるのは、その「御取合」が「無事ニ相調候者」、定頼へ「弐万疋御礼」を進上する旨が記されている点であろう。「弐万疋」といえば、銭で二〇〇貫文におよぶ莫大な財となるが、しかしながら、そのような財を媒介することで、天文法華の乱のさいには敵対するにいたった関係も更新させることが可能になったと考えられるからである。

こののち、「十五ケ寺」は、永禄期に入り、結合体としての会合（いわゆる十六本山会合、史料のうえでは「諸寺」）を結成し、音信や礼銭・礼物など財を媒介にして分裂する武家権力との対応をはかっていくことになる。[26]そのような対応は、あるいはすでにこの段階にはじまっていたとみることもできるのかもしれない。なお、本能寺には、右のほかにもつぎのような史料[27]も残されている。

就一宗之儀、今度従山上可為末寺由雖被申候、無同心筋目申分候、可御心安候、就中為霜台（六角定頼）意見被申候、一書之儀者、当座之色絵迄候、然上者、如前々不可有相違之由候、此旨各御披露肝要候、恐々、

―　加州（平井高好）
城州（進藤貞治）

諸寺代雑掌―

こちらは月日も記されていないが、ほぼ同文の文書案[28]が本能寺には残されており、そこには六月七日とみえる。したがって、右もまた六月七日付と考えるのが自然であろう。右の史料で注目されるのは、冒頭にみえる「就一宗之儀、今度従山上可為末寺由雖被申候、無同心筋目申分候、可御心安候」との一節である。ここからは、「御取合」する六角氏が、法華宗と同様、その末寺化に「無同心」き立場で延暦寺大衆との交渉にあたっていたことが知られるからである。そして、その結果として、延暦寺大衆からはつぎにみえるような「衆儀（議）」を引き出すことに成功する。

日蓮宗之事、以一書被相定上者、京都安堵不可有相違候、就其彼旧地等之事、不可有別儀候、誠以雖難儀題目候、強而承候間、如此候之由衆儀（議）候、猶月蔵坊・蓮花院可有演説候、恐々謹言、

天文十六　　別当代　判
六月十七日　　西執行代
執行代

佐々木（六角定頼）弾正少弼殿

差出にみえる「別当代」「西　執行代」「執行代」とは、東塔・西塔・横川で構成される山門三塔（三院）の代表者を意味する。したがって、右の史料[29]は、三塔の総意としての「衆儀（議）」を伝えたものとなるが、それによれば、「誠以雖難儀題目候」、「京都安堵不可有相違候」、また、「彼旧地等之事、不可有別儀」と決せられたことが知られよう。

ここからは、法華宗の「京都安堵」（京都還住）がみとめられるとともに、「旧地」（「法花（華）堂跡・法花（華）坊主跡職」）についても、延暦寺大衆がその権利を放棄することを「強而承」った旨が読みとれる。法華宗側にとっては、きわめて有利なかたちで「御取合」がすすんだことがうかがえるが、そのためであろう、さっそく同日中には右と同じ内容が六角定頼の名で法華宗側へも伝えられたことが、つぎの史料[30]から知られる。

宗門之儀、山門和談申定上者、京都安堵・同旧地等不可有相違候、宗旨建立肝要候、三塔一札仁委細相見候、
猶平井（高好）加賀守・進藤（貞治）山城守可申候、恐々謹言、

六月十七日　（六角）定頼判

本能寺
法花寺
本国寺　諸寺代

宛所の「本能寺」「法花寺」「本国寺」は、一連の交渉のなかで「惣代三ケ寺」[31]と出てくる法華宗寺院である。そして、その「惣代三ケ寺」と「諸寺代」に対して、「京都安堵・同旧地等不可有相違候」との内容がもりこまれた「山門和談」がさだまったとの一報がもたらされたことが読みとれよう。

じつは、右のふたつの史料は、本禅寺に残されるものであり、これまでの研究ではあまりつかわれてこなかったものである。しかしながら、これらの内容を信用するなら、「山門に対しては屈辱的な誓約を行った末、漸く天文十六年（一五四七）二月、洛中に於ける布教を許されたのである」[32]との今谷明氏の理解についても修正が必要となろう。

実際、「十五ケ寺」すべてとはいえないものの、その多くが「旧地」に再興をとげたことは、このあとの歴史をみればあきらかとなる。[33]そういう意味では、京都還住は、一〇年あまりの年月をへて法華宗側ののぞむかたちでなしとげられたとみることができよう。

（3）「毎年百貫文宛」

それにしてもなぜ、延暦寺大衆は、右のような内容で「和談」したのであろうか。そこで思いおこさなければならないのが、末寺化の要求についてである。右のふたつの史料には、そのことが記されていないが、注目されるのは、六角氏が天文一六年（一五四七）六月一七日付で「三院執行代御坊」に宛てて示した「就日蓮衆還住条々事」[34]のなかに「一、為日吉御祭礼料之足付、毎年百貫文宛、三月中ニ永進納事」との条文がみられる点であろう。

この条文は、同年二月の段階では、「一、為御祭礼用脚、千貫文令進納之事」[35]とあり、それとくらべたとき、総額は減ぜられたかのようにみえる。しかしながら、「毎年百貫文宛」となった点では、より恒常的なものへと変化したともいえよう。

また、「三月中」に「進納」とされていることから、ここでいう「日吉御祭礼」「御祭礼」が、旧暦の四月におこなわれる日吉祭（山王祭）を指すものであったと考えられる。そして、もっとも重要なのは、この条文がそのまま履行されたなら、延暦寺大衆のもとには毎年一〇〇貫文におよぶ銭が寄せられることになったという点であろう。

ちなみに、法華一揆が六角氏の軍勢とともに攻撃した本願寺（山科本願寺）の場合は、いわゆる寛正の法難後の応仁元年（一四六七）に「新加当院之末寺、釈迦堂奉寄分毎年参仟疋可奉献」「契約」[36]をむすんだことで知られている。

本願寺は、「当院」こと、延暦寺西塔の「末寺」となり、「毎年参仟疋」の末寺銭を「釈迦堂」におさめる「契約」を西塔とのあいだでむすんだわけだが、これと比較した場合、法華宗は、本願寺のおよそ三倍にものぼる銭を毎年おさめることになったといえよう。

「和談」の条項には、どこにも末寺銭とは書かれてはいない。しかしながら、この「毎年百貫文宛」の銭は、延暦寺大衆にとって事実上の末寺銭と認識されていた可能性は高いであろう。このように、法華宗寺院を末寺にするという、いわば名を捨て、「毎年百貫文宛」という実をとるかたちで決着したからこそ、延暦寺大衆も「和談」に応じたのではないかと考えられる。逆に法華宗側からみれば、あくまで末寺にはならないという名にこだわるとともに、ここでもまた財を媒介にして延暦寺大衆とのあいだにあらたな関係をむすぶことになったといえよう。

なお、六月一七日付で六角定頼が「三院執行代御坊」に宛てて出した書状[37]には、「京都錯乱之刻」「惣別無為之調談可然旨、依異見申、御同心尤以祝着候」とみえ、「京都錯乱」という緊迫した政治状況がこの時期さしせまっていたことがわかる。そのため、「御取合」ばかりに時間をとるわけにはいかないという六角氏側の事情も、延暦寺大衆が「和談」に応じざるをえなかった理由のひとつであったと考えられる。

『公卿補任』[38]天文一六年条によれば、同年二月「卅日」に前年末に将軍職を息子に譲った「右大将」こと、足利義晴と「大将軍」（足利義藤〈のちの義輝〉）らが「北白川入城」し、四月一日には「細川右京大夫晴元人数四国衆取懸東山」ったことが記されている。

将軍家と晴元とのあいだできびしい対立がうまれ、これが「京都錯乱」とよばれていたわけだが、同じく『公卿補任』の七月「廿九日」には、「細川（晴元）御免、坂本ニ参、先之佐々木六角定頼朝臣御免」とみえ、七月末には将軍家と晴元が和睦にいたったこともあきらかとなる。

このうち、「先之」定頼が「御免」とあるのは、一時期、定頼が晴元方に合力したことによる。しかしながら、それもまた、結局のところ両者の和睦につながったことから考えれば、定頼はその仲介役をになうかたちになったといえよう。そして、この「御免」があったのと同じ日、定頼は「諸寺代」に宛ててつぎのような書状[39]を送り、「山門与当宗和談」を祝福することになる。

山門与当宗和談、尤珍重候、仍十合十荷給候、祝着候、猶平井加賀守（高好）・進藤山城守（貞治）可申候、恐々謹言、

七月廿九日　定頼（六角）（花押）

諸寺代

法鐘坊

この書状には、平井高好の副状[40]もそえられているが、そこには「十合十荷代千疋」とみえる。したがって、右に

みえる「十合十荷」は、実際には銭「千疋」のかたちで贈られたことがあきらかとなろう。おそらく当初、法華宗が約束した「弐万疋」の「御礼」もまた、順次このようなかたちで進上されることになったのではないかと考えられる。

おわりに

以上、本章では、天文法華の乱後、法華宗が京都還住するにあたって、どのような交渉がおこなわれたのか、近江六角氏との関係に注視しながら考えてきた。その結果、これまでの理解とは大きく異なり、思いのほか法華宗側に有利なかたちで交渉がすすみ、還住がなしとげられたことがあきらかとなったように思われる。

そして、それをみちびいたのが、六角氏による「御取合」であったわけだが、ただ、これによって、いついかなるときにも六角氏が法華宗側に味方するようになったというわけではなかった点には注意が必要であろう。六角氏もまた、世俗の武家権力である以上、時々の政治状況により、どのようにも変貌をとげる可能性があったからである。

実際、天文一六年からわずか十数年後の永禄四年（一五六一）には、つぎのような「風聞」が京都にもたらされたことが知られている。

自江州、号法華宗払、京入之由、頻風聞也、京中相騒也、

これは、『厳助往年記』永禄四年六月条にみえる記事だが、ここからは、「法華宗払」と号して、「江州」から六角氏の軍勢が「京入」るとの「風聞」が「頻」りに流れ、「京中」が騒動になっていたことが読みとれよう。

この場合の「払」とは、とりのぞく、追い出すといった意味合いであり、したがって、このとき、六角氏が軍勢でもって法華宗を京都から追い落とすため入洛してくるとの「風聞」が立ったことがあきらかとなる。その背景には、六角氏が、この時期の畿内近国を実効支配し、法華宗とも近しいとみられていた三好氏（三好政権）と対立していたことが関係するのではないかと考えられる。

もっとも、三好氏のなかでも強信の法華宗信者として知られる三好実休が受法したのは、本書Ⅰ第二章でみたように、永禄四年一二月のことであり、それよりまえに法華宗と三好氏との関係が具体的にどのようなものであったのかについてはさだかではない。しかしながら、両者の接点はかならずしも少ないとはいえず[41]、それが「法華宗払」がおこなわれるかもしれないとの「風聞」につながっていったのであろう。

このように、天文一六年に京都還住をなしとげたのちも法華宗をめぐる政治的な環境は、けっしておだやかなものとはいえなかった。むしろ緊張感に満ちたものであったといえ、その緊張感がつづくなか、京都の法華宗が生き残りをかけてえらびとった道こそ、還住交渉のなかで学んだ、財を媒介とした対応であり、また、門流や寺院の枠をこえたかたちで結合体を結成すること、いわゆる十六本山会合の成立にほかならなかったのである[42]。

註

（1）天文五年閏一〇月七日付細川晴元奉行人飯尾元運奉書案（藤井学・上田純一・波多野郁夫・安国良一編著『本能寺史料　中世篇』思文閣出版、二〇〇六年）。

（2）辻善之助「法華宗」（同『日本仏教史　第五巻　中世篇之四』岩波書店、一九五〇年）。
（3）立正大学日蓮教学研究所編『日蓮教団全史　上』（平楽寺書店、一九六四年）。
（4）今谷明『天文法華一揆――武装する町衆――』（洋泉社、二〇〇九年、初出は平凡社、一九八九年）。
（5）河内将芳『中世京都の民衆と社会』（思文閣出版、二〇〇〇年）、同『中世京都の都市と宗教』（思文閣出版、二〇〇六年）、同『日蓮宗と戦国京都』（淡交社、二〇一三年）。
（6）河内前掲『日蓮宗と戦国京都』参照。
（7）西島太郎『戦国期室町幕府と在地領主』（八木書店、二〇〇六年）、村井祐樹『戦国大名佐々木六角氏の基礎研究』（思文閣出版、二〇一二年）、新谷和之編著『シリーズ中世西国武士の研究　3　近江六角氏』（戎光祥出版、二〇一五年）ほか。
（8）河内前掲『中世京都の民衆と社会』においても一部こころみている。
（9）続史料大成。
（10）新訂増補国史大系。
（11）『改定史籍集覧』第二五冊。
（12）『天文日記』（『石山本願寺日記』上巻）天文五年八月二〇日条。
（13）西島氏前掲『戦国期室町幕府と在地領主』ほか参照。
（14）大日本古記録。
（15）続群書類従完成会刊本。
（16）『天文日記』天文五年七月一〇日条。
（17）続史料大成。
（18）『細川両家記』（『群書類従』第二〇輯）。
（19）藤井学・波多野郁夫編著『本能寺史料　古記録篇』（思文閣出版、二〇〇二年）。
（20）天文一〇年八月一六日付細川晴元奉行人飯尾為清奉書（妙蓮寺文書編纂会編『妙蓮寺文書』大塚巧藝社、一九九四年）。

(21)『細川両家記』。
(22) 天文一一年閏三月一六日付細川晴元奉行人飯尾元運奉書（『本能寺史料　中世篇』）。
(23) 天文一四年八月二日付細川晴元奉行人飯尾為清奉書案（『本能寺史料　中世篇』）。
(24)（天文一五年）一一月六日付法華宗諸寺代連署書状（『本能寺史料　中世篇』）。
(25) 天文一六年二月日付法華宗十五本山連署申定条々案（『本能寺史料　中世篇』）。
(26) 河内前掲『中世京都の民衆と社会』参照。
(27)（年月日未詳）平井高好・進藤貞治連署書状案（『本能寺史料　中世篇』）。
(28)（天文一五年）六月七日付平井高好・進藤貞治連署書状案（『本能寺史料　中世篇』）。
(29) 天文一六年六月一七日付山門三塔執行代連署書状案（『本禅寺文書』、立正大学日蓮教学研究所編『日蓮宗宗学全書　第二三巻　史伝旧記部（六）』山喜房佛書林、一九六二年）、村井祐樹編『戦国遺文　佐々木六角氏編』（東京堂出版、二〇〇九年）。
(30)（天文一六年）六月一七日付六角定頼書状案（『本禅寺文書』）。
(31) 天文一六年付法華宗惣代三ケ寺連署申定条々案（『本能寺史料　中世篇』）。
(32) 註(4)参照。
(33) 河内前掲『日蓮宗と戦国京都』参照。なお、本能寺の場合は、「旧地」ではなく、買得した地で再興することになる（河内将芳「中世本能寺の寺地と立地について――成立から本能寺の変まで――」『立命館文学』六〇九号、二〇〇八年、本書Ⅱ第二章）。
(34) 天文一六年六月一七日付延暦寺・日蓮衆徒媾和文書案（『大日本古文書　蜷川家文書之三』）。
(35) 註(25)参照。
(36) 応仁元年二月日付山門西塔学頭代衆議書下案（『本善寺文書』、真宗大谷派教学研究所編『蓮如上人行実』東本願寺、一九九四年）。
(37) 註(34)参照。
(38) 新訂増補国史大系。

(39)（天文一六年）七月二九日付六角定頼書状（『本能寺史料　中世篇』）。

(40)（天文一六年）七月二九日付平井高好副状（『本能寺史料　中世篇』）。

(41) 天野忠幸「大阪湾の港湾都市と三好政権――法華宗を媒介に――」（『都市文化研究』四号、二〇〇四年、のちに同『増補版　戦国期三好政権の研究』清文堂、二〇一五年）。

(42) 河内前掲『中世京都の民衆と社会』、同『中世京都の都市と宗教』、同『日蓮宗と戦国京都』参照。

第二章　中世本能寺の寺地と立地について

――成立から本能寺の変まで――

はじめに

中世の本能寺といえば、本能寺の変の舞台としてよく知られている。ところが、その本能寺が法華宗の寺院であり、また、本能寺の変にいたるまでにどのような歴史をたどってきたのかということを知る人はほとんどいない。本能寺の変に対する関心が高いのにくらべて不思議なぐらいであるが、本章では、この点をふまえて、できるかぎり古文書や古記録など同時代史料にもとづきながら、中世本能寺の実像に迫っていきたいと思う。

じつは、このような作業の蓄積も思いのほかとぼしい。現状では、藤井学氏による一連の研究[1]や糸久宝賢氏の研究[2]が異彩を放っているのみであり、それにつづく蓄積もまた、こころもとない状態がつづいている。そこで、本章では、おもに寺地と立地に焦点をしぼり、また、時期を成立から本能寺の変にいたるまでにかぎって検討を加えてみたいと思う。

このような中世京都における法華宗寺院の寺地と立地といえば、影山堯雄氏の研究[3]がよく知られている。しかしながら、影山氏の研究は、のちにもふれる『日像門家分散之由来記』[4]など、おもに編纂物や寺伝にもとづいたものとなっている。もとより寺院の来歴などを考えるにあたって、編纂物や寺伝が欠かすことのできない史料であることは承知している。そのことをふまえたうえで、本章では、あえてそれらには頼らず、同時代史料によってどこまであきらかにできるのか、その限界に少しでも迫りたいと思う。そして、そこから編纂物や寺伝とむきあうための道筋をさがすことができればと思う。

一　本能寺の成立とその寺地

（1）本能寺の成立

本能寺がいつ成立したのかということを同時代史料によって跡づけることは、じつはかなりむずかしい。それに対して、おそくとも元亀三年（一五七二）よりまえに成立したと考えられる『日像門家分散之由来記』には、「高辻油小路ト五条坊門トノ間東ノツラニ寺ヲ立テ、号本応寺」という記事がみえ、これが従来、成立を示す史料とされてきた。ところが、そこには年代が記されていない。

ただ、この点を同時代史料によって考えていくための手がかりとなる記事がこの直前には記されている。そこにみえる「三条坊門破ラレテ、上人様丹波ニ御下向有ル也」という記事に該当する事実が、醍醐寺三宝院満済の日記『満済准后日記』[5]応永二〇年（一四一三）六月二五日条にもみられるからである。そして、そこには、「法華堂坊主」が僧正に任じられたために「山門」「嗷訴」（山門延暦寺大衆による訴訟）がおこり、その結果、「犬神人」「宮仕」が発向して「法華堂」が破却されたと記されている。

ここで登場する「法華堂坊主」とは、『日像門家分散之由来記』にみえる「三条坊門」の「上人様」こと、妙本寺（妙顕寺）住持であった月明（具覚）を意味するが、その月明と教義上の対立をおこして妙本寺を退出した日隆が「高辻油小路ト五条坊門トノ間東ノツラ」に建てたのが「本応寺」であったという以上、少なくとも応永二〇年よりのちに本能寺の原形というべき「本応寺」が成立したことだけは同時代史料によって裏づけられるといえよう（**図1**参照）。

それでは、この「本応寺」がそのままのちの本能寺につながっていったのかといえば、そこがまた複雑なところで、『日像門家分散之由来記』によれば、その後、日隆は月明といったん和解し、「本応寺ヲ当寺ヘ寄進」したという。

結局のところ、日隆がどのようにして本能寺を創建するにいたったのかという点については、教義の問題もからんで一筋縄ではいかない。しかしながら、こののちにふれる寺地に関する史料のなかに、「永享五年癸丑卯月二日、為当寺建立、開基日隆聖人有買得」とみえることからすれば、永享五年（一四三三）に買得された「六角以南、四条坊門以北、櫛笥以東、大宮以西、方四町敷地」（**図1**参照）に建立された寺院が中世本能寺の出発点であり、また成立とみるのが同時代史料のうえでは妥当なところといえよう。

（2）本能寺の寺地（その一、「本屋敷」）

ところで、すでに先行研究でもふれられているように、本能寺には、中世段階の寺地にかかわる一連の古文書が伝えられている。それを一覧表にすると**表1**のようになるが、そのなかでも「六角以南、四条坊門以北、櫛笥以東、大宮以西、四丁町」を「本屋敷」（**表1**―⑰）とよんでいるところから、この地が中世本能寺の本貫地というべき場所であったことがわかる（**図1**参照）。

それでは、その「本屋敷」を本能寺はどのようにして手に入れたのであろうか。先行研究でもそれほどくわしく

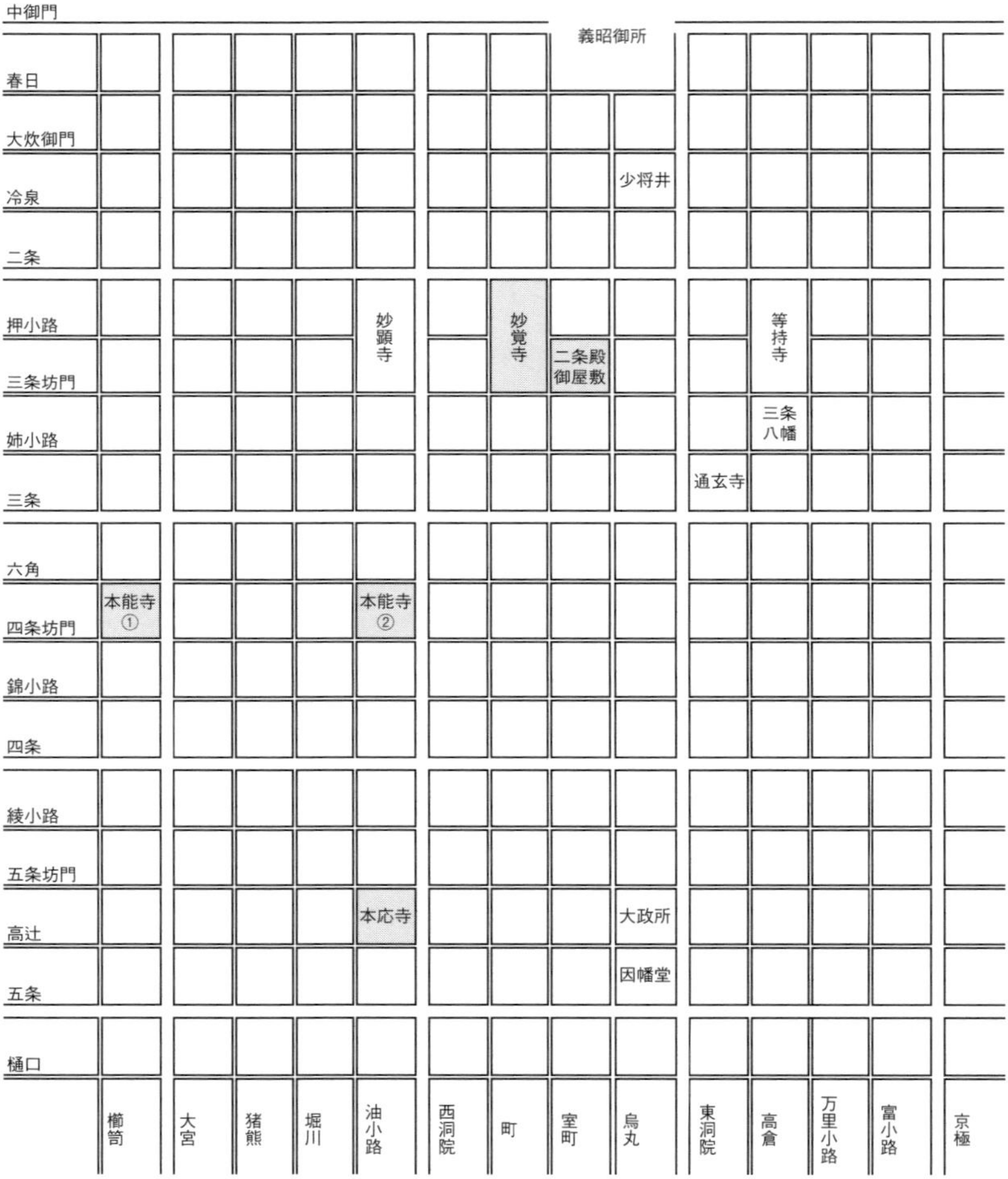

図１　中世本能寺の寺地変遷および周辺地図

表1　本能寺に伝わる中世段階の寺地関係文書一覧（『本能寺史料　中世篇』より。丸番号が「本屋敷」にかかわるもの）

		年月日	文書名	宛所	該当敷地等	文書番号
①		康暦元年一二月二三日	西坊城言長敷地寄進状	妙峯寺	六角以南、四条坊門以北、櫛笥以東、大宮以西、方四町敷地	一九
②		康暦元年一二月二三日	後円融天皇綸旨	妙峯寺道的上人	六角以南、四条坊門以北、櫛笥以東、大宮以西、方四町敷地	二〇
③		応永一四年正月一八日	（因幡堂）執行覚勝敷地売券	（東岩蔵寺）	六角以南、四条坊門以北、櫛笥以東、大宮以西、方四町敷地	二三
④		永享五年卯月二日	中明院賢鎮敷地売券	（如意王丸）	六角以南、四条坊門以北、櫛笥以東、大宮以西	二五
⑤		（年未詳）九月四日	室町幕府地方頭人摂津満親書状	本能寺方丈	六角以南、四条坊門以北、櫛笥以東、大宮以西、四丁町	三二
⑥		（年月日未詳）	本能寺敷地指図			六〇
⑦		宝徳二年一一月二八日	室町幕府管領畠山持国下知状	（本能寺）	六角以南、四条坊門以北、櫛笥以東、大宮以西、四町々（除六角面非人風呂敷地）	三三
⑧		寛正六年七月二六日	室町幕府地方頭人奉書	当寺住持	六角以南、四条坊門以北、櫛笥以東、大宮以西、方四町（除六角面非人風呂敷地）	四五
⑨		文明一八年八月一七日	室町幕府奉行人連署奉書	当寺住持	六角以南、四条坊門以北、櫛笥以東、大宮以西、四町々（除非人風呂敷地）	五八
⑩		（年月日未詳）	本能寺敷地永代買得相伝之次第書			五九
⑪		長享二年一〇月二三日	足利義尚（義煕）御判御教書	（本能寺）	六角以南、四条坊門以北、櫛笥以東、大宮以西、方四町（除六角非人風呂敷地）	六三
⑫		延徳三年七月一八日	足利義材御判御教書	（本能寺）	六角以南、四条坊門以北、櫛笥以東、大宮以西、方四町（除六角非人風呂敷地）	七一

⑬		文亀元年一二月二九日	足利義澄（義高）御判御教書	（本能寺）	六角以南、四条坊門以北、櫛笥以東、大宮以西、方四町（除六角非人風呂敷地）	七六
⑭		（永正四年カ）九月四日	細川澄元寺領安堵状（モト折紙カ）	本能寺	六角以南、四条坊門以北、櫛笥以東、大宮以西、方四町々	七七
	1	永正一五年一一月九日	室町幕府奉行人連署奉書	大徳寺長勝庵	四条坊門油小路北東頬屋地	八二
	2	永正一六年卯月二三日	室町幕府奉行人連署奉書	当寺雑掌	本能寺領、四条坊門以南町面東頬、口南北弐丈八尺五寸、奥東西拾三丈五尺	八三
⑮		大永五年九月三日	足利義晴御判御教書	（本能寺）	六角以南、四条坊門以北、櫛笥以東、大宮以西、方四町（除六角非人風呂敷地）	八九
⑯		天文一一年閏三月一六日	細川晴元奉行人飯尾元運奉書（折紙）	本能寺雑掌	当寺并境内（寄宿免除）	九六
⑰		天文一四年八月二日	細川晴元奉行人飯尾為清奉書案（折紙）	当寺雑掌	本屋敷、旧跡六角以南、四条坊門以北、櫛笥以東、大宮以西、四丁町	一〇〇
	3	天文一四年八月一八日	室町幕府政所執事署判奉書	本能寺雑掌	六角与四条坊門、油小路西洞院中間、方四丁町	一〇二
	4	永禄一一年九月四日	飯尾為房奉書（折紙）	本能寺雑掌	六角与四条坊門、油小路西洞院中間、方四町々	一五八

検討されていないようなので、まずはこの点からみていくことにしよう。

永代売放申敷地之事
合四町々者
在所京中四至境自六角以南、四条坊門以北、櫛笥以東、大宮以西在之右件敷地者、東岩蔵寺買得相伝之私領也、雖然、為一寺興行、如意王丸所望之間、相副本券文・勅裁等三通幷仁売券一通、限永代、直銭弐佰陸拾貫文所売渡実正也、更於此四町々地、本所役幷諸公事無之者也、仍為後日、亀鏡之証状如件、

永享五年癸丑卯月二日

中明院

賢鎮（花押）

これは、「本屋敷」にかかわる売券（**表1**—④）である。この売券こそ本能寺が「本屋敷」を手に入れたことを示す証文にあたるものだが、その内容をみてみると、もともとこの「四町々」（方四町）の敷地は、「東岩蔵寺買得相伝之私領」であったものを「為一寺興行、如意王丸所望」し、「直銭弐佰陸拾貫文」という高額で中明院賢鎮が売り渡したことがあきらかとなる。

また、このときにそえられた「本券文・勅裁等三通」も**表1**—①②③として伝わっており、そして、この売買に関しては、文明一八年（一四八六）以後に作成されたと考えられる本能寺敷地永代買得相伝之次第事書という史料（**表1**—⑩）に「永享五年癸丑卯月二日、為当寺建立、開基日隆聖人有買得、数通証文有之、買得檀那如意王丸云々、寄進状俊宣出之、」と記されていることから、少なくとも文明期には、右の売券にみえる「一寺」が本能寺であり、また、「如意王丸」が日隆の「買得檀那」とみられていたことが知られよう。

もっとも、そのことを右の売券だけで読みとることはむずかしい。しかしながら、この敷地の一画には「六角大宮非人以下風呂敷地」がもうけられていたらしく、右から五年後の永享一〇年（一四三八）一一月に室町幕府より「為彼地子相当替所」、「冷泉富小路西頬朝日因幡入道本宅地内」の土地が「付本能寺」られ、「可被打渡当寺」きよ

う侍所頭人赤松満祐に命じられている以上[6]、右の売券にみえる「一寺」が「本能寺」であることはまちがいないといえよう。したがって、おそくとも永享一〇年までには「本能寺」は成立していたことになる。

　ところで、ここで出てきた「六角大宮非人以下風呂敷地」であるが、これがいつ、どのような目的でもうけられたのかについてはさだかでない。ただ、**表1**―⑩には、「此地永享五年雖買得、四丁町之内未仏閣等不立、院坊依為一両之躰」、「普光《(広)》院殿様《(足利義教)》」が「艮角非人風呂被令立」と記されており、永享五年段階では、「四丁町」の敷地には「仏閣」が建てられておらず、わずかに「院坊」が「一両」あるだけであったために「普光《(広)》院殿様《(足利義教)》」が「非人風呂」をもうけたとされている。

　もっとも、このことを裏づける史料もなく、事実かどうかを確認することはできない。しかしながら、この前後に作成されたと考えられる敷地指図（**表1**―⑥）の艮角（東北角）にも「六角大宮非人以下風呂敷地」が設定されており、方四町とはいえ、きわめて不定型な敷地のなかで堂舎を建立せざるをえなかったことはまちがいない。そのうえ、この敷地指図の記載から、当敷地には「地子」（地子銭）が課せられていたこともあきらかとなり、本能寺はその「地子」を支払ってこの地を保有することになったと考えられよう。

　このように、本能寺による「本屋敷」の保有とは、顕密寺社のそれとくらべたとき、「買得」にもとづくものであっただけにかならずしも安定したものではなかったことがあきらかとなる。実際、それを裏づけるように、「本屋敷」の保有をめぐっては、この後、寛正六年（一四六五）（**表1**―⑧）と文明一八年（一四八六）（**表1**―⑨）の少なくとも二度にわたって相論が室町幕府の法廷へもち込まれたことが確認できる。

　そのいずれにも西坊城家がかかわっていることがわかるが、それは当敷地がもともと康暦元年（一三七九）に西坊城言長によって「妙峯寺」という寺院に寄進されたものであり（**表1**―①②）、それがどのような経緯からか、応永一四年（一四〇七）に「直銭参拾肆貫文」で「東岩蔵寺」に売り渡されてしまった（**表１**―③）ことに起因しよう。

おそらくは、この「東岩蔵寺」への売買のさいに何らかの問題が生じていたにちがいない。それを裏づけるように、寛正六年のときに西坊城家は、「応永八年置文・同十九年古借書」なるものを提出している。このときに提出された「置文」や「古借書」自体は残されていないが、三四貫文で売られたものが二六〇貫文にはね上がって転売されているところからも問題の根深さがうかがえる。

残念ながらその間の事情については判然としないものの、ただ、結論としては、いずれの相論も本能寺側の勝訴におわったことがあきらかとなる。寛正六年のときは、「所詮数通証文分明之上」（**表１**―⑧）という理由で、また、文明一八年のときも、「早任度々証文幷当知行之旨」（**表１**―⑨）ということで本能寺の「領知」がみとめられたことが確認できるからである。

文書主義的な判断、あるいは年紀法によって本能寺の保有は法廷でみとめられることになったと考えられるわけだが、ただ、**表１**―⑩をみてみると、相論がおこされたのは、寛正六年と文明一八年にかぎられたものではなかったと思われる。たとえば、「文安年中」におこされた相論にかかわって出されたのが宝徳二年（一四五〇）の「安堵御教書」（**表１**―⑦）であり、また、「享徳元年」（一四五二）に西坊城家が「家之領地之由申沙汰」し、「長禄四年」（一四六〇）にいたるまで押領したさいにも「同（長禄四年）七月十六日仁達　上聞」して「聞開当寺理運」れたとされているからである。

本能寺による「本屋敷」の保有がいかに困難をきわめるものであったのかがうかがえるが、ただ、それも応仁・文明の乱をへて、長享二年（一四八八）（**表１**―⑪）、延徳三年（一四九一）（**表１**―⑫）、文亀元年（一五〇一）（**表１**

—⑬）、大永五年（一五二五）（**表1—⑮**）と、いずれも将軍の御判御教書によって「当知行」が安堵されていることからかんがえてみて、戦国期に入ってようやくその保有にも安定感がみられるようになったといえよう。

（3）本能寺の寺地（その二、「六角与四条坊門、油小路与西洞院中間方四町々」）

さて、残された史料をみるかぎり、本能寺による「本屋敷」の「当知行」については、本書Ⅱ第一章でも引用したように、天文一四年（一五四五）八月二日に出された細川晴元奉行人飯尾為清奉書案（**表1—⑰**）まで確認することができる。これによって、少なくとも天文一四年八月までは「本屋敷」の保有が継続していたことが知られるわけだが、ただ、それと同時に注意しなければならないのは、当該の奉書案では、「六角以南、四条坊門以北、櫛笥以東、大宮以西、四丁町」が「旧跡」とされ、その「本屋敷江可有還住」と記されている点であろう。

なぜそのようなことが記されているのかといえば、その背景には、大永五年と天文一四年のあいだにあたる天文五年（一五三六）におこった天文法華の乱が関係しよう。この天文法華の乱によって、京都は「下京大略焼了、上京三分一計焼」[7]という甚大な被害をこうむったことが知られているが、延暦寺大衆との合戦に敗れた法華宗諸寺院もまた、そのすべてが京都を追われ、泉州堺へと避難を余儀なくされたからである。

それから六年後の天文一一年（一五四二）に後奈良天皇綸旨が出されたことで、ようやく「帰洛」と「再興」がゆるされるものの[8]、それよりまえの天文六年（一五三七）の段階で延暦寺大衆が「法花《（華）》堂跡・法花《（華）》坊主跡職」[9]に何らかの影響力をおよぼそうとしたことが知られている。

天文法華の乱という合戦に勝利した延暦寺大衆は、法華宗寺院の跡地をいわば敵方没収地（闕所地）のように認識していたのだろう[10]。したがって、法華宗寺院が天文法華の乱以前と同じ敷地に再興をはかることは容易ではなかったと考えられる。

「本屋敷」が「旧跡」とされた背景には、以上のようなことがあったわけだが、そのいっぽうで、本能寺では「本屋敷」以外での再興も検討しはじめることになる。そして、そのなかで浮上してきたのが、「本屋敷」から東へ三町ほど離れた「六角与四条坊門、油小路与西洞院中間方四町々」の地であった（図1参照）。この地を本能寺が買得したのは、天文一四年（一五四五）のことであったが、そのさいに本能寺へ渡されたのがつぎの売券（案）[11]となる。

永代売渡申本所敷之事

合壱所者六角与四条坊門、油小路与西洞院中間方四町々、但除未申紫野地

右件在所者、雖為沢村代々相伝之敷地、依有要用、直銭九拾五貫文仁本文数通相添、永代本能寺江売渡申所実正也、於公役者、一銭茂無之、若於有違乱妨申人者、売主幷請人罷出、可致其明者也、仍後日証文状如件、

天文拾亖年六月廿四日

沢村

千松在判

請人同与次

国長在判

本能寺参

ここからは、当該地がもともと「沢村代々相伝之敷地」であり、それを「直銭九拾五貫文」で本能寺が買得した

ことがわかる。ここにみえる「沢村」とは、すでに小谷利明氏[12]が指摘しているように、土倉・酒屋として著名な沢村一類のことであり、当該地はその沢村が買得によって集積してきたものであった。

そのような敷地をどのような理由で本能寺へ売り渡すことになったのか、この点については、「依有要用」ということば以上のことはわからない。ただ、本能寺と沢村との接点はこのときがはじめてではなく、少なくとも永正一三年（一五一六）には確認することができる[13]。売買の話自体は、あるいはこれ以前からあったのかもしれない。

その売買が天文一四年に実行に移されたのは、本能寺の再興がいそがれていたのと同時に、「本屋敷」に「還住」しての再興が困難とみられていたためであろう。実際、本能寺では今回の売買を確実なものとするため、天文一四年八月に幕府へその保証を申請し[14]、その月の一八日には政所執事伊勢貞孝が加判した奉書を手に入れたことが確認できる（**表1—3**）。

じつは、これら一連の動きと並行するかのようにして本能寺が手にしていたのが、先の細川晴元奉行人飯尾為清奉書案であった。このことから、本能寺では、延暦寺大衆の動きをにらみつつ、「本屋敷」での「還住」再興とあらたに買得した敷地での再興を同時並行のかたちで検討していたことがあきらかとなろう。

もっとも、このような動きは延暦寺大衆を刺激したようで、翌天文一五年（一五四六）には、「自今ハ諸法花《（華）》宗ハ叡山可為末寺[15]」との要求がつきつけられることになる。そのこともあって、本能寺を含めた法華宗諸本山寺院は近江六角氏に「御取合」（仲介）を依頼、その調停にゆだねることになるが、そこでくりひろげられた交渉については、すでに本書Ⅱ第一章や別稿[16]でふれたとおりであるので、ここではくりかえさない。

ただ、結局のところ、本能寺は「本屋敷」への「還住」をあきらめざるをえなかったらしく、「六角与四条坊門、油小路与西洞院中間方四町々」での再興をはかることになる。そして、足利義昭と織田信長が上洛した永禄一一年

（一五六八）九月の段階で同地の「領知」が義昭によって安堵されていたことが確認できる以上（表1―4）、この地が本能寺の変の舞台となったことはあきらかといえよう（図1参照）。

ちなみに、先の売券（案）をみてみると、今回の敷地の一画にも、「本屋敷」の「六角大宮非人以下風呂敷地」と同様、「未申紫野地」なるものがあったことがわかる。この「紫野地」とは、具体的には大徳寺長勝庵領の「四条坊門油小路北東頬屋地」[17]を意味するが、これについては、天文一四年八月に幕府へ買得保証を申請したさいに「是茂今度同買得仕候」とのべており、早い段階で「一円領知」が実現していたと考えられる。

また、天文一四年に「六角与四条坊門、油小路与西洞院中間方四町々」を買得した直後に本能寺は、「六角与四条坊門、油小路与西洞院中間方四丁町巷所地子銭」を「免除」されており[18]、この「方四町」には巷所もあったことが知られる。

残念ながらその巷所の具体的なようすまではわからないが、「本屋敷」の「櫛笥通」にも大永四年（一五二四）段階で「東西弐丈、南北参拾六丈分」の巷所があったことが確認できるので[19]、本能寺が立地する場所というのは、下京の市街地に隣接していたこともあって、道路の一部分が耕地や宅地と化した巷所にとり囲まれるようなところであったと考えられよう。

なお、戦国期の京都を描いた『歴博甲本洛中洛外図屏風』（国立歴史民俗博物館所蔵）や『上杉本洛中洛外図屏風』（米沢市上杉博物館所蔵）には、本能寺とおぼしき寺院が描かれている。おのおのの成立時期から推せば、前者に描かれているのが「本屋敷」の本能寺、そして後者が「六角与四条坊門、油小路与西洞院中間方四町々」の本能寺に相当するのではないかと考えられるが、これが仮にただしければ、両屏風はこの間の本能寺の変遷を視覚的にみてとれる貴重な史料となろう。

二　本能寺と本能寺の変

（1）信長の宿所

前節の検討によって、本能寺の変の舞台となった本能寺とは、「本屋敷」の本能寺ではなく、「六角与四条坊門、油小路与西洞院中間方四町々」に立地した本能寺であったことがあらためてあきらかとなったが、それではなぜ織田信長はそこを宿所にしたのであろうか。このような問いを考えるあたってまず必要となるのは、上洛して以降、信長がどのようなところを宿所としてきたのか、その全体のなかに本能寺を位置づけてみることであろう。

そこで、ここでは、煩瑣ではあるが、できるかぎり同時代史料によってその変遷をたどってみることにしたいと思う。

（イ）古津所・妙覚寺・明智十兵衛尉所・半井驢庵所・本能寺・徳大寺殿御屋敷（永禄一一年～天正元年）

永禄一一年（一五六八）九月に足利義昭とともに岐阜より上洛した信長の宿所として史料上、最初にあらわれるのは、山科言継の日記『言継卿記』[20]一〇月一六日条にみえる「古津所」である。この「古津」とは、おそらく、『言継卿記』天文一四年（一五四五）一〇月二日条にみえる「細川内古津左衛門尉」の「古津」と同じと考えられ、したがって、「古津所」とは、細川宗家（京兆家）の「内」者である古津氏の屋敷を意味しよう。残念ながら、その場所を特定することまではできないが、永禄一一年一〇月一六日に義昭が移った「細川亭」にほど近いところにあったと考えられる。

「古津所」についで史料のうえで確認できるのは、翌永禄一二年（一五六九）四月に義昭が、信長によって築かれた義昭御所（いわゆる旧二条城）へ移る前日に「織田弾正忠妙覚寺江移」[21]とみえる「妙覚寺」である。このときに築かれた義昭御所は「勘解由小路室町」[22]にあり、いっぽう、妙覚寺は『上杉本洛中洛外図屏風』などによるかぎり、二条室町と三条坊門のあいだに所在している。義昭御所との距離はかならずしも至近とはいえないものの、妙覚寺から室町小路（通）を三〇〇メートルほど北上すれば、そこへたどりつくことができる。また、周辺には妙覚寺をのぞいて一定の規模をもつ施設がみあたらず、そのような立地が妙覚寺をえらぶ理由となったのだろう。

もっとも、この段階では、信長は妙覚寺を京都での定宿とさだめたわけではなかった。たとえば、翌永禄一三年（一五七〇）二月に上洛したさいには、信長は「明智《（光秀）》十兵衛尉所へ被付了」と『言継卿記』二月三〇日条にみえる。また、翌三月一日条には、「信長、半井驢庵所へ被行」とあるように、明智光秀の宿所や医師の半井驢庵の屋敷に立ち寄ったことが知られるからである。

同年の八月にも信長は上洛するが、そのときは、『言継卿記』八月二三日条に「織田弾正忠信長、三条《（ママ）》西洞院本能寺へ被付」とみえるように本能寺に入ったことがわかる。「三条西洞院」との記載は、おそらく「六角西洞院」のあやまりと考えられるが、本能寺と信長との接点としてはこれが最初となる。

ちなみに、吉田兼見の日記『兼見卿記』[23]八月二四日条には、「本能寺陣所也」とみえ、また、『言継卿記』八月二五日条でも、「織田弾正忠信長出陣、三千有之、両三日陣立之衆四万云々」とあることから、本能寺が「陣所」とされていたことも知られよう。

この年、信長は浅井・朝倉氏と湖西地域で対峙し、年末になってようやく美濃へと帰国する。そして、その年の一二月に本能寺に対して、「為定宿之間、余人寄宿停止之事」との条項を含む朱印状[24]を出している。ここから、信長がこの段階で本能寺を「定宿」としたことが知られる。

ちなみに、本能寺へは、さかのぼること永禄一一年一〇月二九日に将軍宣下をすませたばかりの義昭も、「従昨日被移御座本能寺」と『言継卿記』一一月一日条にはみえる。このように、本能寺はある程度の人数をともなって「寄宿」するには適した場所とみとめられていたのであろう。

ところが、翌元亀二年（一五七一）九月に比叡山延暦寺を焼き討ちした直後に上洛したさいには、信長は、本能寺ではなく、「妙覚寺に逗留」と『言継卿記』九月一三日条にみえる。このときは、直前に「信長は小姓・馬廻等計にて巳刻上洛、被参武家」と同日条にはみえるので、「武家」（足利義昭）の御所との関係で妙覚寺がえらばれたのかもしれない。

このように、信長の京都宿所は、おおよそ元亀二年ころには、ともに法華宗寺院である本能寺か妙覚寺へとさだまりつつあったことがわかる。それを裏づけるように、元亀三年（一五七二）二月、信長上洛の一報を明智光秀の使者から耳にした吉田兼見は、「信長十四五日比、御上洛也、本能寺御宿ニ申付云々」とその日記『兼見卿記』二月二日条に記すいっぽう、実際には、その宿所が本能寺ではなく、妙覚寺であったことを「未刻信長上洛也、有七百計、妙覚寺陣所云々」と三月一二日条に記すことになるからである。

ここにみえる「七百計」がすべて妙覚寺に入ったのかどうかまではわからないが、先に本能寺が「本能寺陣所」といわれたのと同様、妙覚寺もまた、「陣所」たりえる場所だったことが知られよう。前節でもふれたように、文献史料によるかぎり、本能寺は、「四町々」＝一町（一二〇メートル×一二〇メートル）の規模であったのに対し、妙覚寺のほうは、『上杉本洛中洛外図屛風』など絵画史料によれば、三条坊門室町を東南角にして北は二条大路（通）にまでおよぶ二町規模であったことがうかがえる。

ところで、先の『兼見卿記』二月一二日条からおおよそ一〇日後にあたる二一日条をみてみると、「信長、徳大寺殿御屋敷可有普請之旨相定云々」との記事に遭遇することになる。これは、「徳大寺殿御屋敷」を信長の「屋敷」にするという意味だが、そのことをいい出したのは、将軍義昭だったらしく、同じ日の記事によれば、「四方築地」を「為武家《足利義昭》御所可被仰付之旨仰出也」とみえる。

『上杉本洛中洛外図屏風』によれば、「徳大寺殿」は、「はたけ《畠》山のつし《辻子》」の南側に所在していたことがみてとれるが、その南側を東西に走る街路が武者小路であり、『信長公記』(25)（『信長記』）巻五にみえる「上京むしや《武者》の小路にあき地の坊跡これある」との記事とも符合することになろう。

もっとも、この「徳大寺殿御屋敷」を信長が実際につかったのかどうかについてはさだかではない。しかも、元亀四年（一五七三）七月に信長と対立することになった義昭を攻め立てるために上洛したさいの「陣所」が「妙覚寺」であったと『兼見卿記』七月九日条が伝えていることからすれば、あいかわらず信長は妙覚寺に寄宿していたことが知られよう。

（ロ）相国寺・妙覚寺・二条殿御屋敷・本能寺（天正二年～天正一〇年）

さて、元亀四年（天正元年）までは京都に将軍義昭がおり、それをささえつづけてきた信長であったが、義昭が京都や畿内から没落して以降、その宿所にも変化のきざしがみえるようになる。たとえば、天正二年（一五七四）三月に上洛したさい、信長は妙覚寺ではなく、相国寺へ入ったことがわかる。そのことは、同月二四日に「於相国寺」、「上様御会」がもよおされ、「堺衆ニ御茶被下」たことからもあきらかとなろう(26)。

しかも、信長は、相国寺を寄宿先とは考えていなかったらしく、堺南宗寺の笑嶺宗訢が天正二年初夏（四月）二日にしたためた書状[27]に「信長去月廿日比上洛、相国寺ヲ城被構、諸塔頭悉居取候由候」とみえるように、相国寺を城にかまえ、奈良「多聞之城」の「主殿なとハ相国可被引之沙汰有之」と多聞城の「主殿」を移築させようとしたとされている。

もっとも、それがどこまで実行に移されたのかという点についてはさだかではない。たとえば、翌天正三年（一五七五）に在京していた薩摩の島津家久の旅日記『中務大輔家久公御上京日記』[28]には、卯月二一日に「おさか《大坂》の陣をひかせられ候」「織田の上総殿」は、「正《相》国寺の宿へつかせられ候」とみえ、およそ一年たっても相国寺は「宿」の状態にとどまっていたことがあきらかとなるからである。

実際、その前月にあたる三月に上洛したさいには、「相国寺慈照院宿所也」と『兼見卿記』同月三日条にはみえ、「悉居取」るといわれていた塔頭のひとつ「慈照院」を信長は「宿所」としていたことが知られる。そのうえ、同じ年の一〇月に上洛したさいには、信長は相国寺に寄宿しなかったことも確認できる。

それでは、そのとき信長はどこへ入ったのかといえば、『兼見卿記』一〇月一五日条にみえるように、「信長宿所妙覚寺」であった。つまり、信長は、ふたたび妙覚寺を寄宿先としたことがあきらかとなるわけだが、これがにわかのことでなかったことは、同月一三日に上洛する信長を「むかへ《迎》」に「たうしやう《堂上》」らが「めうかく《妙覚》寺ほんたう《本堂》のまへ《前》にてまちあひ《待合》」[29]したことからもあきらかといえよう。

それにしても、なぜ相国寺から妙覚寺へと舞いもどることになったのか、その理由についてはさだかではない。ただ、相国寺を「城」にしようとしたのも、先の笑嶺宗訢の書状によれば、「其身者大正《太政》大臣之官位ニ被上、禁中守護可仕候由候」と伝えられており、京都を没落した義昭にかわり信長が「禁中守護」を意識しはじめたことと無縁ではないのであろう。

相国寺は、「禁中」（内裏）より北側にあり、かならずしも至近距離とはいえないが、妙覚寺とくらべれば、その距離ははるかに近くなるからである。にもかかわらず、妙覚寺をふたたび寄宿先にするようになった理由については不明といわざるをえない。ただ、そのようななかでも、「禁中」との関係は意識していたようで、それを裏づけるように、『大外記中原師廉記』によれば、同年一一月四日に信長は「大納言ににん《（任）》せら」れ、そして、七日には「大将宣下」されて、権大納言と右近衛大将に任官したことがあきらかとなる。

これ以降、信長は、「大将殿」「右大将殿」などとよばれるようになるが、そのことと関係するのだろうか、翌天正四年（一五七六）二月に信長は岐阜より近江安土へその居を移すことになる[30]。そして、これと歩調をあわせるかのようにして、京都では同年三月に「報恩寺普請」とそこへの「二条殿近々御移徙」が「右大将殿ヨリ申付ラレ」たとの記事が、山科言経の日記『言経卿記』[31]三月二八日条から読みとれる。はたして、同記五月二一日条には、「二条殿御跡、大将殿屋敷ニナル」とみえ、二条殿を信長はみずからの屋敷にしたことがあきらかとなろう。

公家の屋敷地が対象となっている点では、先にみた「徳大寺殿御屋敷」とも似通っている。ただし、今回は、わざわざ「二条殿」を「御移徙」させており、信長の意志が前面に出ている点は大きな違いといえよう。それでは、なぜ今回、二条殿がその対象となったのだろうか。

『信長公記』巻九には、「二条殿御屋敷、幸空間地にてこれあり、泉水・大庭眺望面白く思食させられ」とみえるものの、実際は「空間地」ではなく、それが理由とは考えにくい。むしろ注目すべきは、この二条殿の西隣に所在していたのが妙覚寺だったという点であろう。

それを裏づけるように、二条殿御屋敷をみずからの屋敷とさだめたのちも信長は、『言経卿記』同年六月六日条に「右大将信長従南方上洛之間、妙覚寺門内ニ迎ニ罷向了」とあるように、妙覚寺に寄宿していたことが確認できる。慣れ親しんできた妙覚寺の東隣であるという立地が、二条殿御屋敷がえらばれる理由になったのではないだろうか。

いずれにしても、このようにして信長は、永禄一一年以来、はじめてみずからの屋敷とよべるものを京都にかまえ、そして、安土より上洛したさいには、かならずここへ入ることになる。ところが、天正五年（一五七七）に移徙してからわずか二年後の天正七年（一五七九）一一月には、「親王御方へ信長殿《御脱カ》御進上之云々」と『兼見卿記』一一月一五日条にみえるように、「信長殿《御脱カ》」（二条殿御屋敷）は「親王御方」（誠仁親王）へと進上される。そして、『多聞院日記』(32)同年一一月二〇日条に「来廿二日ニ御渡之、信長ハ妙覚寺ヲ用意之」とみえるように、またまた妙覚寺に寄宿することとなったのであった。

もっとも、こうなると、この時期、妙覚寺に寄宿することが多くなっていた嫡男織田信忠と同宿しなければならない場面も出てくる。おそらくは、そのようなことも関係するのだろう、翌天正八年（一五八〇）三月、『兼見卿記』三月一七日条が「右府信長之御屋敷普請、本応《能》寺」と伝えるように、永禄一三年（一五七〇）以来、およそ一〇年ぶりに信長は「本応《能》寺」を宿所とすることになる。

ただし、今回がこれまでと大きく異なるのは、「御屋敷普請」と伝えられている点であろう。ここからは、かつての「徳大寺殿御屋敷」や二条殿御屋敷と同じような位置づけが本能寺に対してはあたえられたことがあきらかとなるからである。

残念ながら、その普請のようすについてはよくわからないが、天正九年（一五八一）二月におこなわれた「御馬汰」の直前の二月二二日に吉田兼見が「信長御屋敷へ罷出」ていることが、その日記『兼見卿記』同日条から読みとれることからすれば、普請はある程度進行していたと考えられよう。ちなみに、本能寺に対しては、二条殿御屋敷のときのように替地があたえられた形跡はみられない。したがって、本能寺全体が「御屋敷」になったわけではなく、その一角で普請がおこなわれたとみるのが自然であろう。

以上ながながとみてきたことからもわかるように、信長が本能寺を宿所としたのは、永禄一三年（一五七〇）と天正八年（一五八〇）から一〇年（一五八二）と、きわめてかぎられた時期だったことがあきらかとなる。むしろ同じ法華宗寺院であった妙覚寺のほうにはるかに多く信長は寄宿していたわけだが、それでは、「御屋敷」が普請されて以降の本能寺とはどのようなものだったのだろうか。残念ながらこの点についても手がかりが少なく、不明確といわざるをえない。ただ、そのようななかでも、わずかにその断片を伝えているのが、皮肉なことに本能寺の変にかかわる記録類である。そこで、つぎにそれらをとおして本能寺のようすをうかがうことにしよう。

（2）本能寺の変にみる本能寺

本能寺の変を伝える記録類は複数知られているが、信頼性の高い公家たちの日記、たとえば、山科言経の日記『言経卿記』や吉田兼見の日記『兼見卿記』、そして勧修寺晴豊の日記『日々記』[33]などでは、事件自体が簡潔に記されているため本能寺についても寺名以上の情報を得ることはできない。

したがって、ここではこれらとくらべてやや信頼性の落ちる記録をみていかざるをえない。そこでまずは、明智勢として事件当日、本能寺に打ち入った人物の記録とされる『本城惣右衛門覚書』[34]をみてみることにしよう。この人物は自分たちが打ち入ったところを当初は「ほんのふ《本能》寺といふところもしり《知》不申候」と記しているが、注目されるのは、そこへ入る直前、「我等ハみなみほりぎわ《南堀際》へ、ひがしむきニ参候、ほん《本》道へ出申候」と記している点である。

この「ミなみほりぎわ《南堀際》」が本能寺の南側であったとすれば、本能寺南には「ほり《堀》」があり、それを東へすすむと「ほん《本》道」（おそらくは西洞院大路であろう）へ出たことが知られるからである。その後、「其はしのきわニ、人一人い《居》申候を、其ま、我等くび《頸》とり申候、それ合内へ入候へバ、もん《門》ハひらいて」と記されており、「はし《端か橋》」かは不明なものの）から「内」へ入ると「もん《門》ハひらいて」いたという。

ここから、「ほん《本》道」に面して「もん《門》」があったことが知られるが、その「もん《門》」の「内」に入ったのち、先ほどとった「くび《頸》」を「だう《堂》の下へなげ入れ、をもて《表》へはいり候へバ、ひろま《広間》ニもひとりも人なく候」と記されていることから、「もん《門》」の「内」には「だう《堂》」があり、また、「をもて《表》」には「ひろま《広間》」もあったことがうかがえよう。ちなみに、その直後に「くり《庫裏》のかた合、さげがミいたし、しろききたる物き《来》候」と記されており、「をもて《表》」には「くり《庫裏》」もあったことが読みとれる。

このように、『本城惣右衛門覚書』からは、本能寺の南側に「ほり《堀》」があったこと、また、「ほん《本》道」に面して「もん《門》」があり、その「内」には「だう《堂》」や「ひろま《広間》」「くり《庫裏》」などをそなえた「をもて《表》」のあったことが知られる。ただし、そのことを裏づけられる同時代史料にはめぐまれない。

そのようななか、編纂物ながらも『信長公記』（『信長記』）巻一五には、本能寺に「御殿」「面御堂」「御厩」「御台所」があったと記されており、「御台所」が「くり《庫裏》」、「御殿」が「をもて《表》」に相当する可能性は考えられる。ちなみに、「御殿」については、『蓮成院記録』[35]天正一〇年六月二日条に「御殿へ火ヲカケ即時ニ打果了」とみえ、また、編纂物ながら『惟任謀反記』[36]にも「御殿に手自ら火を懸け、御腹を召されおはんぬ」とみえる。あるいは、『兼見卿記』にみえる「御屋敷」もこの「御殿」にあたるのかもしれない。

本能寺の「御殿」については、今谷明氏[37]が検討を加えているが、それによれば、「御殿」は「予想外に小規模な、簡素な建築であることが推測される」という。もっとも、そのことをあきらかにできる史料があるわけではないので、実際のところは何ともいえない。

また、今谷氏は、「御屋敷」が普請されて以降の本能寺について、「本能寺は未だ他所に移らず、境内の一角に信長居住、と解するが無理がない」としている。これは、外国語史料である『一五八二年の日本年報追加』[38]において本能寺が「信長が都において宿泊する例であり、僧侶を悉く出し、相当に手を入れた」と記されていることに対して、『言経卿記』など「いずれの公卿日記も信長宿所を「本能寺」と表記し、寺名を省略した記録はない」という点をふまえてのべたものとなる。

もっとも、今谷氏はふれていないが、「御屋敷」については、じつはつぎのような史料が残されている。

御屋敷之事、今度成御墓所、殊当寺為旧地上者、返遣之条、寺僧如前々令還住、法事勤行不可有懈怠者也、

天正十

七月三日　　　　　　　　　　　　信孝（織田）（花押）

本能寺

これは羽柴秀吉とともに明智光秀を討ち果たした織田信孝が、その直後に本能寺に出した書状[39]である。内容は、「御屋敷」を信長の「御墓所」とするにあたって、「御屋敷」は「当寺旧地」であるので、それを「返遣」わしたうえで「寺僧」の「還住」と「法事勤行」を命じたものとなる。

ここにみえる「御屋敷」とは、『兼見卿記』にみえる「御屋敷」と同じものと考えられるが、ここからは、「御屋

敷」が本能寺の「旧地」にあり、また、「寺僧」の「還住」についてもふれられていることから、「信長が都において宿泊する」ときには「僧侶を悉く出し」たとされる『一五八二年の日本年報追加』の記事が一定の事実を伝えていることを裏づけるものといえよう。

もっとも、そのいっぽうで、先にみたように、本能寺の変のさいにも「だう（堂）」があったという点から、信長が「宿泊」しないときには、今谷氏も指摘するとおり、寺院として機能していた可能性は高い。そういう意味でいえば、本能寺は、信長にとって、寄宿先と屋敷の両側面をあわせもつところとなっていたのかもしれない。

ちなみに、「御屋敷」を「御墓所」にすることについて秀吉が関知していたかどうかはさだかではないが、秀吉もまた、「御屋敷」にかかわっては、つぎのような意向を増田長盛をとおして本能寺へ伝えていたことが確認できる[40]。

御札拝見仕候、当寺之儀、御屋敷明申事候条、御寺家衆如前々御還住尤之由、筑州（羽柴秀吉）被申候、然者、御屋敷之御跡之儀候間、陣取以下之事も不可在之との儀候、其御意得候て、早々御立帰専一候、恐々謹言、

増田仁右衛門尉

（天正一〇年）七月十三日　長盛（花押）

本能寺

御報

この二日前の一一日にも増田長盛は、「本能寺御寺家中」に書状[41]を出しており、そこにも「本能寺之儀、寺家衆

御還住候様ニと御訴訟」とみえる。ここからは、「御寺家衆」（「寺僧」）の「還住」が信孝や秀吉の意向というより、むしろ本能寺側ののぞみであったことがあきらかとなろう。

それは裏を返せば、天正一〇年五月二九日に信長が本能寺に入って以降、少なくとも七月中旬にいたるまで「寺僧」が本能寺へ還住できなかったことを示すわけだが、おそらくはそれをふまえて、秀吉は「御屋敷」を「明」け渡して「寺僧」を「還住」させ、「御屋敷之御跡」には「陣取」もしないよう指示していたと考えられよう。

こうしてみると、信孝と秀吉とのあいだでは、「御屋敷」を「御墓所」にするのか、「明」け渡すのかで見解の相違があったようにもみえる。ただ、実際にどのように事態がすすんでいったのかについてはさだかではないが、現在の本能寺に残される信長墓の石塔にも「天正十年」という文字が刻まれていることから考えれば、「御墓所」になった可能性もけっして低くはないと思われる。

おわりに

以上、本章では、残された文献史料のうち、できるかぎり同時代史料にもとづいて中世の本能寺について検討を加えてきた。その結果、本能寺の変がおこったさいの本能寺は、「本屋敷」ではない「六角与四条坊門、油小路与西洞院中間方四町々」に立地していたことがあきらかとなったわけだが、もっとも、このような事実は、すでに先行研究でもふれられており、ことさら目新しいわけではない。

したがって、本章の存在価値は、先行研究よりくわしく検討してみたところにあるのかもしれないが、ただ、そうはいっても、「六角与四条坊門、油小路与西洞院中間方四町々」にどのようなすがたかたちで寺観がととのえられていったのかという点については、今後の課題とせざるをえない。

　また、それと同じように、本能寺の変後にどのようにして現在地へ移転したのかという点についても、思いのほか同時代史料によってあきらかにすることはむずかしい。一般には秀吉による京都改造や寺町建設にともなって移転したと考えられているが、そのことを示す史料といえば、かならずしも同時代史料とはいいがたいのが実状だからである。

　そのようななかにあって、文禄二年（一五九三）一一月晦日付の本能寺常住院による本堂建立入目算用状案[42]には、「天正拾七年本堂建立」「天正拾九年新屋敷江移」「天正弐拾年重而本堂立」とみえ、本能寺の変後、おおよそ七年後の天正一七年（一五八九）に「六角与四条坊門、油小路与西洞院中間方四町々」において本堂が「建立」されたものの、天正一九年（一五九一）には現在地を意味する「新屋敷」への移転を余儀なくされ、そして、翌天正二〇年（一五九二）に「重而」本堂が建立されたということが読みとれる点は重要であろう。

　もっとも、本能寺の変前後に住持の職にあった日衍がしたためた天正一六年（一五八八）九月二三日付の書状[43]には、「本堂建立事、（中略）時節不到来候故歟、遅々笑止ニ候」とみえ、「本堂建立」に困難がともなっていたことが知られる。移転後の「重而」の本堂建立には、さらなる苦労がみられたことであろう。

　このように、中世本能寺をめぐる寺地と立地といった、もっとも基本的なことがらについてもまだまだ不明な点は少なくない。したがって、「はじめに」でのべたような編纂物や寺伝とむきあうためには、さらに検討を重ねていく必要があろう。道はなお遠いといわざるをえないが、少しでもまえにすすんでいくことができればと思う。

註

（1）藤井学『本能寺と信長』（思文閣出版、二〇〇三年）、藤井学・上田純一・波多野郁夫・安国良一編著『本能寺史料　中世篇』（思文閣出版、二〇〇六年）ほか。
（2）糸久宝賢「室町時代における京都本能寺の展開――本能寺敷地をめぐる経緯と公武との交渉を中心として――」（『日蓮教学研究所紀要』八号、一九八一年、のちに同『京都日蓮教団門流史の研究』平楽寺書店、一九九〇年）。
（3）影山堯雄「京都に於ける日蓮教団寺院――寺院の移動位置を中心として――」（『大崎学報』一一二号、一九六〇年）。
（4）立正大学日蓮教学研究所編『日蓮宗宗学全書　第一八巻　史伝旧記部（一）』（山喜房佛書林、一九五九年）。
（5）続群書類従完成会刊本。
（6）永享一〇年一一月二日付室町幕府奉行人連署奉書（折紙）（『本能寺史料　中世篇』）。なお、本能寺史料については、京都大学文学部古文書室影写本「本能寺文書」も参照した。
（7）『後法成寺関白記』（大日本古記録）天文五年七月二七日条。
（8）『両山歴譜』（藤井学・波多野郁夫編著『本能寺史料　古記録篇』思文閣出版、二〇〇二年）。
（9）『鹿苑日録』（続群書類従完成会刊本）天文六年七月四日条。
（10）河内将芳「山門延暦寺からみた天文法華の乱」（中尾堯編『中世の寺院体制と社会』吉川弘文館、二〇〇二年、のちに同『中世京都の都市と宗教』思文閣出版、二〇〇六年）、また、本書Ⅱ第一章も参照。
（11）天文一四年六月二四日付沢村千松売券案（京都市歴史資料館写真帳『熊谷家文書』）。
（12）小谷利明「土倉沢村について」（『京都市歴史資料館紀要』三号、一九八六年、のちに同『畿内戦国期守護と地域社会』清文堂出版、二〇〇三年）。
（13）永正一三年一二月一六日付沢村国宣証文（『熊谷家文書』）。
（14）天文一四年八月日付本能寺役者申状（『別本賦引付』一、桑山浩然校訂『室町幕府引付史料集成』上巻、近藤出版社、一九八〇年）。
（15）『両山歴譜』。
（16）河内将芳「戦国期京都における法華教団の変容――『京都十六本山会合用書類』の成立をめぐって――」（『仏教

史学研究』第四〇巻一号、一九九七年、のちに同『中世京都の民衆と社会』思文閣出版、二〇〇〇年)、註(10)参照。
(17)　永正一五年一一月九日付室町幕府奉行人連署奉書(『本能寺史料　中世篇』)。
(18)　天文一四年八月一〇日付甘露寺家雑掌国継奉書(『本能寺史料　中世篇』)。
(19)　大永四年一〇月二八日付小川坊城家雑掌朽木定綱奉書(『本能寺史料　中世篇』)。
(20)　続群書類従完成会刊本。
(21)　『言継卿記』永禄一二年四月一三日条。
(22)　『言継卿記』永禄一二年四月一四日条。
(23)　史料纂集。
(24)　元亀元年一二月日付織田信長朱印状(『本能寺史料　中世篇』)。
(25)　岡山大学池田家文庫等刊行会編『信長記』(福武書店、一九七五年)。奥野高広・岩澤愿彦校注『信長公記』(角川文庫、一九六九年)も参照した。
(26)　『津田宗及茶湯日記』天正二年三月二四日条(『大日本史料』第一〇編之二一、天正二年三月二四日条)。
(27)　(天正二年)初夏二日付笑嶺宗訢書状(『聚光院文書』、『大日本史料』第一〇編之二一、天正二年三月一七日条)。
(28)　村井祐樹「史料紹介　東京大学史料編纂所所蔵『中務大輔家久公御上京日記』」(『東京大学史料編纂所研究紀要』一六号、二〇〇六年)。
(29)　『大外記中原師廉記』天正三年一〇月一三日条(金子拓・遠藤珠紀・久留島典子他「史料紹介　史料編纂所所蔵『大外記中原師廉記』」『東京大学史料編纂所研究紀要』二三号、二〇一三年)。
(30)　『兼見卿記』天正四年二月二五日条。
(31)　大日本古記録。
(32)　増補続史料大成。
(33)　国立公文書館内閣文庫所蔵。
(34)　木村三四吾編『業余稿叢』(木村三四吾、一九七六年)。

(35) 増補続史料大成。
(36) 桑田忠親校注『太閤史料集』（人物往来社、一九六五年）。
(37) 今谷明「信長の本能寺〝御殿〟について」（今谷明編『王権と都市』思文閣出版、二〇〇八年）。
(38) 村上直次郎訳・柳谷武夫編輯『新異国叢書　3　イエズス会日本年報』上（雄松堂書店、一九六九年）。
(39) 天正一〇年七月三日付織田信孝書状（『本能寺史料　中世篇』）。
(40) （天正一〇年）七月一三日増田長盛書状（『本能寺史料　中世篇』）。
(41) （天正一〇年）七月一一日増田長盛書状（『本能寺史料　中世篇』）。
(42) 文禄二年一一月晦日付本能寺本堂建立入目算用状案（『本能寺史料　中世篇』）。
(43) 天正一六年九月二三日付日衍書下（『本能寺史料　中世篇』）。

〔**補註**〕京都における信長宿所の変遷については、河内将芳『宿所の変遷からみる　信長と京都』（淡交社、二〇一八年）でよりくわしく検討している。あわせてご参照いただきたい。

補論　中世本能寺の弘通所敷地について

はじめに

本能寺には、前章で検討した寺地のほかにも巷所や敷地にかかわる中世の史料が伝えられている。このうち、巷所については前章でも少しふれたので、ここでは残る敷地についてみていくことにしよう。じつは、この敷地については不思議とこれまでふれられることがなかった。それでは、その敷地とはどのようなものだったのか。この点について、ここでは、補論として若干の検討を加えてみたいと思う。

一　北小路室町

まず、本能寺に残される敷地にかかわる史料を一覧にしてみると**表2**のようになる。ここからは、問題の敷地が、「北小路室町東頬北西角屋地壱所、東西弐拾丈・南北拾五丈」（**表2**―①）であり、本能寺の立地する下京ではなく、上京に所在するものだったことがわかる。しかも、その敷地は「東西弐拾丈」（約六〇メートル）、「南北拾五丈」（約四五メートル）の「北西角屋地」「壱所」という横長で、けっして広いものではなかったことも読みとれる。

表2にみえるように、この敷地は、そもそも高倉「永家」の「旧地」（**表2**—②）、あるいは「藤兵衛佐家敷地」（**表2**—③）とよばれるところであり、高倉家が「当知行」（**表2**—②）していたことがわかる。『公卿補任』[1]享禄元年（大永八年、一五二八）条によれば、高倉永家は明応五年（一四九六）正月一日に誕生、享禄元年「四月廿八日」に従三位に叙され、「非参議」の列に加えられていた。また、永正八年（一五一一）一二月三〇日に「右兵衛佐」に任じられており、そのため**表2**—③では「藤兵衛佐」と記されることになる。

それではなぜ、高倉家が「当知行」する敷地を本能寺が手にすることになったのであろうか。その事情については、つぎの史料（**表2**—②）からあきらかとなる。

表2　本能寺に伝わる中世本能寺弘通所敷地関係文書一覧（『本能寺史料　中世篇』より）

	年月日	文書名	宛所	該当敷地等	文書番号
①	永正一三年一二月一三日	室町幕府政所執事署判奉書	本能寺雑掌	北小路室町東頬北西角屋地壱所、東西弐拾丈・南北拾五丈	七九
②	（年未詳）六月五日	高倉永家書状	本能寺	北小路室町旧地	七八
③	永正一四年六月一六日	細川高国書下	祈願所　本能寺	藤兵衛佐家敷地	八〇
④	永正一五年八月二一日	足利義稙御判御教書	（本能寺）	本能寺弘通所敷地、北小路与武者小路之間、室町東頬乾角、東西廿丈、南北拾五丈	八一
⑤	天正三年七月二二日	高倉家雑掌粟津貞清寺地知行安堵状	本能寺御房中	（藤宰相沽却分）	一七三
⑥	天正三年七月二五日	高倉家雑掌粟津貞清書状（折紙）	本能寺御房中	藤宰相沽却分	一七四

北小路室町旧地之事、以御下知之旨、雖為当知行、本能寺御懇望之間、渡進之候、永代全可有御知行候、就其、為御音信、千疋送給候、祝着申候、猶粟津両人可申候、恐々謹言、
六月五日　永家（高倉）（花押）
本能寺

右からは、「北小路室町旧地」を「本能寺御懇望」したために永家が「渡進」めたことが読みとれるが、ただ、実際には永家が「沽却」（**表2―①**）したのであり、本能寺側からみれば買得したというのが事実といえよう。ちなみに、ここにみえる「御下知」が、ときの将軍足利義稙のそれであるとすれば、本能寺は幕府とのあいだに太いパイプをもっていたと考えられる。それゆえに「雖為当知行」、本能寺による「御知行」がみとめられることになったと推察される。

残念ながら、そのパイプの中味まではあきらかにすることはできないが、あるいはこの時期、大内義興とともに、義稙を擁立していた細川高国が、本能寺による「藤兵衛佐家敷地」の「当知行」を安堵した永正一四年（一五一七）六月一六日付の書下（**表2―③**）のなかで、「致祈禱精誠」すことにふれ、宛所として「祈願所　本能寺」と記していることが関係するのかもしれない。

というのも、これより先、永正一一年（一五一四）一〇月に義稙もまた、「天下泰平祈禱」を同じ法華宗寺院である「妙本寺」（妙顕寺）の「住持」に対し命じたことが確認できるからである。[2]おそらくは、本能寺へも同じような祈禱の命令がくだされた可能性は高く、そのためにわざわざ「祈願所」と記されたと考えられよう。

もっとも、これも今のところはひとつの可能性にとどまるものだが、ただ、このときに本能寺が買得した敷地が、

立地として一等地であったということは注目に値する。「北小路室町」といえば、かつて足利義満や義政らが御所としてもちいた室町殿（花御所）からすぐ南側にあたり、しかも、敷地の西側を走る室町小路（通）は上京と下京をつなぐ中軸道路として知られていたからである(3)。

したがって、今回の売買にも相当な額の銭が動いたであろうことは推測にかたくないが、残念ながらその具体的な数字まではわからない。ただ、右の史料にみえるように、「御音信」だけでも本能寺から永家へ「千疋」（一〇貫文）が贈られたというからには、売買にあたっても相当な額の銭が渡ったことだけはまちがいないといえよう。

二　本能寺弘通所敷地

それでは、なぜ本能寺はそれほどの財を支払ってまで当該の敷地を買得したのであろうか。それを考えるうえで手がかりとなるのが、つぎの史料（表2―④）である。

本能寺弘通所敷地、北小路与武者小路之間、室町東頬乾角東西廿丈、南北拾五丈事、任買得当知行之旨、領知不可有相違之状、如件、

永正拾五年八月廿一日　（足利義植）（花押）

これは、当該の敷地の「買得当知行」を安堵した将軍義稙の御判御教書であるが、注目されるのは、その敷地が

ここでは「本能寺弘通所敷地」と記されている点であろう。「弘通所」とは、文字どおり教えを「弘」める拠点を意味し、ここから、本能寺が上京に「弘通所」をおこうとしていたことがあきらかとなる。

もっとも、右の史料だけでは、この段階ですでに「弘通所」がおかれていたのか、あるいは、これから設置するために「敷地」の「買得当知行」の安堵をもとめただけなのかについては確定できない。ただ、少なくとも本能寺が、当該の敷地を「弘通所敷地」にしようとしていたことだけはまちがいないといえよう。そして、もし実際に「弘通所」がおかれたのだとすれば、人びとの往来も多かったであろう室町小路、しかもその「角」地に面しているだけに布教の効果も大きかったと考えられる。

ところで、当該の敷地に「弘通所」がおかれたのかどうかという問題とは別に、注目されるのは、そこが天文法華の乱後も延暦寺大衆によって敵方没収地（闕所地）とはみなされなかったと考えられる点である。なぜ、そのように考えられるのかといえば、かなり時期がさがるものの、織田信長の時代、天正三年（一五七五）につぎのような文書（**表2**―⑤）が出されたことが確認できるからである。

（高倉永相）
（花押）

就今度御棄破之儀、去永正十三年十二月十三日之売券状可召返処に、名村隆正被相断之条、彼下地為寄進被参置候上者、向後何様之棄破之儀出来候共、於此下地者、無異儀永代可有御知行候、四至者先年放券状ニ在之条、不能書載候、為此御礼物、金子拾両請取所実正也、仍為後証状如件、

粟津筑後守

天正三年乙亥七月廿二日　貞清（花押）

本能寺
御房中

右にみえる「今度御棄破」とは、『中山家記』[4]同年三月一四日条に「公家・門跡借物、悉令（ママ）破了」と記される、信長によっておこなわれた「徳政」を意味する。その「徳政」に乗じて、高倉家でも「去永正十三年十二月十三日之売券状」を「召返」そうとしたものの、本能寺の檀徒である「名村隆正」[5]の「断」もあり、「下地」を「寄進」として「参置」かれることになったという。

　ここで当該の敷地が「御棄破」の対象となっている以上、この時期にいたるまで本能寺による「買得当知行」が維持されていたことはあきらかといえる。また「去永正十三年十二月十三日之売券状」とは、おそらく同じ年月日の室町幕府政所執事署判奉書（表2―①）とともに高倉家より本能寺へ渡された「売券状」を意味するのであろう。

　残念ながら、それ自体は伝わっていないが、「下地」の「御知行」をみとめる見かえりとして、高倉家では、「御礼物」「金子拾両」をうけとったことが知られる。また、それだけではなく、これより三日後の七月二五日にも右の文書を出したことへの「御礼米拾石」を高倉家はうけとっている（表2―⑥）。高倉家にとっては、「売券状」の「召返」しより大きな利益になった可能性は高いであろう。

　以上のことから、当該の敷地もまた、「本屋敷」などと同様、買得によるものであったために安定した保有とはいえなかったことがあきらかとなる。「本屋敷」のように相論がおこされる可能性はもとより、ひとたび徳政がおこなわれてしまえば、たちまちその権利を失いかねないものだったからである。

　したがって、その保有を安定的にはかるためには、ここでみられたような、檀徒によるはたらきかけや相当額の

「御礼物」「御礼米」などを用意する必要があったにちがいない。それとともに、幕府などに対して奉書や御判御教書を得るたびごとに莫大な財をついやしてきたこともまた、いうまでもなかったであろう。

おわりに

このようにしてみると、中世京都においては、本能寺が寺地や敷地を確保するためにはいかに困難をともなっていたのかがあきらかとなる。それは、ひとり本能寺だけの問題ではなく、ほかの法華宗寺院においても共通するものであったと考えられる。したがって、法華宗寺院の寺地を考えるにあたっては、このような土地保有の不安定という問題は、常につきまとうものとしてみのがしてはならない重要な観点といえよう。

註

（1）新訂増補国史大系。
（2）永正一一年一〇月一〇日付足利義稙御判御教書（『妙顕寺文書』、『大日本史料』第九編之五、永正一一年一〇月一〇日条）。東京大学史料編纂所写真帳も参照した。
（3）河内将芳『シリーズ【実像に迫る】012　戦国京都の大路小路』（戎光祥出版、二〇一七年）ほか。
（4）『大日本史料』第一〇編之二九、天正三年三月一四日条。
（5）天正九年三月二四日付本能寺檀方連署起請文（藤井学・上田純一・波多野郁夫・安国良一編著『本能寺史料　中世篇』思文閣出版、二〇〇六年）。

第三章　中世妙顕寺の寺地と立地について

はじめに

中世の段階で二一カ寺あったとされる京都の法華宗本山寺院のうち、その寺地の変遷にかかわる古文書を複数伝えているところはかならずしも多いとはいえない。現在のところ、活字化されたり、あるいは写真などで公開されている寺院といえば、妙顕寺[1]・本能寺[2]・頂妙寺[3]などがあげられるにすぎないからである。

そのようななか、もっとも多く寺地にかかわる古文書を伝えているのが本能寺であるが、その寺地と立地については本書Ⅱ第二章でみたので、ここでは、本能寺についで数多くの古文書を伝えている妙顕寺についてみていくことにしよう。

このような関心から研究史をひもといてみると、本能寺のときと同じように、影山堯雄氏の研究[4]がその代表であることがわかる。しかしながら、影山氏の場合、『日像門家分散之由来記[5]』や『竜華秘書[6]』など編纂物によるところが少なくない。また、氏の関心が特定の寺院に限定されず、京都の寺院全般におよんでいるところにもその特徴がみられよう。

もとより寺院の歴史をさぐっていくにあたって、編纂物や寺伝などが有用な手がかりであることは承知している。

そのことをふまえたうえで、本章でも妙顕寺に伝わる古文書を中心にすえると同時に、古記録などもあわせみつつ、可能なかぎり同時代史料により中世妙顕寺の寺地と立地について検討を加えてみたいと思う。

一　四条櫛笥と四条大宮

そこでまず、現在公開されている範囲で、妙顕寺に伝わる寺地関係の古文書を一覧にしてみたのが**表1**である。本能寺とくらべたとき、思いのほか残された文書の数が多くないことがみてとれるが、おそらく現在にいたるまでに失われてしまったものも少なくなかったにちがいない。

そのようななか、もっとも古い年紀をもつ文書が、応安元年（一三六八）五月付の妙顕寺雑掌正立申状案（**表1**—①）と（応安六年〈一三七三〉カ）後一〇月二〇日付堀川具言（カ）安堵状（**表1**—②）である。この二通の文書では「二条堀河敷地」が話題となっているが、申状案のほうに「立点札於作畠」とのことばがみえることからもわかるように、当該地は寺地ではなく、「畠」などであった可能性が高いであろう。

したがって、妙顕寺の寺地にかかわる文書としては、嘉慶元年（一三八七）八月一五日（カ）付後小松天皇綸旨（**表1**—③）がもっとも古いものとなる。ところが、その原本の写真をみてみると、つぎのように破損がかなり大きく、年紀や宛所さえ読みとれない状態となっていることがわかる。

> 四条□□、□小路以北、壬□（生カ）□□、□（櫛カ）笥以西敷地事、［　　　］令全管［　　　］天□□□□、仍執達如件、
>
> ［　　　］右中弁（花押）

妙□人御房

右のような状態にいたった事情についてはさだかでないが、天保九年（一八三八）一〇月九日の奥書をもつ『竜華秘書』には本文書が写されており、そこから年紀や宛所が**表1**のようなものだったことが知られる。したがって、少なくとも天保九年の段階では破損がなかったと考えられるものの、それ以上のことはわからない。

ただ、嘉慶元年は「八月廿三日改元、為嘉慶元」[7]という事実が知られているので、一五日という日にちは、おそらく『竜華秘書』の写しまちがいであろう。しかしながら、残された部分からだけでも、「四条□□」「□小路以北」「壬□《生カ》□□」「□《櫛カ》笥以西敷地」という文字がかろうじて読みとれ、ここには、**表1**にみえる「四条以南、綾小路以北、壬生以東、櫛笥以西」という一文が記されていたとみてよいであろう。

当該地は、現在、立本寺に伝わる暦応四年（一三四一）八月九日付光厳上皇院宣[8]に記される「四条櫛笥西頬地一町」に相当する（**図1**参照）。ここで注意しておかなければならないのは、嘉慶元年時点で妙顕寺の住持であった日霽（通源）の事績を伝える、応永三二年（一四二五）一二月一三日の奥書をもつ『門徒古事』[9]には、「四条大宮妙顕寺破却セラル」「其時妙顕寺長老日霽ハ若狭《小浜》ヲバマニ下テ御座」とあり、妙顕寺が「四条大宮」に所在したとされている点であろう。

応永三二年と嘉慶元年とのあいだには、およそ四〇年もの時間的なへだたりがある。したがって、「四条大宮」が誤記である可能性も考えられなくもないが、ただ、日霽の先々代の妙顕寺住持であった大覚が亡くなったことを中原師守の日記『師守記』[10]貞治三年（一三六四）四月三日条が「今暁四条大宮法花《華》堂長老入滅」と伝えていることをふまえるなら、「四条大宮」が誤記であるとはかならずしもいえないであろう。

表１　妙顕寺に伝わる中世妙顕寺の寺地関係文書一覧

	年月日	西暦	文書名	宛所	該当敷地等	備考
①	応安元年五月	一三六八	妙顕寺雑掌正立申状案		二条堀河敷地	
②	（応安六年カ）後一〇月二〇日	一三七三	堀川具言（カ）安堵状	妙顕寺長老	二条堀河敷地	
③	嘉慶元年八月一五日（カ）	一三八七	後小松天皇綸旨	妙顕寺通源上人御房	四条以南、綾小路以北、壬生以東、櫛笥以西	『竜華秘書』により補訂
④	明徳四年七月八日	一三九三	足利義満御判御教書	日霽上人	押小路以南、姉小路以北、堀河以西、猪熊以東、妙本寺敷地	
⑤	（年未詳）八月二〇日		摂津元親書状	妙本寺御房中	当寺敷地八町々、東西洞院、西油小路、南三条坊門、北限二条大路	
⑥	永正一六年五月七日	一五一九	高倉家雑掌粟津頼清寺地知行安堵状	妙顕寺	妙顕寺敷地八町々	袖判あり
⑦	（永正一六年）五月七日	一五一九	高倉家雑掌粟津貞清・頼清連署書状	妙顕寺月行事	当寺敷地	
⑧	永正一八年七月二日	一五二一	小川坊城家雑掌定綱寺地知行安堵状	妙顕寺	妙顕寺敷地巷所、八町々、北二条、南三条坊門、東西洞院、西油小路并中間押小路	袖判あり
⑨	（年未詳）四月二一日		茨木長隆書状（折紙）	妙顕寺役者御坊床下	当寺御境内東西南北并押小路通巷所	
⑩	（年未詳）卯月二四日		茨木長綱書状（折紙）	妙顕寺御役者中	当寺境内八町々巷所	
⑪	天正三年一〇月一八日	一五七五	高倉家雑掌粟津貞清寺地知行安堵状	妙顕寺役者中	二条以南、三条坊門以北、油小路与西洞院間、東西壱町、南北弐町	袖判あり
⑫	天正一二年九月三日	一五八四	民部卿法印玄以書下案（折紙）	妙顕寺役者中	当寺敷地、東西江七拾二間半、南北江百卅三間、但西仁付而者百三十間也、二条妙顕寺替地	
⑬	天正一二年九月三日	一五八四	妙顕寺敷地指図			玄以の裏判あり

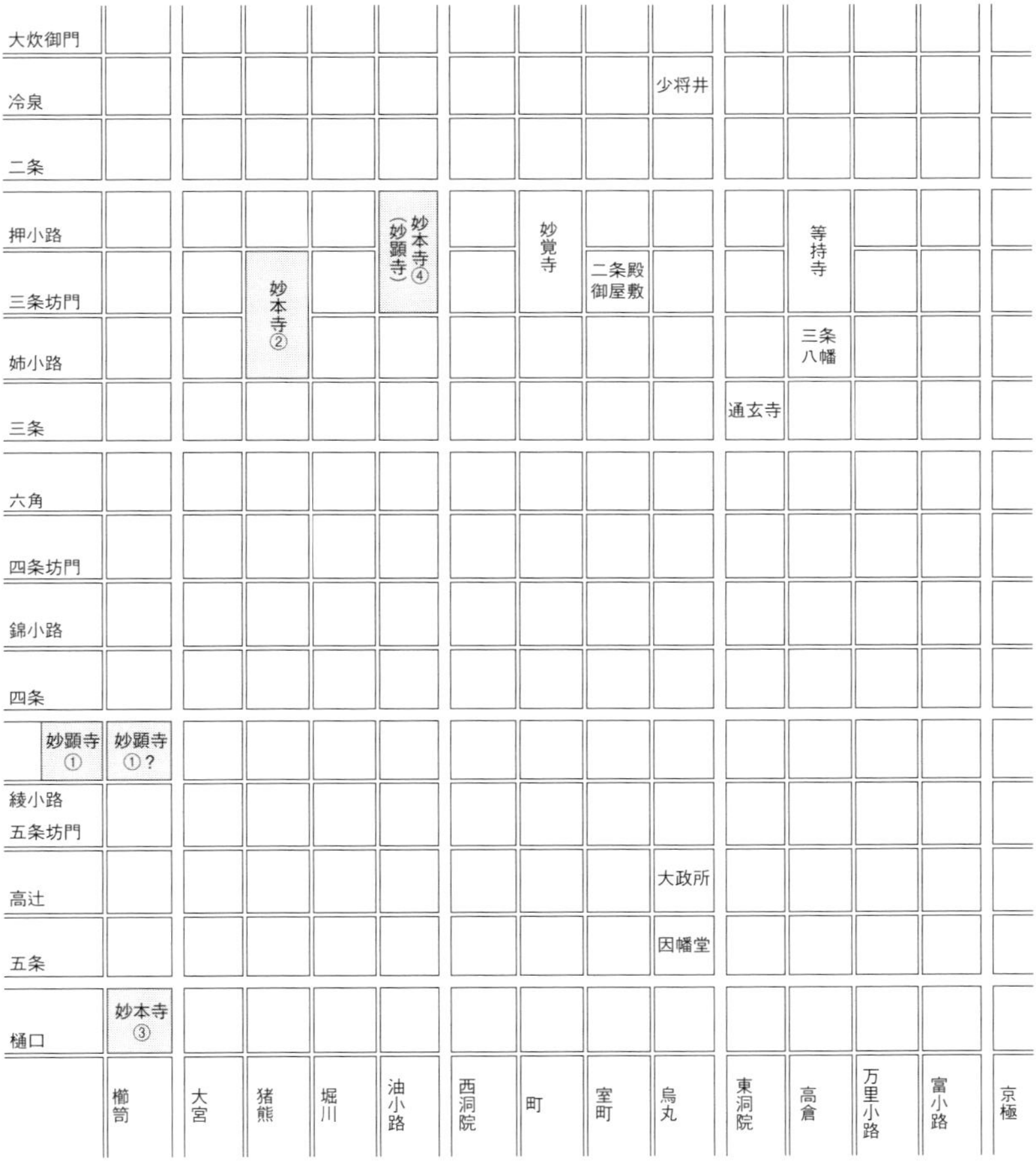

図１　中世妙顕寺の寺地変遷および周辺地図

通常、「四条大宮」といえば、「四条以南、綾小路以北、壬生以東、櫛笥以西」（「四条櫛笥西頬地一町」）より東側を意味する。したがって、もし「四条大宮」の記述があやまりでないとするなら、妙顕寺は、「四条櫛笥西頬地一町」からある時期に「四条大宮」へ移り、そののちふたたび「四条櫛笥西頬地一町」にもどったことになろう。

そのあいだには、正平七年（一三五二）二月に延暦寺大衆より「法花（華）堂可破却由、西塔院事書」が祇園執行のもとに「到来」[11]、それをうけて「於法花（華）宗者、依有退治之沙汰、悉以赴辺境」[12]いたという事実が知られている。もしかすると、この事実と関係しているのかもしれない。

あるいは、『門徒古事』の段階で「四条大宮」と記されていることからすれば、ある時点で妙顕寺の敷地が大宮にも接する規模となり、その結果、「四条櫛笥西頬地一町」と「四条大宮」とが同じ意味合いでつかわれるようになったとも考えられる。

そういえば、妙顕寺を建立した日像のことを日朗は、その書状[13]のなかで「あやのこうちおほみや（綾小路大宮）の御はう（房）」と記している。「あやのこうちおほみや（綾小路大宮）」にもなにがしかの寺地が伝えられており、それとの関連がみられたのかもしれない。

いずれにしても、現段階では確たることはいえないが、文明一四年（一四八二）ころにしたためられたと考えられている『与中山浄光院書』[14]に「四条大宮ニ妙顕寺トテ一堂ヲ建立アリ、京都ニ四条門徒と申習ハシタルハ是也」とみえるように、少なくとも戦国期においては、「四条門徒」（四条門流）の由来が「四条大宮」におかれていたことだけはまちがいないといえよう。

その背景には、室町期から戦国期にかけて、「四条櫛笥」といえば、妙顕寺から分立した立本寺の寺地であるとの認識がひろまっていたことがあったのではないかと思われる。そのような目でみれば、『門徒古事』にみえる

「四条大宮」もまた、同様な背景があったのかもしれない。

二　三条坊門堀川妙本寺

（1）三条坊門堀川妙本寺

さて、**表1**で嘉慶元年八月一五日（カ）付後小松天皇綸旨につづく文書が、つぎに引用する明徳四年（一三九三）七月八日付足利義満御判御教書（**表1**―④）である。

押小路以南、姉小路以北、堀河以西、猪熊以東地事、為妙本寺敷地、可有知行之状如件、

明徳四年七月八日　（花押《足利義満》）

日霽上人

ここからは、「四条以南、綾小路以北、壬生以東、櫛笥以西」にかかわる先の綸旨が出されてからわずか数年という間隔で、以前の二倍の面積にあたる「押小路以南、姉小路以北、堀河以西、猪熊以東」の「知行」が、ときの将軍足利義満によってみとめられたことがあきらかとなる（**図1**参照）。

もっとも、このような事態にいたった事情については、残された文書からではよくわからない。推測するに、日霽が「若狭ヲバマ《小浜》」より帰洛してからのことになるのだろうが、これと関連して注目されるのは、これから五年後にあたる応永五年（一三九八）八月二九日におこったできごとを伝える『迎陽記』[15]同日条の記事の存在である。と

いうのも、そこには、「室町殿（足利義満）渡御妙本寺、管領（畠山基国）、中山禅門（親雅）、結城（満藤）等御共云々、西御所同日出、御媒介云々」とみえ、御判御教書を出した「室町殿」（義満）そのひとがわざわざ「管領」らをともなって「妙本寺」に「渡御」したことが知られるからである。

　とりわけ注目されるのは、今回の「渡御」を「御媒介」したという「西御所」の存在であろう。この「西御所」とは、『吉田家日次記』(16)応永九年（一四〇二）七月八日条に「高橋殿北山殿御愛妾、被号西御所」とみえ、また、『申楽談儀』(17)にも「ロクヲン（鹿苑院）キンノ御ヲモイ人タカハシドノ（高橋殿）ヒガシノトヰン（東洞院）ノケイセイ（傾城）也」と記される義満の「御愛妾」(18)とされる人物だが、そのような人物の「御媒介」によって義満が「妙本寺」へ「渡御」したという以上、「敷地」の「知行」にも何らかのつながりがあったと考えられるからである。

　もっとも、そのつながりが具体的にどのようなものであったのかまでをあきらかにすることはできない。しかしながら、『門徒古事』に「取分三条坊門妙本寺ハ御所ヨリ八町給リ、妙本寺ト寺号マデ給候」とみえる点からも、「御所」（義満）やその周辺と「日霽上人」とのあいだに一定の関係がむすばれていたことだけはまちがいないといえよう。

　ちなみに、右の『門徒古事』の記事によれば、「押小路以南、姉小路以北、堀河以西、猪熊以東」は、「八町」におよぶとされている。これは碁盤の目の区画を構成する四辺（頬）おのおのを一町とかぞえる方法であり、面積としては二町と同じものを意味している。それを「御所」より「給」わり、「妙本寺」という「寺号マデ」「給」わったとすれば、日霽は破格のあつかいをうけていたこととなろう。

　また、「寺号」が妙顕寺から「妙本寺」になったという事実については、戦国期においても「日霽之時妙顕寺を改候て、妙本寺ニ成候」(19)と伝えられていたことが確認できる。従来、この「妙本寺」という寺号は、「四条大宮妙顕寺破却セラル」「其時妙顕寺長老日霽ハ若狭ヲバマ（小浜）ニ下テ御座」とかかわって、「妙顕寺の寺号が叡山徒の妨害によって使用出来なかった[20]」ためと理解されてきた。

しかしながら、このことを裏づける同時代史料はみあたらず、しかも、妙顕寺に伝わる妙顕寺宛の古文書を時代順で一覧にした**表2**をみても、「妙本寺」という寺号はおよそ一三〇年にもわたってつかわれていたことがあきらかとなる。このようなことをふまえるなら、「妙顕寺の寺号」が「使用出来なかった」と理解する必要はかならずしもないように思われる。

表2　妙顕寺に伝わる妙顕寺宛文書一覧（付、寺号の変遷）

西暦	年月日	文書名	宛所		備考（寺号関係記事）		
一三三四	建武元年四月一四日	後醍醐天皇綸旨	日像上人御房	日像	妙顕寺		
一三三六	建武三年六月二六日	足利直義御判御教書	妙顕寺衆徒等中		妙顕寺		
	建武三年八月四日	足利直義御判御教書	妙顕上人		妙顕（寺）		
	建武三年八月二〇日	足利直義御判御教書	法華寺権少僧都御房				法華寺
	建武三年八月二〇日	足利直義禁制	法華寺				法華寺
	建武三年八月二三日	足利直義御判御教書	妙顕寺上人		妙顕寺		
	建武三年九月六日	足利直義御判御教書	妙顕寺上人		妙顕寺		
一三五〇	貞和六年二月二一日	足利義詮御判御教書	妙顕寺別当御房	大覚	妙顕寺		
	観応元年四月一一日	散位某奉書	謹上　妙顕寺長老		妙顕寺		
	観応元年八月二七日	室町幕府巻数返事	謹上　妙顕寺別当御房		妙顕寺		
一三五一	観応二年九月二二日	足利尊氏禁制	妙顕寺		妙顕寺		
一三五二	文和元年極月二四日	室町幕府巻数返事	妙見（ママ）寺大覚上人御返事		妙見（顕）寺		
一三五三	文和二年六月二七日	室町幕府巻数返事	謹上　妙顕寺別当御房		妙顕寺		
一三五五	文和四年八月二九日	足利尊氏御判御教書	妙顕寺院主僧都御房		妙顕寺		

一三五七	延文二年正月二二日	足利尊氏御判御教書	妙顕寺大僧都御房	大覚	妙顕寺		
	延文二年七月一九日	室町幕府巻数返事	妙顕寺僧正御房		妙顕寺		
	（延文二年）八月二五日	後光厳天皇綸旨（伝奏洞院実夏奉書）	妙顕寺僧正御房		妙顕寺		
一三五八	延文三年三月二五日	室町幕府巻数返事	妙顕寺僧正御房		妙顕寺		
	延文三年卯月二七日	室町幕府巻数返事	妙顕寺僧正御房		妙顕寺		
	（延文三年）七月一九日	後光厳天皇綸旨（伝奏洞院実夏奉書）	妙顕寺僧正御房		妙顕寺		
一三六六	貞治五年二月晦日	足利義詮御判御教書	妙顕寺朗源上人御坊	朗源	妙顕寺		
	（年未詳）三月二六日	足利義詮御判御教書	中納言僧都御房				
一三七三	（応安六年カ）後一〇月二〇日	堀川具言（カ）安堵状	妙顕寺長老		妙顕寺		
一三八五	至徳二年一〇月一一日	室町幕府御教書	妙顕寺	日霽	妙顕寺		
一三八七	嘉慶元年八月一五日（カ）	後小松天皇綸旨	妙顕寺通源上人御房		妙顕寺		
一三九三	明徳四年七月八日	足利義満御判御教書	日霽上人			妙本寺	
	明徳四年一一月一五日	権大納言中院通氏寄進状	進上　妙本寺禅室			妙本寺	
一三九九	応永六年一二月七日	後小松天皇綸旨	妙本寺長老日霽上人御房			妙本寺	
一四一〇	（応永一七年）一二月二八日	後小松天皇綸旨	欠	月明			法華堂
一四一一	応永一八年七月二八日	足利義持御判御教書	住持			妙本寺	
一四一三	（応永二〇年三月一六日）	後小松上皇宸翰消息	欠			妙本寺	
	応永二〇年五月三日	後小松上皇宸翰消息	欠			妙本寺	
一四三七	永享九年二月二五日	足利義教御判御教書	妙本寺住持			妙本寺	
一五一四	永正一一年一〇月一〇日	足利義稙御判御教書	妙本寺住持	日芳		妙本寺	
一五一九	永正一六年五月七日	藤宰相家雑掌粟津頼清奉書	妙顕寺		妙顕寺		
	（永正一六年）五月七日	藤宰相家雑掌粟津氏連署奉書	妙顕寺月行事		妙顕寺		
一五二一	永正一八年七月二日	坊城家雑掌定綱妙顕寺敷地巷所安堵状	妙顕寺		妙顕寺		
一五二五	（大永五年）八月二八日	細川高国書状	謹上　妙顕寺		妙顕寺		
一五四七	天文一六年四月一日	篠原長政禁制	西京法花寺	日広			法花寺
一五四九	天文一八年卯月日	細川氏奉行人禁制	京法華院				法華院
一五五〇	天文一九年七月日	三好政勝禁制					法花寺
	天文一九年七月日	香西元成禁制	法花寺				法花寺
一五五一	天文二〇年一二月二九日	室町幕府奉行人連署奉書	当寺雑掌				西京法華寺
一五六五	永禄八年七月二日	三好氏奉行人連署奉書	妙顕寺		妙顕寺		

一五六六	永禄九年七月三日	室町幕府奉行人連署禁制	妙顕寺	日教	妙顕寺		
一五六六	永禄九年八月日	篠原長房禁制	山城国妙顕寺		妙顕寺		
一五六八	永禄一一年九月日	織田信長朱印状	妙顕寺		妙顕寺		
一五六九	永禄一二年卯月二〇日	織田信長朱印状	妙顕寺		妙顕寺		
一五七五	天正三年一〇月一八日	藤宰相家雑掌粟津貞清奉書	妙顕寺役者中		妙顕寺		
一五八四	天正一二年九月三日	民部卿法印玄以書下	妙顕寺役者中	日堯	妙顕寺		
	天正一二年九月日	民部卿法印玄以禁制案	妙顕寺		妙顕寺		
一五九五	（文禄四年）九月二四日	民部卿法印玄以折紙	法花宗惣中				

（2）三条坊門堀川と四条櫛笥

ところで、義満が「妙本寺」に渡御してから十数年たった応永二〇年（一四一三）六月二五日におこったできごとを、醍醐寺三宝院満済の日記『満済准后日記』[21]同日条はつぎのように伝えている。

法華堂坊主被補僧正云々、山門致嗷訴、放遣犬神人以下宮仕等、令破却法華堂畢、

ここからは、「法華堂坊主」こと、ときの妙本寺住持であった月明（具覚）が「僧正」に任じられたことに対して「山門」（延暦寺大衆）が「嗷訴」におよび、その結果、「犬神人以下宮仕」らが派遣され、「法華堂」が破却されたことが読みとれる。

月明は、応永一七年（一四一〇）五月に「法眼」[22]に叙せられたのち、応永二〇年五月ころには「妙本寺僧都」とよばれ、「極官」を「所望」[23]し、同年五月八日には「権僧正」[24]に任じられたことが知られている。そのことが延暦

寺大衆を刺激し、妙本寺は破却されてしまったわけだが、このできごとは有名だったらしく、山科教興もその日記『教興卿記』[25]六月二五日条につぎのように記している。

三条坊門堀河法花《(華)》堂長老、去比任僧正、雖然先規無其例トテ、山門ヨリ公方へ伺申、□□□長老坊ナト、如犬神人皆以令発《(向脱カ)》、破却畢、長老其外法華堂者共皆々逐電云々、

これをみてみると、「三条坊門堀河法花《(華)》堂長老」が「僧正」に任じられたことを「先規無其例」として「山門」（延暦寺大衆）が「公方」（足利義持）へ訴え、その結果、「犬神人」によって「法華堂」が破却されるとともに、「長老其外法華堂者共皆々逐電」したことが読みとれる。

記事の内容は、『満済准后日記』とほぼ同じであるが、それでも二点ほど異なる情報が教興の耳には入っていたことがわかる。そのひとつが、「長老」（月明）や「法華堂者共」が「逐電」してしまったという点である。先に少しふれた正平七年（一三五二）のときもそうだったが、さすがに延暦寺大衆も僧侶たちの命までもうばおうとは考えていなかったのであろう。

ちなみに、編纂物ながら『立本寺旧記』[26]によれば、「其ノ折、月明ハ、丹波ノ知見ノ谷へ隠居シ玉フ也、寺僧モ方々へ散在スル也」とあり、月明は丹波の知見谷へ、また僧侶たちも方々へ散らばっていったと伝えられている。とにかく京中（洛中）から月明らを退散させることが、延暦寺大衆の目的であったと考えられよう。

そして、もうひとつ異なるのが、破却された妙本寺のことを「三条坊門堀河法花《(華)》堂」と記している点である。これは、この時期の妙本寺が三条坊門小路と堀川小路が交差するあたり、つまり「押小路以南、姉小路以北、堀河以

西、猪熊以東」にあったことを示している。妙本寺が、応永二〇年ころにも日霽のときと同じ場所にあったことが知られよう。

　ところが、ここでみのがしてはならない事実がある。(27) というのも、『満済准后日記』の応永二一年（一四一四）七月八日条の記事、つまりは先の事件から一年後あたりにつぎのような一節が記されているからである。

　四条法華堂、依山門訴訟、法華堂任僧正事、訴訟口宣被召返了、衆徒等任申請御沙汰云、仍本堂、法勝寺五大堂ニ御寄進、長老坊、犬神人給之、自余幷地等ハ被寄十禅師云々、

　これによれば、先の事件からおよそ一年たった七月八日に「四条法華堂」の「本堂」が「法勝寺五大堂ニ御寄進」され、また、「長老坊」は「犬神人」にあたえられたうえ、「自余」の建物や「地等」（敷地）は「十禅師」社へ寄附されてしまったという。

　一見すると、これらは前年の事件の一部と読み過ごしてしまいそうになる。しかしながら、ここで注意しなければならないのは、このとき破却されたのが「四条法華堂」と記されている点であろう。というのも、先の『教興卿記』の記事からもあきらかなように、応永二〇年に破却されたのが「三条坊門堀河法花（華）堂」と明記されている以上、「三条坊門堀河法花（華）堂」とは別の「四条法華堂」とよばれた法華宗寺院がこのときに破却されたと考えざるをえないからである。

　このうち、「三条坊門堀河法花（華）堂」が妙本寺であることは動かない。とすれば、問題は「四条法華堂」のほうだが、常識で考えれば、これは日霽の時代に破却された「四条大宮妙顕寺」を意味しよう。つまり、ここから日霽が

三条坊門堀川に妙本寺を再建して以降も、旧地には「本堂」や「長老坊」をもつ法華宗寺院が存在していたことがあきらかとなろう。

この「四条法華堂」が当時、何とよばれていたかについてはさだかではない。ただ、このふたつの寺院の存在が月明の帰洛にかかわってふたたび問題となっていくことには注意が必要であろう。そのあたりの事情については、『日像門家分散之由来記』[28]にくわしく記されているが、これ自体は戦国期に書かれた編纂物であり、同時代史料とはいいがたい。しかしながら、その内容は興味深く、傾聴に値すると考えられるので、ここではしばしそれに耳をかたむけてみることにしよう。

(3) 四条櫛笥立本寺

『日像門家分散之由来記』「立本寺退出之事」によれば、月明が「知見ニ御隠居」のあいだ、「京都ハ咸ク皆」「妙光坊」が「諸事ヲ被弁セ」ていたという。この「妙光坊ト云人ハ霽公・具覚二代ノ納所」、つまり「霽公」(日霽)と「具覚」(月明)の二代にわたって「納所」として妙本寺への「万事ノ進物」をになっていたとされるが、その「妙光坊」が留守をまもる京都では、「妙本寺再興」の動きが檀徒たちのなかからおこることになる。

具体的には、その再興費用として、「千九百貫文ノ料足」が檀徒たちによって用意されたからである。そのうちの「料足千貫文」をひとりで「奉加」したのが「柳ノ酒屋」だったが、「知見ヨリ其料足デ寺ヲ可立ト被仰」れたため、「妙光坊」は「寺ヲ被取立」、月明の帰洛を待ったという。

ところが、その月明がなかなか帰洛しようとはしない。そのため、「妙光坊」としては、「何共人ヲ貫首ト可仕ルソト」たずねたところ、月明は「御舎弟ノ迹本院上洛サセ」、「此人ヲ如我思へ」とこたえたという。この「御成敗」については、「妙光坊同心ノ衆九十二人」が同意、そして「貫首」として「迹本院」がむかえられたのが「四条クシゲ《櫛笥》ノ寺」であった。

つまり、ここから、妙光坊の再建した寺院が、三条坊門堀川ではなく、「四条法華堂」のあった四条櫛笥に建てられたことがわかる。しかしながら、先にみたように、応永二一年の破却のさい、その「地等」は十禅師社に寄進され、手をはなれていたはずである。にもかかわらず、その敷地へ「妙光坊」が寺院を再建できたのは、檀徒のひとり「小袖屋ノ経意ト云者」が「三百貫奉加」以外に「敷地ヲモ此人買テ進」上したためであった。

このことから延暦寺大衆による「破却」という行為が、堂舎の破壊だけではなく、その敷地の没収をも意味していたことがあきらかになる。と同時に、「妙光坊」や檀徒たちがその敷地を買いもどし、そこへ寺院を再建したということからも、妙顕寺（妙本寺）があるべき場所とは、やはり「四条櫛笥」であるとの意識がはたらいていたことも知られよう。

ところが、ここで問題がおこることになる。「妙光坊」たちとたもとを分かった「円融坊舜叡ト云人」が、「同心ノ卅六人引ノキテ、五条大宮ニ寺ヲ立テ、号本仏寺」すという挙に出たからである。当然、「妙光坊」のほうは、「迹本院」という「上人御代官御上洛ノ上ハ、一処ニセラレヨト」はたらきかけたものの、「本仏寺」側は同意しようとはしない。このようすを耳にした月明も、「此儘年月ヲウツサハ不可然トテ」、「忍テ御出京有」ったところ、ここでまた予想外のできごとがおこることになる。

というのも、帰洛して「清水ノ坂《サカ》ニ御宿ヲメセレテ」いた月明のもとに「本仏寺衆三十六人一番ニ参」上したのに対して、「妙光坊」らが「一向無音」だったことを「曲事ト思召」した月明が、「本仏寺へ入御」し、「本仏寺ヲ改メ妙本寺ト被成」てしまったからである。

こうなっては、「妙光坊」らも引き下がることができなくなり、あろうことか「山門ヲ憑テ」、「妙本寺へ使節ヲ入」れたという。これによって、「四条クシゲ《櫛笥》ノ寺」は「山門ノ末寺」となったわけだが、このように宗派をこえて本寺・末寺の関係をむすぶこと自体はけっしてめずらしいことではない。実際、末寺銭をおさめることで、本末関係はむすぶことができたからだが、しかしながら、さすがに法華宗と延暦寺大衆との関係を考えたとき、このような動きは異例なものに映ったことであろう。

この本末関係がその後どのようになったのかについてはさだかではない。ただ、「妙光坊」らは、「談合シテ」「ウラ《裏》辻殿ノスヘノ一族ヲ一人所望シテ、此人ヲ出家サセテ日実ト云名」をつけたうえ、すでに故人であった「日霽上人ノ御弟子ト号シテ為住持」したという。

「是立本寺開山也」と『日像門家分散之由来記』「立本寺退出之事」はむすんでいるが、ここからは四条門流から立本寺が分流したようすが読みとれるとともに、その四条門流の由緒地とでもいうべき地に立本寺が建立されたことも知られよう。

以上みてきたように、『日像門家分散之由来記』には、きわめて興味深い内容が記されていることがわかる。ただし、おのおののできごとがいつおこったのか、その年紀が記されていないため史料としてのとりあつかいにはとまどうところが少なくない。

しかしそれでも、妙本寺が、ある時期以降、「五条大宮」の地にあったことは、日親が文明二年（一四七〇）ころにあらわした『伝灯鈔』[29]のなかで「五条大宮ノ妙本寺」と記している以上、動かない（図1参照）。同様に、立本寺が「四条櫛笥」にあったことは、明応八年（一四九九）七月一九日付足利義尹奉行人連署禁制[30]に「四条櫛笥立本寺」とみえることから、これまたまちがいないところといえよう。

いずれにしても、こうして妙顕寺（妙本寺）は、「四条櫛笥」・「四条大宮」から「三条坊門堀川」、そして「五条大宮」へと転々と寺地を移していったことがあきらかとなるわけだが、このあとさらに戦国期にかけて変化をみせていくことになる。それでは、その変化とはどのようなものだったのか、節をあらためてみていくことにしよう。

三　二条西洞院妙顕寺

先にみた**表2**を再度ながめてみると、妙本寺という寺号は、応仁・文明の乱をへたのち、永正一一年（一五一四）までつかわれていたことがわかる。ところが、それからわずか五年後の永正一六年（一五一九）には、およそ一三〇年ぶりに妙顕寺の寺号がつかわれるようになったこともあきらかとなる。このことは、『立本寺旧記』にみえる「日芳マテ百卅年ノ間、妙本寺ト名更玉フ也」との説明とも合致するが、その永正一六年の文書（**表1**―⑥）とは、具体的にはつぎのようなものとなる。

（高倉永家）（花押）
妙顕寺敷地八町々之事、祖父永継（高倉）卿任沽却之旨、知行不可有相違候也、仍状如件、
永正十六年五月七日　頼清（粟津）奉
妙顕寺

これは、高倉永家が袖判をすえ、同家雑掌の粟津頼清が奉者として妙顕寺に宛てて出した文書である。ここから

は、この時期の妙顕寺の敷地が「八町々」あり、また、それは永家の「祖父永継卿（高倉）」が「沽却」したものであったことがあきらかとなる。

「八町々」というところだけをみていると、「押小路以南、姉小路以北、堀河以西、猪熊以東」と同じ場所のようにも思える。しかしながら、年紀としては右より古いと考えられる摂津元親書状[31]（表1—⑤）に「当寺敷地八町々東西洞院、西油小路、南三条坊門、北限二条大路」とみえることから、まったく別の「敷地」だったことがあきらかとなろう（図1参照）。

『竜華秘書』武将部第五には、同敷地の沽却を安堵した文明一五年（一四八三）一二月二七日付の文書が写されているが、原本は伝わらず、沽却がいつおこなわれたのかという点についてはさだかではない。ただ、少なくとも永継が亡くなる永正七年（一五一〇）一〇月以前[32]であることだけはまちがいないといえよう。

先にもふれたように、文明二年（一四七〇）ころに日親があらわした『伝灯鈔』のなかでは、「五条大宮ノ妙本寺」とみえ、このことから推せば、右の「敷地」はその「五条大宮」からの移転先となろう。そして、それと揆を一にするかのようにして寺号が妙顕寺にあらためられていることを考えあわせるなら、当該地への移転もまた、永正一六年からさほどさかのぼるものではなかった可能性は高いであろう。

ちなみに、中御門宣胤の日記『宣胤卿記』[33]永正八年（一五一一）九月五日条には、「二条西洞院妙法寺、住持鷹司前関白政平公息」とみえる。これと近衛政家の日記『後法興院記』[34]明応七年（一四九八）二月二八日条にみえる「鷹司前関白息七歳今日被入室妙本寺」という記事がつながり、「妙法寺」が妙本寺の書きあやまりであったとするなら、おそくとも永正八年には妙本寺は「二条西洞院」へ移転していたことになろう。

この「二条西洞院」の妙顕寺こそ、『上杉本洛中洛外図屏風』（米沢市上杉博物館所蔵）に描かれる「めうけんし（妙顕寺）」にほかならないが、天文五年（一五三六）七月におこった天文法華の乱後の京都を描いたとされる本屏風でも同じ場所に描かれていることから、戦国期がおわるまで、妙顕寺は「二条西洞院」の地にひとまず落ち着くことになったと考えられる。

ただし、今回の「敷地」は、これまでとは異なり買得地であったため本能寺でみられたのと同じように、その「知行」はかならずしも安定したものではなかったと考えられる。たとえば、それは、つぎのような文書（表1―⑪）からも知ることができる。

（花押）

二条以南、三条坊門以北、油少（小）路与西洞院間東西壱町南北弐町地事、依為藤宰相（高倉永相）家旧領、今度被奇（棄）破上者、可給置之処ニ当寺御敷地之条、任御理之旨、令用捨候、然上者、永不可有違乱候、仍状如件、

藤宰相家雑掌粟津筑後守

貞清

天正参年十月十八日

妙顕寺

役者中

これは、『中山家記』[35]天正三年（一五七五）三月一四日条に「公家・門跡借物、悉令（ママ）破了」と記される、織田信長によっておこなわれた「徳政」にかかわって、高倉家が当該「敷地」を「旧領」として「給置」くべきところ、妙顕寺側の「御理」により「用捨」する旨を伝えた文書である。

先の本書Ⅱ第二章補論でもふれたように、本能寺でも高倉家より買得した弘通所「敷地」にかかわって、同じく

粟津貞清より文書をうけとったことが知られる。[36] 本能寺の場合、このような「用捨」の文書を得るために「金子拾両」[37]や「米拾石」[38]を「御礼物」「御礼」として高倉家へ贈ったことが確認できるが、おそらく妙顕寺でも事情は同じであったにちがいなく、「二条西洞院」の八町々におよぶ「敷地」もまた、ひとたび「徳政」がおこなわれてしまえば、その権利をすべて失うか、あるいは、「徳政」を「用捨」してもらうために「御礼物」や「御礼」を用意せざるをえない不安定な状況と隣りあわせであったことがあきらかとなろう。

なお、『上杉本洛中洛外図屛風』に描かれた「めうけんし《（妙顕寺）》」をながめてみると、東側の西洞院大路（通）に門をひらき、南側の三条坊門小路（通）に築かれた築地塀の外側には水をたたえた堀のすがたがみてとれる。当時、西洞院大路には川がながれていたので、その水を引き入れていたのかもしれない。

また、敷地の中央南側には瓦葺の大きな本堂、その北西一帯には柿葺の子院とおぼしき建物、さらには、南東角に鎮守社（番神堂カ）なども描かれている。ここからは、戦国期京都にあって、妙顕寺が下京の北側一角をしめる大寺院として位置づけられていたこともうかがうことができよう。

おわりに

戦国期、ひとまず落ち着きをみせていた妙顕寺の寺地に大きな変化がおとずれるのは、天正一一年（一五八三）に入ってからのことになる。吉田兼見の日記『兼見卿記』[39]同年九月一一日条に「妙見《（顕）》寺筑州《（羽柴秀吉）》屋敷ニ成、寺中悉壊取云々、近日普請在之云々」とみえ、「筑州《（羽柴秀吉）》」が「妙見《（顕）》寺」をみずからの「屋敷」にするため「寺中悉壊取」ったうえで、「普請」をはじめることになったと伝えられているからである。

実際、『兼見卿記』同年一〇月五日条には、「普請場妙見《（顕）》寺」とみえ、また、一一月九日条にも、秀吉が「今度玄以致普請妙見《（顕）》寺宿所」におり、そこへ兼見ら公家たちが「礼」にむかったことが読みとれる。普請がすすめられていたようすがうかがわれるが、ただし、兼見らは「本堂ニ相待」、そののち「城中へ各罷向」って、秀吉と対面したとも記されているので、この段階では妙顕寺と「屋敷」とは同居するようなかたちであったのかもしれない。この点、本書Ⅱ第二章でみたような信長の「本能寺御屋敷」と同じ状況であったとみてよいだろう。

ところが、年があらたまって天正一二年（一五八四）になると、状況は大きく変わる。『兼見卿記』同年四月一四日条に「筑州屋敷妙見《（顕）》寺大普請、外城之堀、下京衆堀《（掘）》之」とあるように、「大普請」がはじめられ、「外城之堀」を「下京衆」に掘らせるなど、本格的に城郭への道をあゆみはじめたことが知られるからである。

もっとも、『兼見卿記』同年八月一一日条に「沙見《（妙顕）》寺屋敷也」、翌一二日条にも「宿所妙見《（顕）》寺」とみえることからすれば、この段階でも妙顕寺と「屋敷」とは同居していたと考えられる。しかしながら、この翌月に玄以（いわゆる前田玄以）の名で妙顕寺に宛てて、つぎのような文書（表1―⑫）が出されたことによって事態は一変したことがあきらかとなろう。

当寺敷地事、東西江七拾二間半、南北江百卅三間但西仁付而者百三十間也、右二条妙顕寺為替地相渡上、地子幷諸役以下
一切不可有之状如件、
天正十二
九月三日　玄以
妙顕寺

役者中

これは、二条西洞院の「替地」として「東西江七拾二間半、南北江百卅三間」の敷地が妙顕寺に対して「相渡」される旨を伝えた文書案である。つまり、これによって秀吉の「屋敷」との同居が解消され、妙顕寺は別天地への移転を余儀なくされたことがあきらかとなる。そして、その別天地こそ、現在、妙顕寺が所在するところにほかならないわけだが、もっとも、なぜここに妙顕寺が移転させられることになったのかという点については、同時代史料によってあきらかにすることはできない。

ただ、当該地は、『上杉本洛中洛外図屏風』のなかで「典厩」と墨書された細川右馬頭家の屋敷があったところにあたる。おそらくは、室町幕府がすでに過去のものとなってしまったことにともない、空間地になっていたのであろう。右の文書案に「地子幷諸役以下」が「一切不可有」とされている点もそれにかかわると思われる。

また、右の文書案には、指図（**表1**―⑬）もそなわっており、それによれば、当該地の西北には「禅昌院」、そしてその四周には「道」「畠」「町」があったことも知られる。東西「七拾二間半」と南北「百卅三間」という広さは、およそ二町（八町々）分にあたり、そのことも当該地が妙顕寺の移転先にえらばれた理由だったのであろう[40]。

なお、妙顕寺が移転したあとの「二条西洞院」のようすもみておくと、『兼見卿記』天正一二年（一五八四）一一月二二日条には、「主殿之外之座敷」や「本殿」といった記事がみえ、「主殿」や「本殿」などが建てられていたことがわかる。また、『兼見卿記』天正一三年（一五八五）三月一〇日条には、「二条之屋敷」とみえ、山科言経の日記『言経卿記』[41]天正一二年一〇月二日条にも「羽柴筑前守（秀吉）坂本ヨリ二条城へ上洛了」と記されていることからすれば、妙顕寺の移転が決まって以降、「二条西洞院」の屋敷は「二条之屋敷」や「二条城」とよばれるようになっていたことも知られよう。

その「二条之屋敷」「二条城」のようすを宇野主水の日記『宇野主水日記』（『貝塚御座所日記』[42]）天正一三年七月六日条は、つぎのように記している。

京都ニハ玄以宿所号民部卿法印、三（二カ）条也元妙顕寺ト云寺也、ソレニ要害ヲカマヘ、堀ヲホリ、天主ヲアゲテアリ、秀吉御在京之時ハ、ソレニ御座候也、常ハ玄以ノ宿所也、

これによれば、「二条之屋敷」「二条城」は「要害」や「堀」ばかりか、「天主」もそなえた文字どおりの城郭だったことがあきらかとなる。もっとも、「常ハ玄以ノ宿所」であり、秀吉が「御在京之時」、ここをつかうようになっていたことも知られるが、実際に秀吉がここをつかったのは、それほど長い期間とはならなかった。『言経卿記』天正一五年（一五八七）九月一三日条に「聚楽へ殿下（豊臣秀吉）御衆御移徙」とみえるように、秀吉は「聚楽」を京都の宿所とさだめたからである。

その後、「二条之屋敷」「二条城」がどのようになったのかについてはさだかではないが、上京立売組の帳簿として知られる『十四町与惣帳[43]』の天正一五年一一月晦日のところに「二条妙顕寺の堀を埋申候其手間賃」との記事がみえることからすれば、「二条民部卿法印屋敷[44]」としては機能しながらも、城郭としてのすがたはしだいに失われていったのであろう。

寛永期に作成されたと考えられる『洛中絵図』（京都大学附属図書館所蔵）をみてみると、二条西洞院にあったかつての妙顕寺敷地の真ん中には南北の街路が通され、そこには「古城町」「古城下ノ町」の町名が記されている。

もはや、そこに妙顕寺があったことすら忘れ去られ、「二条之屋敷」「二条城」の故地としてのみ記憶されていたことがあきらかとなろう。

註

（1）妙顕寺文書編纂会編『妙顕寺文書』一（大塚巧藝社、一九九一年）、同二（便利堂、二〇一三年）、東京大学史料編纂所写真帳『妙顕寺文書』。
（2）藤井学・上田純一・波多野郁夫・安国良一編著『本能寺史料　中世篇』（思文閣出版、二〇〇六年）。
（3）頂妙寺文書編纂会編『頂妙寺文書・京都十六本山会合用書類』一（大塚巧藝社、一九八六年）。
（4）影山堯雄「京都に於ける日蓮教団寺院――寺院の移動位置を中心として――」（『大崎学報』一一二号、一九六〇年）。
（5）立正大学日蓮教学研究所編『日蓮宗宗学全書　第一八巻　史伝旧記部（一）』（山喜房佛書林、一九五九年）。東京大学史料編纂所写本も参照した。
（6）立正大学日蓮教学研究所編『日蓮宗宗学全書　第一九巻　史伝旧記部（二）』（山喜房佛書林、一九六〇年）。
（7）『公卿補任』（新訂増補国史大系）。
（8）立本寺文書編纂会編『立本寺文書』（大塚巧藝社、二〇〇一年）。
（9）『日蓮宗宗学全書　顕本法華宗部　第一　旧称妙満寺派』（日蓮宗宗学全書刊行会、一九二一年）。
（10）史料纂集。
（11）『社家記録』（八坂神社社務所編『八坂神社記録』上、八坂神社社務所、一九二三年）正平七年二月二一日条。
（12）『社家記録』正平七年閏二月二日条。
（13）（年月日未詳）日朗書状（『妙顕寺文書』一）。
（14）註（5）参照。
（15）史料纂集。

（16）京都大学大学院文学研究科図書館写本。
（17）表章校註、世阿弥『申楽談儀』（岩波文庫、一九六〇年）。
（18）松岡心平「室町将軍と傾城高橋殿」（松岡心平編『看聞日記と中世文化』森話社、二〇〇九年）。
（19）（文亀三年）卯月三日付日尭書状（『後慈眼院殿雑筆』七、『図書寮叢刊　九条家歴世記録　三』）。
（20）立正大学日蓮教学研究所編『日蓮教団全史　上』（平楽寺書店、一九六四年）。
（21）続群書類従完成会刊本。
（22）応永一七年一二月一八日付後小松天皇口宣案（『妙顕寺文書』二）。
（23）応永二〇年五月付後小松天皇宸翰消息（『妙顕寺文書』一）。
（24）『大乗院寺社雑事記』（増補続史料大成）文明三年正月二三日条。
（25）史料纂集。
（26）『大日本史料』第七編之七、応永二〇年六月二五日条。
（27）藤井学「応永の法難と法華宗の「かくれ里」知見谷の歴史」（『桂川流域学術調査報告』京都府立大学女子短期大学部、一九八八年、のちに同『法華文化の展開』法藏館、二〇〇二年）。
（28）ここでは東京大学史料編纂所写本も参照した。
（29）註（5）参照。
（30）『立本寺文書』。
（31）摂津元親については、木下昌規「室町幕府地方の機能的変遷をめぐって」（同『戦国期足利将軍家の権力構造』岩田書院、二〇一四年）参照。
（32）『大日本史料』第九編之一一、永正七年一〇月一一日条。
（33）増補史料大成。
（34）増補続史料大成。
（35）『大日本史料』第一〇編之二九、天正三年三月一四日条。
（36）天正三年七月二一日付高倉家雑掌粟津貞清寺地知行安堵状（『本能寺史料　中世篇』）。

（37）註（36）参照。
（38）天正三年七月二五日付高倉家雑掌粟津貞清書状（折紙）（『本能寺史料　中世篇』）。
（39）史料纂集。
（40）『洛中絵図』（京都大学附属図書館所蔵）にみえる「妙顕寺」においても、南北が「百卅間」、東西が「七拾弐間」であることが確認できる。
（41）大日本古記録。
（42）『石山本願寺日記』下巻。
（43）『上京文書』（京都国立博物館寄託）。
（44）『時慶記』天正一五年一一月九日条（時慶記研究会編、臨川書店、二〇〇一年）。なお、玄以は、『言経卿記』天正一一年八月一九日条によれば、「本能寺」周辺の「村井春長軒旧宅」にいたこともあり、また、『時慶記』天正一五年二月一七日条に「聚楽法印ノ亭」とあるように、「聚楽」にも「亭」をもっていたことも知られる。

補論　荒木村重女房衆と妙顕寺の「ひろ籠」

天正六年（一五七八）一〇月、摂津の荒木村重が突然、織田信長に反旗をひるがえした。そのあたりの事情については、編纂物ながら、信長の伝記のうちでも比較的信頼できるものとされている『信長公記』（『信長記』[1]）巻一一の一〇月二一日条につぎのように記されている。

荒木摂津守《村重》企逆心之由、方々より言上候、

これによれば、村重の「逆心」は、信長にとっても寝耳に水といったできごとであったことがうかがえる。村重にかぎらず、どのような場合でも、「逆心」をいだくにいたった理由をあきらかにすることは容易ではない。ただ、これからおよそ一年にわたり、村重はその居城有岡城（伊丹城）に立て籠もりつづけたということから考えれば、その「逆心」は相当に強固なものであったのだろう。

ところが、天正七年（一五七九）の「九月二日之夜、荒木摂津守、五、六人召列、伊丹ヲ忍出、尼崎へ移候」と『信長公記』巻一二が伝えているように、村重はごくわずかな人びとと極秘に有岡城を抜けだし、尼崎へと移ってしまう。

その理由もさだかではないが、城内に残された人びとに悲劇がおとずれるであろうことだけは火をみるよりあき

らかであった。たとえば、残された人びとのうち、村重の「女共」（女房衆）の運命がつぎのようなものであったことが知られるからである。

荒木一類の者ともをは、都にて可被仰付之由候て、十二月十二日、晩景より夜もすから京へ被召上、妙顕寺ニひろ籠を拵、卅余人の女共とり籠被置、

これもまた、『信長公記』巻一二にみえる記事だが、村重の「女共」（女房衆）「卅余人」は、わざわざ京都まで「召上」げられたすえ、「妙顕寺」に「拵」えられた「ひろ籠」に「とり籠」められてしまったという。「ひろ籠」というからには、かなり広い籠屋だったのだろう。

以上から、妙顕寺には籠屋があったことがわかるが、この「ひろ籠」については、吉田兼見の日記『兼見卿記』[2]同年一二月一二日条にみえる「妙顕寺普請」が関係する。また、同日条には、「摂州荒木女共、其外七百余人生捕上洛云々、彼女共置此寺之間、普請云々」とみえ、「ひろ籠」がもとから妙顕寺にあったわけではなく、いそぎ「普請」されたものだったこともあきらかとなろう。

それにしてもなぜ、妙顕寺に「ひろ籠」が「普請」されることになったのであろうか。残念ながら、そのこたえを示す史料は残されていない。ただ、この点については、この時期の信長と京都、そして法華宗との関係をみていくと多少なりともあきらかとなってくる。

というのも、本書Ⅱ第二章でみたように、同じ天正七年一〇月に信長は、京都での宿所とさだめた二条殿御屋敷を誠仁親王に進上し、みずからはその西隣にあった妙覚寺を宿所としたことが知られるからである。妙覚寺は、二

条殿御屋敷に入るまで、信長が京都の定宿としていたところであったが、じつは妙顕寺はその妙覚寺の西隣に所在した。

たとえば、本書Ⅱ第三章の**図1**をみてもあきらかなように、二条殿御屋敷、妙覚寺、妙顕寺は、三条坊門小路（通）に沿って東から順に一直線にならんでいたことがわかる。つまり、妙顕寺は、天正七年当時、信長の宿所であった妙覚寺の西隣にあったために「ひろ籠」が「普請」されるにいたったと考えられるのである。

ところで、天正七年という年は、京都の法華宗にとっても特別な年であった。いうまでもなく、この年の五月、安土において安土宗論がおこなわれたからである。一般に安土宗論といえば、信長が京都の法華宗を弾圧し、支配するために計画的におこなわれたとみられることが多い。

ところが、宗論以降も京都の法華宗寺院が、信長によって破壊されたり、移転させられたりしたという形跡がみられない点には注意が必要であろう。同じような時期に信長と敵対した延暦寺や本願寺がたどった道を思いおこせば、そのことは一目瞭然といえるからである。

したがって、これまでのみかたには修正が必要となる(3)。また、そうしなければ、安土宗論以降も、信長が妙覚寺、そして本能寺など法華宗寺院を宿所としてつかいつづけることになった理由をみつけることはできないであろう。京都の法華宗に対する信長の姿勢というのは、これまで考えられてきたような敵対ではなく、むしろ信頼というべきものであり、それゆえ妙顕寺に「ひろ籠」も「普請」されることになったと考えられるのである。

さて、妙顕寺に「ひろ籠」が「普請」されてからしばらくして村重の女房衆に対しては、信長より沙汰がくだされたようである。そのことを『兼見卿記』一二月一六日条は、つぎのように伝えている。

摂州之男女上下卅七人、令乗車渡洛中、於六条川原各殺害、

結局のところ、「男女上下卅七人」は「六条川原」で「殺害」されてしまったわけだが、わざわざ「洛中」を「車」に乗せられ、「渡」されたということからも一種の見せしめであったことがわかる。妙顕寺につくられた「ひろ籠」での彼女たちの日々がどのようなものであったのかまではわからないが、結果的に妙顕寺もまた、悲劇の舞台となったことだけは以上からあきらかとなろう。

註

（1）岡山大学池田家文庫等刊行会編『信長記』（福武書店、一九七五年）。奥野高広・岩澤愿彦校注『信長公記』（角川文庫、一九六九年）も参照した。

（2）史料纂集。

（3）河内将芳『日蓮宗と戦国京都』（淡交社、二〇一三年）。

Ⅲ　勧進と経済

人別毎月壱銭宛之事、不撰権門勢家・貴賤上下、無懈怠可出之

（元亀三年六月日付織田信長朱印状）

第一章　「天正四年の洛中勧進」再考
――救済、勧進、経済――

はじめに

織田信長が京都を支配していた天正四年（一五七六）、京都の法華宗檀徒を対象とした大規模な勧進がおこなわれた。一般に「天正の洛中勧進」とか、「天正四年の洛中勧進」とよばれるものである。勧進をおこなった主体は、「会合」、あるいは当時、「諸寺」とよばれた京都の法華宗本山寺院（時期によって異なるが、天正四年時点は、本禅寺・本法寺・妙顕寺・妙蓮寺・本隆寺・立本寺・本国寺・本能寺・妙満寺・頂妙寺・要法寺・妙泉寺・妙伝寺・本満寺・妙覚寺の一五カ寺）の結合体である。つまり、この勧進は京都の法華教団をあげての勧進であったところにその特徴がみられる。

当該の勧進については、すでに中尾堯氏[1]や古川元也氏[2]が検討を加え、著者[3]もまた若干の検討を加えたことがある。その結果、この勧進が寺院の修造や造営などを目的とする一般的なものとは大きく異なり、それによって集められた募財の多くが、法華教団から織田政権への音信・礼銭・礼物など贈与につかわれたものであるという事実があきらかとなった。

著者自身の関心は、この事実をとおして戦国期から近世初頭にかけての京都の法華教団のありかたや、あるいはめまぐるしく交代をとげた武家権力との関係をあきらかにすることにあったため、勧進そのものについては十分に検討を加えることができてこなかった。

そこで本章では、その作業をあらためておこなってみようと考えるわけだが、当該の勧進について古川氏は、「支配権力層によるさまざまな臨時課税の徴収にも似ており、巨視的にみれば法華宗組織を媒介とした徴税的勧進であったといえる」との位置づけをしている。この位置づけは、いわゆる「勧進の体制化」[4]という議論をふまえたものだが、しかしながら、織田政権への音信・礼銭・礼物などはあくまで贈与であって、それ以上とは考えられない。したがって、「徴税的」と位置づけるにはなお慎重に検討する必要があろう。

それでは、この勧進はどのように位置づけられるものなのだろうか。本章では、その作業を中世京都、とりわけ戦国期京都でおこなわれた勧進のなかに位置づけたいと思う。具体的には、応仁・文明の乱前後の京都においてもっとも活発な勧進活動を展開したことで知られる願阿弥の勧進との比較をとおしてその作業をおこなっていこうと思う。

その願阿弥の勧進には、大きく分けて二種類の内容のものが含まれている。そのひとつが、一般的な寺社の修造や造営にかかわるもの、そして、今ひとつが、寛正二年（一四六一）の大飢饉にさいして京都へなだれ込んできた多くの飢えた人びと（史料では、「乞食」「餓人」などと出てくる）への施行（食糧施与）とそのための勧進である。

とりわけ後者が願阿弥の勧進の特徴といえるもので、これをおこなうにあたって願阿弥が、「望救餓人」[5]と室町殿足利義政に語ったことからもわかるように、それはまさに前近代社会における救済行為といえる。そして、その前提として勧進がある以上、勧進そのものにも救済の要素が含まれていたと考えることができよう。

ところで、願阿弥の場合もそうであったが、この時期におこなわれた勧進によって集められる財の規模は、現代人の予想をはるかにうわまわるものであった。このことは、あらためて考えてみればおどろくべきことであり、莫大な財を集積するという点において、中世の勧進とはまさに経済活動にほかならない。したがって、中世においては、勧進を媒介として経済と救済がむすびついていたということもできよう。

それでは、なぜそのようなことが可能だったのだろうか。また、そもそもなぜ勧進はそのような莫大な財を集める力をもっていたのであろうか。これまでの中世の勧進研究では、このような観点が欠けているように思われる。本章では、このような観点から、中世、とりわけ戦国期の勧進について検討を加え、そのうえで、「天正四年の洛中勧進」の位置づけをおこなってみたいと思う。

一 願阿弥の勧進

(1)「望救餓人」と「慈悲」

願阿弥の勧進については、すでに西尾和美氏[6]、下坂守氏[7]、清水寺史編纂委員会[8]によって研究成果が積み重ねられている。したがって、ここでもそれらの成果にみちびかれつつ、本章の関心にしたがい願阿弥の勧進をみていくことにしたいが、そこでまず注目したいのが、先にも少しふれた寛正二年(一四六一)の大飢饉のさいに施行をおこなった願阿弥の動機についてである。そのことを伝える史料がつぎのふたつである。

于時凶年、世上多非人乞食、仍願阿弥以勧進可供養之事披露之、飯尾左衛門大夫可命願阿弥之由被仰出也、

願阿弥曰于公方（足利義政）、望救餓人、公方出百貫文為助、

前者は『蔭凉軒日録』(9)寛正二年正月二二日条、後者は『臥雲日件録抜尤』(10)寛正三年（カ）三月（カ）四日条の記事であり、ともに禅僧が記したものとなっている。また、その内容も共通しており、「凶年」によって「世上多非人乞食」き現状を目のあたりにした願阿弥が、「勧進」でもってそれらの「供養」（「望救餓人」、施行）をおこなわんことを「公方（足利義政）」に訴えたことが読みとれる。

後者の『臥雲日件録抜尤』をみてみると、願阿弥が「公方」へ直接、施行することを訴えたように記されているが、実際は前者にみえるように、幕府奉行人である「飯尾左衛門大夫」を通じて訴えられたものだったのだろう。ただ、いずれにしてもここからは、今回の施行が願阿弥の「望救餓人」という動機によっておこなわれたことがあきらかとなる。と同時に、今回の施行を伝える『経覚私要鈔』(11)寛正二年三月二六日条に「施行者第一慈悲也」とみられることから、その動機が願阿弥の「慈悲」、つまりはその宗教心に裏づけられたものであったこともあきらかとなろう。

ところで、その『経覚私要鈔』同日条には、願阿弥よりまえにじつは幕府も施行をおこなっていたという記事がみえる。つぎがそれである。

諸国者共成乞食、京都へ上集、自去年十月比洛中表満（充カ）不知幾千万云事、自正月一日室町殿（足利義政）被引施行五六日、然而余多之間、早被止之、其後願阿ト云者、勧衆人六角堂ノ北ニ一町分仮屋ヲ打テ入置乞食、毎日二ヶ度粥、味曾津（噌汁）ヲ引之処、食之死者共毎日三百人五百人云々、

これによれば、「正月一日」より「五六日」は「室町殿《（足利義政）》」の命によって「施行」がおこなわれたものの、京都へなだれ込んでくる「乞食」の数があまりに多いため早々にやめてしまったという。そして、その後に「衆人」を「勧」めて、つまり勧進をおこなって、「六角堂ノ北ニ一町分仮屋」を建て、そこへ「乞食」を収容して、「毎日二ヶ度粥、味曾津《（噌汁）》」をほどこしたのが、「願阿ト云者」（願阿弥）による施行であった。

願阿弥の施行のまえに幕府による施行が実際におこなわれていたのかどうかについては、このことを伝えているのが『経覚私要鈔』しかみあたらないため何ともいえない。ただ、先の『蔭凉軒日録』や『臥雲日件録抜尤』にもみえるように、施行をおこなうにあたって、室町殿足利義政へそのことが披露されていることから考えても、幕府との接点なしに勧進や施行をおこなうことがむずかしかったことだけはまちがいないといえよう。

また、『大乗院寺社雑事記』[12]寛正二年五月六日条には、「被仰付勧進聖願阿弥」と、幕府が願阿弥へ施行を命じたという記事もみられる。これらのことも考えあわせてみると、今回の施行は、願阿弥の宗教心に裏づけられた動機と施行をおこなう必要性を感じていた幕府の思惑とが一致したところで実現をみたと理解するのが妥当といえよう。

（2）「志」「志次第」と「人別一文」

さて、『臥雲日件録抜尤』には、願阿弥の「望救餓人」との言に接した「公方《（足利義政）》」が「為助」「百貫文」を出したと記されている。しかしながら、これもまた、ほかの史料で確認できないため事実かどうかは判然としない。ただ、これとかかわって注目されるのは、東寺供僧中の評定記録として知られる『廿一口方供僧評定引付』[13]寛正二年二月一八日条につぎのような記事がみられる点である。

自仏乗院被申六角堂前乞者施行勧進事、披露之処、三百疋可被遣之、但自惣寺沙汰者旁其憚多之間、志候面々□《(少カ)》々有沙汰之由可申送也、

右からは、願阿弥による「六角堂前乞者施行勧進」に接して、東寺がどのように対応すべきか議論していたことが読みとれる。西尾氏はこの記事から「領主権力としての東寺の独自の対応の貧しさ」(14)を読みとっているが、むしろここからは、勧進が本来、東寺（「惣寺」）といった組織で対応するのは「憚多」いものであり、「志候面々」、つまり個々人の「志」にもとづく喜捨でこたえるものであるとみなされていたことのほうに注目すべきであろう。

ここでいう「志」とは、施行（あるいは勧進）をおこなう側である願阿弥の「慈悲」に対して、それにこたえて喜捨する側の宗教心をあらわすことばといえる。したがって、「公方出百貫文為助」もまた、室町殿足利義政の「志」と理解することができるわけだが、しかしながら、それで片づけてよいものだろうか。そう簡単に片づけられないところに中世の勧進がもつ力があったと考えられる。そこで、そのことを考えていくためにつぎの史料をみてみることにしよう。

伺南禅寺仏殿勧進之事、於洛中而人別一文、勧進先規、東福寺仏殿被勧之例披露之、

これは『蔭凉軒日録』長禄四年（一四六〇）三月二日条にみえる記事である。じつはここに出てくる「南禅寺仏殿勧進」とは、先の『臥雲日件録抜尤』寛正三年（カ）三月（カ）四日条のつづきに記される「去年又施百貫、為南禅再造仏殿之助」という願阿弥の勧進事績のひとつとして知られるものであるが、ここで注目されるのは、その

勧進の内容が「於洛中而人別一文」とされている点であろう。

洛中（京中）でどのようにして「人別一文」（一人につき銅銭一枚ずつ）を集めることができたのかということについては、これだけではわからない。ただ、これでもし「百貫」（銅銭一〇万枚）が集まったのだとすれば、単純に計算しても一〇万人から一文ずつを集めたことになろう。

もちろん、実際にはそう単純なことではなかったであろうが、ここで重要なのは、このときの勧進が「於洛中而人別一文」、つまり洛中の一人ひとりから一文ずつの喜捨をもとめることができ、しかもその「例」（先例）として「東福寺仏殿」の勧進もあったとされている点であろう。というのも、ここにみえる「人別一文」ということばに注目してみると、つぎのような史料も目に入ってくることになるからである。

為大仏殿再興勧進、分国中人別毎月壱銭宛之事、不撰権門勢家・貴賤上下、無懈怠可出之、以此旨可被相勧者也、仍状如件、

元亀参

六月　日　　信長（織田）（朱印）

東大寺本願

清玉上人御房

これは、東大寺大仏殿再興の勧進をおこなったことで知られる京都阿弥陀寺の清玉へあたえられた織田信長朱印状(15)である。ここでもまた、「分国中人別毎月壱銭宛」と記されていることに気がつくが、特徴的なのは、ここでは

「毎月」ということばがはさみ込まれることによって、信長の「分国中」では、清玉が一人ひとりから「毎月」「壱銭宛」（一文ずつ）を集めることができるようになったということがわかる点であろう。しかも、その一人ひとりが「不撰権門勢家・貴賤上下」というからには、その対象は身分の上下はもとより、老若男女もとわない、すべての人びとをあまねく含み込むものであったことも読みとれる。

このように「人別一文」ということばに注目してみると、それが願阿弥の勧進だけにつかわれていたものではなく、この時期の勧進一般にもつかわれていた可能性が浮上してくる。そして、この点にもう少しこだわりつづけてみると、時代は若干さかのぼるものの、鎌倉後期に鎌倉大仏の造立にあたって活躍した勧進聖浄光が幕府へ提出したつぎのような言上状[16]の一節にまでたどりつくこととなろう。

新大仏勧進上人浄光跪言上
　可賜重人別一文御下知於北陸・西国等
右大日本国記云、水陸三十里也、国六十六国、島二島、郡五百七十八、郷三千七百七十二、男女四十五億八万九千六百五十九人也、男十九億九万四千八百二十八口、女廿五億九万四千八百三十一口也、是則行基菩薩算計勘定之文也云々、然則一天之下、四海之中、算諸人之数、勘一文之銭、四十五億八万九千六百五十九枚也、民力無費、我願可成、

この言上状の主眼は、「北陸・西国等」で「人別一文」の勧進の「御下知」を幕府へ請うたものだが、おどろかされるのは、「大日本国記」に記されるという「行基菩薩算計勘定」の日本の総人口「男女四十五億八万九千六百

五十九人」から「一文之銭」を勧進すれば、「四十五億八万九千六百五十九枚」にいたるとのべられている点である。

もちろん実際の日本の総人口が、「四十五億八万九千六百五十九人」であることなど、どの時代においてもありえないし、また、この数字自体は中世の仏教者に共有されていたものとして知られている。しかしながら、その総人口から「人別一文」を勧進できるとされているところからもあきらかなように、どうやら中世の勧進には、日本国中、あるいは「一天之下、四海之中」の人びとから一人残らずその喜捨をもとめることができるという認識のあったことが知られよう。

「勧進上人」浄光の言上状のなかにすでに「人別一文」ということばがみられることからもわかるように、「人別一文」ということばは、おそらく浄光など勧進聖に共有されるものであったにちがいない。そして、それが、もし事実であったとするなら、「人別一文」とは、一人につき銅銭一枚ずつを集めることができるといったような文字どおりの意味ではなく、むしろすべての人びとが誰一人として勧進をこばむことはできないという意味の込められたことばであったと考えられよう。

それが戦国期にまでひきつがれるとともに、権力側も認知していたという事実が、「南禅寺仏殿」や「東大寺再興」の勧進の例からはうきぼりとなってくるわけだが、ただそうはいっても、これにこたえて喜捨する側がそれをうけいれなければどうしようもない。

しかしながら、元亀三年よりまえに三好三人衆のひとり三好長逸から「東大寺再興勧進」にかかわって阿弥陀寺の清玉が入手した書状(17)のなかに、「洛中洛外諸寺諸山、志次第、不寄多少、可被勧申事肝要候」という一文が記されていることからもあきらかなように、「志」「志次第」という、先にも出てきた勧進にこたえて喜捨する側の宗教心をあらわすこのことばこそ、「人別一文」ということばをささえる基盤であったと考えられよう。

しかも、それは文字どおり「志」「志次第」であったために、実際には「人別一文」にとどまることはなく、「不寄多少」、あるいはまた一人ひとり、おのおのの身分や社会的地位にふさわしい額の喜捨が暗黙のうちにもとめられることになったと思われる。おそらくその一端を示していたのが、願阿弥の「望救餓人」との「慈悲」の心に接した「公方」（室町殿足利義政）が「為助」「百貫文」を出したという記事であり、それは実際に義政がそのようにしたというより、むしろ室町殿という地位にある一個人にふさわしい「志」「志次第」による喜捨の額が一〇〇貫文であったということを伝えているのであろう。

じつはこれと似たようなことは、願阿弥がその晩年、再建に尽力した清水寺の『勧進帳』[18]をみても読みとることができる。**表1**は、その『勧進帳』の内容を一覧にしたものだが、ここからも読みとれるように、勧進にこたえているのはすべて「人別」（個人）であり、また、ここでは「人別一文」ならぬ「人別一本」がもとめられていたことも知られる。実際には、柱一本に相当する銭二〇貫文が個人にもとめられていたようなので、一人ひとりの喜捨は柱の本数に二〇貫文を乗じたものとなろう。

したがって、「朝倉孫右衛門尉氏景」などは、「五十本」分の喜捨を約束したため、その額は一〇〇〇貫文にものぼることになった。『勧進帳』の筆頭に名がみえる「大功徳主富子」、つまり室町殿足利義政の御台日野富子よりも朝倉氏景のほうがなぜその喜捨の額が大きいのか、その理由はさだかではないが、それはまさに「志」「志次第」、あるいは清水寺や願阿弥との関係、さらには朝倉一族のなかでの位置づけなど、個別の事情がその背景としてあったのだろう。

この清水寺の『勧進帳』の場合、「人別一本」＝「人別二〇貫文」という相当高額な喜捨ができる人びとだけを

表1 清水寺『勧進帳』(『清水寺史 第三巻 史料』より)

本	貫文	在所	人名	備考
六	一二〇		大功徳主富子	妙心院殿・唯称院殿・逆修花渓慈春・後法身院殿・三界万霊
五	一〇〇		伊勢守平朝臣貞宗	
一	二〇		松井新兵衛尉直重	
一	二〇	備後国東条保	元智	
一	二〇	泉州	庄藤右衛門尉資信	(花押)
一	二〇	駿河国	葛山氏広	
二五	五〇〇		朝倉弾正左衛門尉孝景	
五〇	一〇〇〇		朝倉孫右衛門尉氏景	
五	一〇〇		慈視院光玖	
五	一〇〇		朝倉修理亮景冬	
一	二〇		朝倉新蔵人景忠	
一	二〇		朝倉蔵人長縁	
二	四〇	越前国住	永昌信女	為二親
二	四〇	越前国	宝林慈珍信女	為二親
一	二〇	越前国	慈光庵雲嶽宗秀	
一	二〇		朝倉小太郎教景	以千宗勝禅定門
一	二〇		朝倉兵庫助景亮	
五〇	一〇〇〇		朝倉孫次郎貞景	
一	二〇	越前国	永昌信女	

五	一〇〇		朝倉小太郎教景	
一	二〇	美濃国	河瀬掃部助宗久	
一	二〇	越前国	浄貞信女	
〇	一〇	越前国	梅野和泉吉保	
一	二〇	越前国	吉川与四郎吉登	
一	二〇	越前国	堀江石見守景用	
一	二〇	越前国	回春院瑞柏	
一	二〇	越前国	真祐信女	
一	二〇	越前国	貞恕信女	
一	二〇		魚住帯刀左衛門尉景貞	
一	二〇		山崎新左衛門尉吉家	
一	二〇		白山平泉寺宝光院長朝	
一	二〇		白山平泉寺財蓮坊一澄	
一	二〇	越前国	正真坊	
一	二〇	越前国	杉若藤左衛門尉藤貞	
一	二〇	越前国	印牧新右衛門尉広次	
一	二〇	越前国	桑原次郎右衛門尉貞久	
一	二〇	越前国	上田三郎左衛門尉直則	
一	二〇	越前国	前波七郎右衛門尉吉連	
一	二〇	越前国	吉川主計尉吉明	
一	二〇	越前国	西河原次郎兵衛尉吉次	
一	二〇	越前国	宇野新蔵人久重	

三	六〇	越前国	上坂太郎左衛門尉康家	
一	二〇	越前国	和田三郎左衛門尉満重	
一	二〇	越前国	吉田新左衛門尉親重	
一	二〇	越前国	真久信女	
一	二〇	越前国	伊自郎次郎左衛門尉景国	
一	二〇	越前国	千秋式部少輔季藤	
一	二〇	越前国	半田新左衛門尉国久	為妙忠・妙久
一	二〇	越前国	小泉藤左衛門尉藤長	
一	二〇	越前国	新保式部丞吉明	
一	二〇	越前国	藤左衛門宗久	法名重阿・乗意禅尼
一	二〇	越前国	宗順	
一	二〇	越前国	左藤三郎家次	
一	二〇	越前国	五郎左衛門家長	
一	二〇	越前国	貞秀信女	
一	二〇	越前国	太平帯刀左衛門尉長友	
一	二〇	越前国	栂野隼人佐吉久	法名全功禅定門
一	二〇	越前国	諏訪神九郎左衛門尉勝家	
一	二〇	出雲国	青戸帯刀左衛門尉宗重	
一	二〇	出雲国	勝田次郎左衛門尉秀忠	
一	二〇		薬師寺三郎左衛門信女	
一	二〇	播州住	明石与四郎祐実	
一	二〇	播州住	小寺勘解由左衛門尉祐職	

一	二〇	出雲国飯石郡	源朝臣三刀屋忠扶	
一	二〇	出雲州意宇郡	阿陁加江之妻女	逆修
一	二〇	出雲州	佐々木尼子民部少輔経久	
一	二〇	出雲州	湯佐々木信濃守経長	
一	二〇	出雲国	村尾五郎左衛門妻女	逆修
三	五〇		円妙大師	宗慶禅定門、逆修宗秀禅尼
一	二〇	周防国	笑山忻公禅定尼	逆修
五	一〇〇		田中七郎左衛門尉光次	
一	二〇	江州伊香	礒野右衛門三郎種貞	
一	二〇	江州伊香	礒野十郎三郎継貞	宮寿丸
一	二〇	江州浅井郡	速水弾正左衛門平友祐	逆修、明春禅尼
一	二〇		中村九郎左衛門尉定家	
一	二〇	江州	浅井蔵人丞直種	
一	二〇	江州	弓削式部丞実俊	
一	二〇	丹波国	中沢修理亮貞基	
一	二〇	丹波国	竹田民部勢基	
一	二〇	江州	浅見対馬守長忠	為先祖
一	二〇	江州	井口弾正忠経慶	
一	二〇	江州	井口勘解由経通	
一	二〇	江州野洲郡	永原吉重	
一	二〇		平浜藤左衛門尉継安	
一〇	二〇〇		小深山次郎右衛門尉吉久	

一	二〇		中西勘解由宗長	
一	二〇		安室妙湛禅尼	
一	二〇		太郎左衛門尉兼正	法名道鎮、淙光信女
一	二〇		元三小法師	逆修
一	二〇	周防国住	月漢妙円	
一	二〇	筑前国住	東一房	
一	二〇	筑前国博多住	道門	
一	二〇		嘉仲理永禅尼	
一	二〇		稲荷山	逆修、道性・妙幸
一	二〇		滝野五郎左衛門尉忠正	
一	二〇		妙勢信女	
一	二〇		藤左衛門尉宗長	妙性、妙祐
一	二〇		貞恕信女	逆修
一	二〇	丹波国住	道祐	
一	二〇		従貞禅定尼	
一	二〇	但州住	三郎左衛門尉	
一	二〇	出雲国住	村尾五郎左衛門尉藤重	
一	二〇	防州住	孫左衛門尉行満	
一	二〇	周防国住	尾倉孫左衛門尉有久	
一	二〇	周防国住	妙算	
一	二〇		道幸	逆修
一	二〇		超秀	逆修

一	二〇	但馬国	土居妙忠	
一	二〇	江州坂田郡	上坂治部丞内	
一	二〇	江州坂田郡	上坂治部丞息女	
一	二〇	江州坂田郡	上坂兵庫亮内	
一	二〇	江州	平田宗左衛門尉高慶	
一	二〇	江州	山本対馬守長忠	為二親
一	二〇		多賀右兵衛尉中原経忠	
一	二〇	周防国住	南	
一	二〇	江州	井口南	為先祖、寿勢・経勝
一	二〇	摂州	和巻康秀	
一	二〇	丹波国何鹿住	慶波	
二	四〇	雲州住	源朝臣三刀屋刑部丞忠扶	
一	二〇	雲州	佐々木隠岐左衛門尉清正	
一	二〇	雲州住	名子三郎兵衛尉元忠	
一	二〇	雲州大原郡	佐々木佐世為頼	
一	二〇	丹波国細川	燈爐木彦右衛門	
一	二〇		大宮式部少輔勝直	
一	二〇		高柳刑部少輔方幸	
一		丹波国氷上郡	蘆田日輪院長祐	
一			大有慶椿大姉十三回追善	
	一〇	丹波国何鹿郡	大槻藤兵衛尉季高	
	一〇	丹波国何鹿郡	大槻民部丞高光	

	一〇	丹波国何鹿郡	瑠璃寺慶波	
一	二〇	丹州何鹿郡住	亀松女	
一	二〇	丹波国何鹿	大槻藤兵衛尉季高	
一	二〇		太神宮一禰宜従四位上度会神主朝敦	
一	二〇	遠江国朝幾庄	平朝臣三浦朝幾十四代慶松女	
一	二〇	伊勢山田住	広田正広	
一	二〇	伊勢山田住	蔵田修理進国弘	
五	一〇〇	伊勢山田住	福市大夫兼次	
一	二〇	伊勢山田住	七郎大夫正保	
一	二〇	伊勢山田住	衛門次郎	
一	二〇	伊勢山田住	一志長徳大夫	神主文統
一	二〇	伊勢山田住	奥五郎兵衛尉宗貞	法名浄因、慶印信女
一	二〇	伊勢山田住	七郎次郎貞家	
一	二〇	伊勢山田原	度会神主末延	慶通禅尼、真勢居士、性秀居士
一	二〇	伊勢山田	高向源右衛門尉光儀	昌慶、妙泉
一	二〇	伊勢山田住	亀田神主末久	
一	二〇	伊勢山田住	兵衛大夫兼吉	法名常金、見秀信女
一	二〇	伊勢山田住	小禰宜友光	宗真信女
一	二〇	伊勢山田住	新次郎弘光	
一	二〇	伊勢国	十穀次郎兵衛	
一	二〇	伊勢山田住	河井範忠	
一	一〇		善祐	

一	三〇		義統	盆、香合、太刀、馬
一	二〇	雲州	佐々木湯次郎右衛門尉為通	
一	二〇	雲州住	平朝臣土屋加賀四郎兵衛尉貞信	
二	四五	江州野洲郡江辺	中嶋吉久	
一	二〇	能登国	三宅三郎右衛門尉忠俊	
一	二〇	能登国	温井藤五郎孝宗	
一	二〇		椎名四郎次郎順胤	
一	二〇	三河国今橋住	石田式部尉友久	
一	二〇	尾州津島	服部浄観之内、同平左衛門尉、同藤三方	

対象としたものとなるが、しかしながら、原理としては「人別一文」とかわるところは何もない。そして、おそらく日常的には勧進聖から柄杓[19]を差し出されたなら、人びとはあまねくそこに少なくとも「一文」の喜捨をせざるをえないという現実があったのであろう。

いずれにしても以上の検討から、中世、とりわけ戦国期の勧進が、勧進をおこなう側の宗教心（「慈悲」に代表される）とそれにこたえて喜捨する側の宗教心（「志」「志次第」に代表される）、そして、勧進を必要とする幕府など権力側の保証（あるいは認知）といったものが複雑にからみあいつつ、「人別一文」のことばに象徴されるような、人びとを一人ひとり個人として否応なくとらえることで莫大な財を集積できるような構造をそなえたものだったことがあきらかとなる。

もっとも、そのさい、注意しておかなければならないのは、このような戦国期の勧進をなりたたせていた「慈悲」や「志」「志次第」に代表される宗教心をささえる宗教が、中世という時代をふまえたとき、一般的な意味でのそれとは考えてはならない点であろう。それは、平雅行氏がのべる「民衆の解放願望の中世的封殺形態を中世宗教と呼ぶ。反古代闘争の展開に対し、新たな封建的抑圧体系を構築したとき、それを中世社会の成立と評するように、（中略）中世民衆の内面を縛るあらたな呪縛体系の登場をもって中世宗教と呼ぶ[20]」とされているものであり、そして、その「中世宗教」が「中世的支配イデオロギーとして位置づけられ」た「顕密仏教[21]」であった以上、「慈悲」や「志」「志次第」に代表される宗教心をささえていた宗教もまた、顕密仏教と考えなければならないからである。

実際、戦国期の勧進によって修造や造営の対象となる寺社のいずれもが、清水寺など顕密仏教の寺社か、あるいは南禅寺など室町幕府の統制下にあった五山禅宗の寺院であり、法華宗や真宗など、いわゆる新仏教（鎌倉新仏教、鎌倉仏教）の寺院がその対象とならないことからもそのことは裏づけられる。

しかしそうであるなら、なおさら新仏教のひとつである法華宗寺院によっておこなわれた「天正四年の洛中勧進」が、ここまでみてきた勧進のなかにどのように位置づけられるのかという点が問題となろう。つぎにその点について、以前おこなった作業もまじえつつ検討していくことにしよう。

二　戦国期の勧進と「天正四年の洛中勧進」

（1）『諸寺勧進帳』「洛中勧進記録」

「天正四年の洛中勧進」については、その実態を伝える史料がいくつか残されている。その代表が、表紙に「諸寺勧進帳丙子拾月十日始之」と記された帳簿四冊[22]と、そのもとになったと考えられる「洛中勧進記録」とよばれる一連の文書群[23]である。いずれも頂妙寺に伝えられた『京都十六本山会合用書類』[24]におさめられているが、具体的にその一例をみてみるとつぎのようになる。前者が「洛中勧進記録」[25]、後者が『諸寺勧進帳』[26]の該当部分である。

○
五百文　立本寺左京殿　宗味内方
壱貫文　立本寺実相坊　たまや《（玉屋）》彦次郎殿
弐貫文　同　知積院　はいや《（灰屋）》入道殿
五百文　妙覚寺十如院　たまや新兵へ殿
（中略）
壱貫文　立本寺実相坊　紹二内方
壱貫文　本国寺大扇坊　かわや与五郎殿
壱貫文　同　大雄坊　ゑ屋与五郎殿
弐貫文　本能寺　宗たく《（琢）》内方
弐貫文　妙顕寺法音院　くらぬき内方
皆済
○合弐拾貫文　西大路

（西大路）

立本寺左京殿　五百文　は　宗味内方
同　実相坊　壱貫文　は　玉屋彦二郎殿
同　知積院　弐貫文　は　はいや《（灰屋）》了左
妙覚寺十如院　五百文　ル　玉や新兵衛殿
（中略）
立本寺実相坊　壱貫文　は　紹二内方
本国寺大扇坊　壱貫文　リ　かはや与五郎殿
同　大雄坊　壱貫文　リ　ゑや与五郎殿
本能寺　弐貫文　ち　宗琢内方
妙顕寺法音院　弐貫文　ト　くらぬき内方
（以上弐拾貫文　皆済）

ともに西大路（町）という町に居住する法華宗檀徒に関する情報をひとくくりにしたものだが、一見してあきらかなように、内容はほぼ同じであり、ここからも前者の文書をもとにして後者の帳簿が書き記されたことがわかる。ここにみえるように、『諸寺勧進帳』「洛中勧進記録」ともに、檀徒をその居住する町ごとにひとまとめにしている点が特徴的であるが、全体の整理のため『諸寺勧進帳』四冊にみることのできる町名と「洛中勧進記録」にみえる町名を対応させてみると**表2**のようになろう。

表2　『諸寺勧進帳』「洛中勧進記録」対応表

第1冊

『諸寺勧進帳』	「洛中勧進記録」	募財額
一条小島町	一条小嶋町	三一貫
新屋敷弁才天町	しんまちへんさいてんちやう	二貫六一〇文
近衛町（近衛室町）	このへ町	五貫二〇文
舟橋辻（町）	ふなはし辻	一貫五〇〇文
下柳原町	下柳原町	五貫二〇〇文
冷泉室町	冷泉室町（冷泉町）	一一貫三〇〇文
頂妙寺ノ前町	ちやうめうちのまへ町	一貫三五〇文
一条出口東町	一条出口東町	一貫七〇〇文
一条室町	●	三一貫三〇〇文
大炊御門室町鏡屋町	大炊之御門室町鏡屋町	一二貫文
五霊通子西東二町	五霊通子西東二丁	一三貫
新町二条町	新町二条町	五〇〇文
鷹司室町	鷹司町	一七貫四〇〇文
白雲町	白雲町	一五貫文
裏築地町	裏築地町	三〇貫文
畠山殿辻子	●	五貫文
立売	立売町（南北）	一四九貫文
新在家中町	新在家	三四貫文
新在家北町東	●	一三貫五〇〇文
同　北町之西	●	二一貫五〇〇文
中小川	●	一九貫三〇〇文
へうたんの辻子	●	三貫八〇〇文
立売頭町	●	一貫文
二本松町	二本松町	二貫三二〇文
頂妙寺下町	●	一貫七五〇文
今辻子	●	五貫文
上小川	●	四〇貫文
花立薬屋町	●	一〇貫文
うつほ屋町	うつほや町	二二貫文

第2冊

『諸寺勧進帳』	「洛中勧進記録」	募財額
安楽小路町	安楽光院小路町	八貫三一〇文
西舟橋町	西舟橋町	二五貫七〇〇文
一条日野殿町	一条日野殿町	五貫一〇〇文
惣門築山上半町	惣門築山上半町	一〇貫二五文
築山町下半町	惣門築山南半町	一〇貫七五〇文
西大路	西大路	二〇貫文
山名殿辻子	山名殿辻子	七貫一〇〇文
石屋辻子	石屋之辻子	一一貫八〇〇文
藤木下	●	二貫文
風呂辻子	ふろのつし	二貫八〇〇文
北小路室町	北小路室町	一一貫一五〇文
羅漢風呂町	らかんのふろの町	一五貫文
室町頭上半町	室町頭上半町	五貫三〇〇文
室町頭下半町	室町頭下半町	四貫七〇〇文
弁才天町	弁才天町	三貫文
堀出町	堀出町	七貫文
南猪熊町	南猪熊丁	一三貫五五〇文
上柳原	●	一貫文

第3冊

『諸寺勧進帳』	「洛中勧進記録」	募財額
伊佐町	●	五一貫文
大宮観世町	●	四五貫文
芝大宮町	●	三五貫六〇〇文
けいかい院大宮町	●	三貫四〇〇文
香西殿町	●	一貫六〇〇文
西北小路町	西北こうしちやう	一〇貫一〇〇文
芝薬師町	●	二四貫五〇〇文
北舟橋町	北舟橋町	三二貫一〇〇文
堀上町	堀上町	五貫二七〇文
北猪熊町	北猪熊町	二〇貫文
五辻町	五辻子町	一四貫六七〇文
御屋形様町	●	四〇〇文
大宮薬師町	●	七貫六〇〇文
廬山寺町	ろさん寺町	二貫三〇〇文
今町	今町	七貫三〇〇文
革堂町（川堂）	かうたうの町	二〇貫六五〇文
北少路町	北小路町	三一貫四〇〇文
一条材木町	一てうまちさいもくちやう	一貫四〇〇文
藪内丁	●	二〇〇文
安禅寺殿町	あんせん寺之ちやう	二貫八三〇文
一条殿町	一条殿町	四貫四〇〇文
小川羅漢橋下町東面	小川らかんの橋下町ひかしのつら	三一貫三〇〇
小川羅漢橋南町西面	羅漢橋南町にしのかた	三一貫八〇〇
春日町（春日室町）	春日町	八貫文
徳大寺殿町	徳大寺殿町	二貫九五〇文

第4冊

『諸寺勧進帳』	「洛中勧進記録」	募財額
飛鳥井殿町	飛鳥井殿町 飛鳥井殿西町	五三貫二〇〇文
狩野辻子	狩野殿辻子	一六貫二〇〇文
西無車少路	西無車小路	六貫文
中無車少路	中武者小路	五貫一〇〇文
大炊道場町	大炊之道場町	三貫三〇〇文

（註）
・（　）は、「洛中勧進記録」『諸寺勧進帳』のなかで異なった記載をされたもの。
・●は、「洛中勧進記録」のその町の分が残されていないもの。
・「洛中勧進記録」が残されていて、『諸寺勧進帳』に記載されていないものとしては、「中すし町」「しからきつし」「立売ひかし町」「御所八まん町」「かたおかつし」「新町五霊前」「御りやうのつし」があるが、その経緯は未詳である。
・ほかに「洛中勧進記録」としては断簡が数通残されている。

『諸寺勧進帳』「洛中勧進記録」は、これまで知られてこなかった天正四年時点での京都の町名が確認できるうえでも貴重な史料といえるが、**表2**からは、残された「洛中勧進記録」には失われたものがあったらしいこと、逆に「洛中勧進記録」には残されているのに、それに対応する記事が『諸寺勧進帳』に見あたらないことなども知られよう。

これらのことから、現存する『諸寺勧進帳』「洛中勧進記録」が「天正四年の洛中勧進」にかかわる史料のすべてではないことがうかがえる。実際、**表2**にみえる町名はすべて上京とよばれる都市域のものだけであり、この時期、上京とならぶ都市域として知られた下京にかかわる『諸寺勧進帳』や「洛中勧進記録」は、ひとつとして残されていない。

しかしながら、それは下京の檀徒が勧進の対象でなかったことを意味しないであろう。実際、「天正四年十月廿日」という年月日の記された『諸寺勧進銭萬納分』(27)という帳簿（横帳）の奥書には、「上京分　都合八百七拾参貫四百四十五文」という記載とともに「又　参百六拾貫文　下京より」との記載がみられるからである。

いずれにしても、以上のことから、「天正四年の洛中勧進」が、文字どおり上京・下京という洛中に居住する檀徒を対象とした勧進であったことがあきらかとなるわけだが、それをふまえて、『諸寺勧進帳』「洛中勧進記録」に書かれた内容に目を移してみると、たとえば、西大路（町）の最初の一行目からは、「宗味内方」という檀徒の個人名と「立本寺左京殿」という寺僧の個人名とが対になり、そしてその両者を媒介するように「五百文」という喜捨の額が記されていることがみてとれる。

よく知られているように、近世以降は寺院と檀家という、いわば集団と集団とがむすびつく寺檀関係が一般的となる。しかしながら、中世ではそうではなく、寺僧とそれに帰依する檀徒とが一対一でむすびつく師檀関係のほうが一般的であった。『諸寺勧進帳』「洛中勧進記録」の記載は、まさにこの師檀関係を反映したものであり、「宗味内方」をはじめとして、西大路（町）においても四人の「内方」（ほかのところでは、「内」とか「かゝ」とも記されている）の名がみえるところから、女性や夫人も個人の檀徒として師檀関係をむすんでいたことが読みとれるだけでなく、「たまや彦次郎殿」と「たまや新兵へ殿」のように、同じ一族、一家のなかでも、別々の寺院や寺僧と師檀関係をむすぶことすらめずらしくなかったことも読みとれよう。

このように西大路（町）の例からだけでも、法華宗檀徒の信仰が、あくまで個人的なものであったことがわかる。そして、それゆえ喜捨もまた檀徒個人から寺僧個人に対しておこなわれていたわけだが、『諸寺勧進帳』四冊を通覧してみると、檀徒の喜捨としては五〇文以下のものを見いだすことができないという特徴もみられる。

このことから、「人別五十文」というのが前節でみた「人別一文」に相当するものとしてあったと考えられる。実際、それを裏づけるように、『諸寺勧進帳』一冊目の「新屋敷弁才天町」[28]のところには、「女房衆二人」が「妙覚寺」におのおの「五十文」の喜捨をしていたことが記されている。したがって、すべての檀徒には五〇文の倍数となる額の喜捨が暗黙のうちにもとめられることになったのであろう。

ところで、「洛中勧進記録」と『諸寺勧進帳』の記載内容はほぼ同じであるとのべたが、一点だけ異なるところがある。それは先の西大路（町）にかかわる『諸寺勧進帳』をみればわかるように、『諸寺勧進帳』のほうにだけ「は」や「ト」などのかなの符号がつけられている点である。この符号はいったい何を意味しているのかといえば、それは、「は」と「立本寺」、「ト」と「妙顕寺」、「リ」と「本国寺」が対応していることからも読みとれるように、また、すでに古川氏があきらかにしているように、寺院名を示すものであったと考えられる。それでは、それはなぜつけられていたのかといえば、そのこたえは、『諸寺勧進帳』の奥書をみることであきらかとなろう。

妙蓮寺　廿二家　代七貫九百八十文
本国寺　五十家　代廿九貫百七十文
本法寺　十三家　代三貫八百文
（中略）
要法寺　五家　代二貫九百文
妙泉寺松崎　一家　代一貫文
意束　一家　代百文

これは西大路（町）が記載される『諸寺勧進帳』二冊目の奥書[29]であるが、これによって師檀関係にもとづいて集められた喜捨は最終的には各寺院ごとに集計されていたことが読みとれる。したがって、問題の符号はこの集計のさいにつけられたことがあきらかとなろう。先にもふれたように、「天正四年の洛中勧進」は師檀関係を基本にしておこなわれていたが、師である各寺僧は各寺院に所属しているため、喜捨が寺院ごとに集計されるのはある意味当然である。ただ、そのいっぽうで注意しておかねばならないのは、寺院ごとに喜捨が集計されるにあたって重視されたのが、右の奥書にみえるように、その喜捨をおこなった檀徒数ではなく家数であるという点であろう。

なぜ檀徒数ではなく家数だったのか、その理由は、たとえば、春日町に居住していた檀徒の情報を集めた「洛中勧進記録」の奥に「家十一間[30]」と記され、また、同じように鷹司町の「洛中勧進記録」の奥にも「一町五拾八間内当宗廿五間[31]」と記されていることからもあきらかなように、町ごとに喜捨を集計するにあたって、あわせて家数（間数、軒数）も報告していたためであった。

このことから逆に、「天正四年の洛中勧進」では、師檀関係を基本としながらも、実際には町ごとに喜捨が集計されるとともに、各檀徒の名からその喜捨の額、そして帰依する寺僧の名や檀徒の家数にいたるまで、こと細かな情報が「洛中勧進記録」に記載され、募財とともに会合へ提出されていた実態がうきぼりとなってくる。

このようにしてみてみると、「天正四年の洛中勧進」には社会集団、共同体としての町が関与していたかのようにみえなくもない。しかしながら、そうではないだろう。というのも、白雲町の「洛中勧進記録」にみえる日付「十一月三日」の下には、当町の檀徒ではない「立入祐信」が署名と花押をすえ[32]、また、「中すし町」「しからきつし」「立売ひかし町」「御所八まん町」「かたおかつし」の「洛中勧進記録[33]」が同筆で一通にまとめられるなど、社会集団、共同体としての町が関与しているようにはどうしても読みとれないからである。

その意味でも、「天正四年の洛中勧進」が、法華宗檀徒個々人を対象としたものであった点にはあらためて注意しなければならない。実際、『諸寺勧進帳』の奥書にみえる家数と喜捨の集計が比例していないことからもそのことは読みとれ、それはとりもなおさず檀徒のありかたとその喜捨の額が家や町の枠にしばられることのなかったことを意味するにほかならないからである。

（2）「天正四年の洛中勧進」と会合

それでは、このようにして集められた喜捨の総額はどれくらいになったのであろうか。この点については、「天正四年十月廿日　諸寺勧進銭萬納分」と上書された記録[34]（横帳）によって、銭高で「上京分　都合八百七拾参貫四百四十五文」「又　参百六拾貫文　下京より」、「都合千弐百卅参貫四百四十五文」であり、それは銀に換算して「都合五貫八百拾壱匁弐分」であったことがあきらかとなる。

先にもふれたように、『諸寺勧進帳』の表紙には「諸寺勧進帳丙子拾月十日始之」と記されており、勧進がはじめられたのは一〇月一〇日であったことがわかる。したがって、わずか一〇日あまりで銭に換算して一二三〇貫文あまりにおよぶ財が集まったことになろう。あらためて勧進による財の集積力にはおどろかされるが、それとともに、「天正四年の洛中勧進」の場合、対象が法華宗檀徒に限定されることから、上京・下京在住の檀徒の経済力や信仰の篤さというものもうかびあがってこよう。

それでは、そのようにして集められた財はどのようにつかわれたのか、これに関する史料も残されており、それが表紙に「諸寺勧進之内遣方」と上書された帳簿[35]（横帳）となる。その帳簿に記された支出先をみてみると、一般の勧進のように諸寺に関する修造や造営につかわれた形跡がまったくみられないかわりに、たとえば、「銀百匁　越前へ御音信　上様（織田信長）　しゝら（縅）五端」や「銀五拾目　上様　雑賀御陣御見舞　てつはう（鉄砲）のくすり（薬）十斤」、あるいは「銀四百六拾弐匁七分金一枚　諸勧進停止之御折帋之時御礼　村井殿（貞勝）」というように、「音信」や「見舞」「礼（礼銀）」など、織田信長をはじめとした織田政権への贈与ばかりにつかわれていたことがあきらかとなる。

つまり、「はじめに」でもふれたように、「天正四年の洛中勧進」は、戦国期にみられた他の勧進のような財のつかわれかたを目的としたものではなかったところに特徴がみられるわけだが、おそらくそれは会合という組織のなりたちに由来するものであろう。永禄八年（一五六五）五月におこった将軍足利義輝暗殺事件の直後に成立した会合は、暗殺事件後に衝突のおそれのあった三好三人衆や松永氏、あるいは近江六角氏といった分裂する武家権力各自に対して音信や礼銭・礼物を組織的に贈ることで良好な関係をとりむすぶことに結成の目的があったと考えられるからである[36]。

一見すると、これは消極的な対応のようにもみえるが、しかしながら、かつて法華一揆を組織して分裂する武家権力の一方に肩入れし、そのため天文五年（一五三六）には寺々がことごとく焼かれ、多くの寺僧や檀徒を失うという経験（天文法華の乱）を法華宗がしていたことをふまえるなら、きわめて現実的な対応であったといえよう。

おそらくその対応は、織田政権が登場する以前も同様であったと考えられるものの、残された史料によるかぎり、天正四年のような大規模な勧進がおこなわれた形跡はみられない。したがって、この時期になぜこのような勧進がおこなわれたのかという点については不明とせざるをえないが、ただいずれにしても、会合成立の経緯や当時の政情を考えあわせるなら、武家権力がしだいに織田政権へと収束されつつあったことと無縁ではないのだろう。

実際、それを裏づけるように、この三年後、今度は織田政権の側から莫大な礼金を要求され、会合はその資金集めにふたたび勧進をおこなわざるをえなくなる。その礼金は、天正七年（一五七九）五月におこなわれた安土宗論直後に要求されたもので、外国語史料である『耶蘇会士日本通信』にみえるように、宗論に敗れた「法華宗の檀徒一同に対し従前の通再起せんことを望まば金二千六百ゼシマイを主要なる十三の僧院に分担せしめて納付すべし[37]」とされた「金二千六百ゼシマイ」であり、また同じく外国語史料である『日本史』に「生命を許した恩恵に対して〔もし敗北した場合には彼らを殺してもよいと述べた署名入りの文書を渡していたので〕黄金二百枚を差し出すべきであると付言した[38]」という「黄金二百枚」におよぶものであった。結局のところ、会合はこの礼金をみずからの力ではまかないきれず、堺に所在する末寺や檀徒へも助成を頼む「堺勧進[39]」をおこなうことになる。

このことからも、勧進が法華宗の場合でも日常的におこなわれていたものではなく、あくまで臨時的なものであったことがわかる。したがって、「天正四年の洛中勧進」もまた、織田政権に対して通常以上の贈与の必要性が出てきたためにおこなわれたと考えるのが自然であろう。

残念ながら、その必要性についてまではあきらかにできないが、その前提としてあった日常的な師檀関係についてはくり返し確認しておく必要があろう。宣教師のガスパル・ビレラの書簡[40]が驚きをもって伝えているように、「彼等（法華宗の坊主）の収入は大なるが、主たるものは檀家の寄進にして、彼等は之に依りて支持せられ、之に依りて贅沢に衣食す、其家の建築と修復は一切檀家之を負担し、必要に応じ家を建て装飾をなし、又清掃」するという日常がそこにはあったからである。

法華宗寺院は、清水寺など顕密寺社とは異なり、荘園所職をもたず、また、勧進聖による勧進活動によってその修造や造営がおこなわれることもなかった。そのかわりに篤い信仰を寄せる数多くの檀徒をかかえ、その師檀関係を基本にして各寺院の経済はなりたっていた。「天正四年の洛中勧進」とは、このような日常的な師檀関係を利用しておこなわれた臨時的な募財活動だったわけだが、それでは、そのような勧進は、前節でみた戦国期の勧進のなかにどのように位置づけられるのであろうか。最後にこの点について、両者を比較しながらみていくことにしよう。

（3）戦国期の勧進と「天正四年の洛中勧進」

そこでまずは比較としてわかりやすい違いのほうからみていくと、これについては、これまでにもふれてきたように、戦国期の勧進が顕密寺社などの修造や造営、あるいは施行のための募財であったのに対して、「天正四年の洛中勧進」のほうは織田政権に対する贈与のための募財であったという違いがあげられる。なぜそのような違いがうまれたのかについては、残念ながらそれを説明してくれるような史料が見いだせないため何ともいえない。ただ、先にもふれたように、法華宗寺院の場合、仮に寺院の修造や造営が必要であったとしても、それらはすべて師檀関係によってまかなわれ、顕密寺社のようなかたちでの勧進の必要性はなかったと考えられよう。

実際、本能寺には天正一〇年（一五八二）前後の『本能寺本堂勧進帳』[41]が残されており、それをみてみると、西国に広く展開した師檀関係によって米・銀・銭・小袖など大量の財が寄せられたことが読みとれる。このように篤い信仰を寄せる多数の檀徒に支持されていたがゆえに、「天正四年の洛中勧進」でもその対象がすべて個別の寺院や寺僧に帰依する檀徒に限定されていたわけだが、じつはこの点も戦国期の勧進とくらべたとき大きな違いといえる。なぜなら、戦国期の勧進においては、「人別一文」のことばに象徴されるように、その対象はあまねくすべての人びとであったからである。

当然、そのなかには法華宗檀徒も含まれたであろうし、また「志次第」でおのおのにふさわしい額の喜捨をもとめられることになったと思われるが、それでは、法華宗檀徒もまたこのような勧進にこたえて喜捨をしていたのだろうか。この点に関して注目される史料が、『京都十六本山会合用書類』には残されている。つぎがそれである。

法花（華）宗中事、為祖師已来之制法、不受施他宗志、殊諸勧進以下不被出之儀、尤得其意候、向後上下京中江申出旨、雖在之、当宗之事者、可相除之状如件、

天正五　　　　村井長門守（貞勝）

二月朔日　　　在判

法花（華）宗真俗御中

これは信長の家臣として知られる村井貞勝の折紙案[42]である。内容は、法華宗が「祖師」（日蓮）以来の「制法」として、「他宗志」は「受施」さず、また「諸勧進」についてもとくに「不被出」（喜捨してこなかった）ことを織田政権としても了承したうえで、「向後」、上京・下京で勧進がおこなわれたとしても、「当宗」（法華宗）の「真

俗」（寺僧と檀徒）はその対象から「相除」かれる旨を伝えたものとなる。

ここにみえる「制法」とは、いわゆる不受不施制法とよばれるもので、「不受」とは他宗からの布施や供養を法華宗僧が「受」けないこと、また、「不施」とは他宗の僧や寺院に法華宗檀徒は布施や供養を「施」さないという、法華宗独特の制法（掟）を意味する。

このような制法を織田政権がこのとき了承したのかどうか、右の文書が案文でもあるため判断のまようところではある。ただ、先にもふれたように、「天正四年の洛中勧進」で集められた財の支出先を示す「諸寺勧進之内遣方」と上書された帳簿(43)（横帳）には、「銀四百六拾弐匁七分金一枚　諸勧進停止之御折帋之時御礼　村井殿《貞勝》」と、右の文書（「諸勧進停止之御折帋」）を発給した村井貞勝に対して礼銀を支払ったとの記載がある以上、実際に発給された可能性は高いであろう。

したがって、「上下京中」の法華宗檀徒は、少なくとも右の文書が発給されて以降、戦国期の勧進に喜捨しないでもよいことがみとめられたことになる。それは同時に、戦国期の勧進がそなえていた「人別一文」ということばの呪縛から部分的にも解かれたことを意味しよう。

もっとも、右の文書は天正五年に発給されているため、「天正四年の洛中勧進」がおこなわれた天正四年の段階で法華宗檀徒が一般の勧進にどのように対応していたのかについては不明といわざるをえない。しかしながら、おそらくはそれまでにも何らかの問題が発生し、それをさけるため法華宗側が織田政権に申請した結果が右の文書であったのだろう(44)。

ところで、このような文書がわざわざ発給されているという事実からは、逆に戦国期の勧進と「天正四年の洛中勧進」とのあいだに類似する部分があったこともうきぼりにしてくれる。その類似する部分とは、戦国期の勧進も

「天正四年の洛中勧進」も、ともに勧進ゆえに臨時的に人びとを一人ひとり個人としてとらえようとしていたということにほかならない。よく知られているように、中世社会においては、すべての人びとは何らかの社会集団や共同体に属してはじめて生きることが可能であったとされている。とすれば、このように人びとを一人ひとり個人としてとらえようとする勧進という行為は、きわめて特異なことであったといえよう。

もっとも、勧進はあくまで臨時的なものであり、人びとを日常的に個人としてとらえていたわけではなかった。しかしながら、法華宗の場合は、師檀関係という日常的な関係で人びとを檀徒個人としてとらえており、それゆえにまた不受不施制法というものを成立させておく必要があったわけだが、こうしてみると、戦国期の勧進と「天正四年の洛中勧進」との比較以上に、「天正四年の洛中勧進」をなりたたせていた法華宗のありかた、とりわけその経済のありかたが戦国期の勧進と類似していたとみることもできよう。

なぜなら、戦国期の勧進が、勧進をおこなう側とそれにこたえて喜捨する側のおのおのの宗教心を基本にしつつも、「人別一文」のことばに象徴されるように、人びとを一人ひとり個人としてとらえることで莫大な財の集積を可能としていたのと同じように、法華宗の場合もまた、布教をおこなう寺僧とそれに帰依する檀徒とのあいだの師檀関係を基本にしつつ、教団や寺院が檀徒一人ひとりを個人としてとらえることで莫大な財が集積されるようになっていたからである。

「天正四年の洛中勧進」は、いわばこのようなしくみのうえにたって、あくまで臨時的におこなわれたものにすぎず、日常的に、しかも檀徒という特定の個人を確実にとらえていた法華宗のありかたというのは、いわば戦国期の勧進をその内部にとり込んだものであったといえよう。

このようにしてみたとき、思いおこされるのは、願阿弥が「七条時衆」(45)と伝えられ、また、その願阿弥が清水寺内にもうけた庵室（成就院）で清玉も剃髪したと伝えられている事実である[46]。ここからは、願阿弥と清玉とのあいだに接点があったことが知られるのと同時に、清玉のひらいた阿弥陀寺がのちに浄土宗寺院となることからもわかるように、新仏教同士をむすびつけるネットワークのようなものもあったことがうかがえよう。

もしそうでなければ、荘園制が解体していく戦国期にあって、顕密寺社などがみずからの堂舎の修造や造営もままならないなか、それらを願阿弥や清玉ら勧進聖がにない、また、新仏教に属する法華宗が社会的にも政治的にもその存在感を示すようになっていくことなどなかったのではないだろうか。

しかしながら、それは逆からみれば、人びとが一人ひとり個人として帰依できる信仰が本格的に登場してきたことを意味すると同時に、「民衆の解放願望の中世的封殺形態」である「中世宗教[47]」（顕密仏教）からの「解放願望」をかなえる救済の道がひらかれつつあったことも意味しよう。莫大な財が戦国期の勧進や法華宗に集まっていく事実そのものが、このことをなにより裏づけているように思われる。

おわりに

本章では論旨の都合上ふれなかったが、戦国期の勧進の特徴として近年注目されていることとして、本来、外在的な存在であった勧進聖が顕密寺社内に本願として定着していくという事実が知られている[48]。たとえば、清水寺の場合でいえば、願阿弥の庵室がその後継者によって成就院（本願成就院）として定着していくようにである。しかしながら、それは同時に、寺内において顕密僧とのあいだできびしい軋轢や対立をうむこととなった[49]。

その軋轢や対立が具体的にどのように展開していくのかについては、個別の寺社によって異なる様相をみせたと考えられるが、清水寺の場合でいえば、信長・秀吉の時代にいたって、勧進聖の系譜をひく成就院のほうが清水寺を代表する存在として文書がくだされるなど、顕密僧らの拠る六坊とのあいだで地位の逆転がみられたところに特徴がみられる。

しかも、興味深いのは、そのようなことが清水寺にかぎられたものではなかった点[50]であり、このことから、戦国期の勧進をささえていたものが、修造や造営の対象となった顕密寺社との結縁もさることながら、より実際的には前面で勧進活動を展開する願阿弥や清玉らへの人びと一人ひとりの帰依にあったと考えられよう。

そう考えてみると、戦国期の勧進と法華宗とのベクトルは同じ方向をむいていたともいえ、中世から近世にかけて成就院が顕密寺院である清水寺を代表する存在になっていったのと同じように、圧倒的な人びとの信仰をになうようになった法華宗が山門延暦寺大衆と肩をならべるようになっていくこともまた自然の流れであったといえよう。[51]

註

（1）中尾堯「寺院共有文書と寺院結合――『京都十六本山会合用書類』をめぐって――」（『古文書研究』三五号、一九九一年、のちに同『日蓮真蹟遺文と寺院文書』吉川弘文館、二〇〇二年）。

（2）古川元也「天正四年の洛中勧進」（『古文書研究』三六号、一九九二年）。

（3）河内将芳「戦国最末期京都における法華宗檀徒の存在形態――天正四年付『諸寺勧進帳』の分析を中心に――」（『仏教史学研究』第三五巻一号、一九九二年、のちに同『中世京都の民衆と社会』思文閣出版、二〇〇〇年）。

（4）網野善彦『網野善彦著作集　第一二巻　無縁・公界・楽』（岩波書店、二〇〇七年、初出は一九七八年）、松尾剛次「勧進の体制化と中世律僧――鎌倉後期から南北朝を中心にして――」（『日本史研究』二四〇号、一九八二年、のちに同『勧進と破戒の中世史――中世仏教の実相――』吉川弘文館、一九九五年）、安田次郎「勧進の体制化と「百姓」――大和の一国平均役＝土打役について――」（『史学雑誌』第九二編一号、一九八三年、のちに同『中世の興福寺と大和』山川出版社、二〇〇一年)。
(5)『臥雲日件録抜尤』(大日本古記録)寛正三年(カ)三月(カ)四日条。
(6)西尾和美「室町中期京都における飢饉と民衆――応永二十八年及び寛正二年の飢饉を中心として――」(『日本史研究』二七五号、一九八五年)。
(7)下坂守「中世的「勧進」の変質過程――清水寺における「本願」出現の契機をめぐって――」(『古文書研究』三四号、一九九一年、のちに同『描かれた日本の中世――絵図分析論――』法藏館、二〇〇三年)。
(8)清水寺史編纂委員会編『清水寺史　第一巻　通史(上)　古代・中世』(法藏館、一九九五年)。
(9)増補続史料大成。
(10)大日本古記録。
(11)史料纂集。
(12)増補続史料大成。
(13)『東寺百合文書』く函(京都府立京都学・歴彩館所蔵)。
(14)註(6)参照。
(15)元亀三年六月日付織田信長書状(『東大寺文書』、『大日本史料』第一〇編之九、元亀三年六月是月条)。この史料については、村上紀夫氏よりご教示をいただいた。
(16)延応元年九月日付新大仏勧進上人浄光言上状(『古今集秘抄』裏書、『大日本史料』第五編之一二、延応元年九月是月条)。
(17)(年未詳)四月一八日付三好長逸書状(折紙)(『阿弥陀寺文書』、水野恭一郎・中井真孝編『京都浄土宗寺院文書』同朋舎出版、一九八〇年)。
(18)清水寺史編纂委員会編『清水寺史　第三巻　史料』(法藏館、二〇〇〇年)。
(19)阿諏訪青美「「柄杓」と勧進」(『民具マンスリー』第二九巻一二号、一九九七年、のちに同『中世庶民信仰経済の研究』校倉書房、二〇〇四年)。
(20)平雅行「鎌倉仏教論」(『岩波講座日本通史　第八巻　中世2』岩波書店、一九九四年、のちに大幅に改稿され、

「鎌倉仏教の成立と展開」として同『鎌倉仏教と専修念仏』法藏館、二〇一七年)。
(21) 平雅行「専修念仏の歴史的意義」(同『日本中世の社会と仏教』塙書房、一九九二年、初出は「中世的異端の歴史的意義――異端教学と荘園制的支配イデオロギー――」『史林』第六三巻三号、一九八〇年)。
(22) 頂妙寺文書編纂会編『頂妙寺文書・京都十六本山会合用書類』四(大塚巧藝社、一九八九年)。
(23) 頂妙寺文書編纂会編『頂妙寺文書・京都十六本山会合用書類』三(大塚巧藝社、一九八九年)。
(24) 註(22)参照。
(25)『頂妙寺文書・京都十六本山会合用書類』三。
(26)『頂妙寺文書・京都十六本山会合用書類』四。
(27)『頂妙寺文書・京都十六本山会合用書類』四。
(28)『頂妙寺文書・京都十六本山会合用書類』四。
(29)『頂妙寺文書・京都十六本山会合用書類』四。
(30)『頂妙寺文書・京都十六本山会合用書類』三。
(31)『頂妙寺文書・京都十六本山会合用書類』三。
(32)『頂妙寺文書・京都十六本山会合用書類』三。
(33)『頂妙寺文書・京都十六本山会合用書類』三。
(34)『頂妙寺文書・京都十六本山会合用書類』四。
(35)『頂妙寺文書・京都十六本山会合用書類』四。
(36) 河内将芳「戦国期京都における法華教団の変容――『京都十六本山会合用書類』の成立をめぐって――」(『仏教史学研究』第四〇巻一号、一九九七年、のちに同『中世京都の民衆と社会』思文閣出版、二〇〇〇年)。
(37) 一五七九年六月、パードレ・オルガンチーノが都よりパードレ・ルイス・フロイスに贈りし書翰(『異国叢書　耶蘇会士日本通信』下巻、雄松堂書店、一九七五年)。
(38)『日本史』第五一章(第二部二九章)(松田毅一・川崎桃太訳『フロイス日本史　5　五畿内篇Ⅲ』中央公論社、一九七八年)。

(39)　河内将芳「中世末期堺における法華宗寺院――天正七・八年の「堺勧進」を中心に――」(『年報中世史研究』二四号、一九九九年、のちに同『中世京都の都市と宗教』思文閣出版、二〇〇六年)。
(40)　一五七一年一〇月六日付、ゴア発、パードレ・ガスパル・ビレラよりポルトガル国アビスの僧院のパードレ等に贈りし書翰(『異国叢書　耶蘇会士日本通信』下巻)。
(41)　(年月日未詳)『本能寺本堂勧進帳』(藤井学・上田純一・波多野郁夫・安国良一編著『本能寺史料　中世篇』思文閣出版、二〇〇六年)。
(42)　天正五年二月朔日付村井貞勝折紙案(『頂妙寺文書・京都十六本山会合用書類』一)。
(43)　『頂妙寺文書・京都十六本山会合用書類』四。
(44)　天正四年以前のことについては、本書の終を参照。
(45)　『親長卿記』(増補史料大成)文明一六年六月二七日条。
(46)　『知恩寺末寺由緒記』(『浄土宗寺院由緒書』巻上、増上寺史料編纂所編『増上寺史料集』第五巻、増上寺、一九七九年)。
(47)　註(20)参照。
(48)　吉井敏幸「近世初期一山寺院の寺僧集団」(『日本史研究』二六六号、一九八四年)、註(7)、太田直之『中世の社寺と信仰――勧進と勧進聖の時代――』(弘文堂、二〇〇八年)。近世の勧進聖については、村上紀夫『近世勧進の研究――京都の民間宗教者――』(法藏館、二〇一一年)にくわしい。
(49)　註(7)(8)参照。
(50)　河内将芳「宗教勢力の運動方向」(日本史研究会・歴史学研究会編『日本史講座　第五巻　近世の形成』東京大学出版会、二〇〇四年、のちに同『中世京都の都市と宗教』)。
(51)　註(50)参照。

第二章　勧進と法華宗

――新在家を中心に――

はじめに

戦国期の京都に成立した法華宗本山寺院の結合体である会合（史料上では、「諸寺」）の共有文書として知られる『京都十六本山会合用書類』のなかにつぎのような一通の文書が残されている。(1)

くわんしん《勧進》の事、法花《華》宗のよし、御ことハり《断》きゝわけ《聞分》まいらせ候、くわうしやうゐんの御ふミ《文》ニおよはす、さしおきまいらせ候、その御こゝろ《心得》へあるへく候、かしく、

伊勢内宮宇治はし《橋》

六月三日　　妙蓮上人（印）

しんさいけ《新在家》中へ

まいる

一見してあきらかなように、この文書には年紀が記されていないため、いつごろのものであるのかについては、

これだけではわからない。ただ、その宛所に注目してみると、この文書が元亀四年（一五七三）七月よりあとに出されたものであることがあきらかとなる。というのも、宛所にみえる「しんさいけ」（新在家〈新在家絹屋町〉）とは、元亀四年四月に織田信長によっておこなわれた上京焼き討ち後の復興策として、同年七月以降に建設された新しい都市域であることがあきらかとなっているからである。[2] したがって、この文書の年紀は、どれだけ早く見積もっても天正二年（一五七四）六月以降となる。

そこでつぎに、本文のほうに目を移してみると、その内容がつぎのようなものであることが読みとれる。すなわち、「法花《華》宗」が「くわんしん《勧進》」を「御ことハリ《断》」することについては、「伊勢内宮宇治はし《橋》妙蓮上人」も「きゝ《聞》わけ《分》」た。よって、「くわうしやうゐん」の「御ふミ《文》」がなくても勧進を「さしお」くので、よろしくお心得いただきたい、と。

ここで話題となっている勧進をおこなっていたのは、この文書の差出である「伊勢内宮宇治はし《橋》妙蓮上人」であろう。したがって、勧進の目的も伊勢内宮宇治橋の建造であったことがわかるが、ただ、その勧進のありかたについては、今のところ不明といわざるをえない。想像するに、京中（洛中）において妙蓮上人やその配下の勧進聖集団が喜捨をもとめていくというかたちであったのだろう。

すでに本書Ⅲ第一章でもふれたように、戦国期の勧進は、「人別一文」ということばに象徴されるように、老若男女をとわずあまねく人びと一人ひとりから喜捨をもとめることができるというところにその特徴がみられる。それゆえ、莫大な財が集積されるとともに、救済と経済が勧進によってむすびつけられていたと考えられるわけだが、そのようなかにあって、その「くわんしん《勧進》」を「御ことハリ《断》」し、「さしお」かれるとは、いったいどのような意味をもつのだろうか。また、それと「法花《華》宗」であることとの関係は何なのであろうか。

本章では、この二点に焦点をしぼって、検討を加えていくことにしたいと思うが、じつはこの文書については、すでに古川元也氏(3)によって検討が加えられている。したがって、本章では、この古川氏の研究をいかにして継承し、乗りこえていくのかが課題となろう。

一　『諸寺勧進帳』にみえる新在家

（1）新在家と『老人雑話』

元亀四年七月に信長によって「新在家絹屋町」に宛てて出された「条々(4)」によれば、新在家の範囲は、「内裡《(裏)》惣堀より南江二町、近衛を限、東ハ高倉を限、西者烏丸を限、二町」であったことがわかる。つまり、新在家は一般の個別町とは異なり、四町におよぶものであったことが知られるわけだが、そのうえ、「条々」には、「惣構者下京ニ可准事」とも記されており、堀や土塁、土塀や木戸門をそなえた惣構もあったことがわかる。

この惣構については、新在家に居住していた江村専斎という人物の話を記録した『老人雑話(5)』にも、「新在家は他所にかはり、四方にかきあけの堀有て、土居を築、木戸ありて構の内也」とみえ、その存在が裏づけられる。このことからもあきらかなように、新在家は、個別町というより、むしろ下京と同じような惣町に近いものであったことが知られよう。

ちなみに、江村専斎という人物については、『老人雑話』の冒頭に「老人ハ江村専斎也、諱ハ宗具、医を業とす、（中略）永禄八年光源院《(足利義輝)》殿乱の年に生れ、寛文四年九月没す、満百歳也」という紹介がなされている。永禄八年（一五六五）にうまれ、そして寛文四年（一六六四）に没したのであれば、たしかに数えで一〇〇歳で亡くなったことになる。

当時としては、かなりの長命であったといえるが、そのことも関係するのだろうか、今谷明氏[6]のように、その実在をうたがうむきもみられる。しかしながら、この点については、すでに朝尾直弘氏[7]が指摘しているように、その存在をうたがう必要はないだろう。たとえば、そのことは、『老人雑話』のなかに出てくる、つぎのような記事を手がかりに確認することもできる。

法華乱と云ハ、承応二年より百二十年計り以前のこと也、（中略）老人の父既在なと一、二歳の比と聞へたり、（中略）今の新在家の者に法華宗の旦那多し、合戦の時討死したる人数多也、老人の外曾祖も討死しけり、

これは「法華乱」（天文五年〈一五三六〉におこった、いわゆる天文法華の乱）にかかわる伝聞を専斎が語ったものだが、ここで注目されるのは、「老人の父既在」とみえるように、専斎の父の名がわかる点であろう。というのも、このあとすぐにふれるように、「既在」の名が記された同時代史料が発見されたからである。

これによって、専斎の実在もまた裏づけられることになったわけだが、その史料をみていくまえに、あわせて注意しておく必要があるのは、「今の新在家の者に法華宗の旦那多し」とあるように、新在家には法華宗檀徒が多いとのべられている点であろう。

ただし、ここでいう「今」とは、「承応二年」（一六五三）ころを指しているから、冒頭に引用した天正期の新在家とイコールの関係にあるとみてはならない。すでに高橋康夫氏[8]によってあきらかにされているように、『老人雑話』にみえる「今の新在家」とは、天正一九年（一五九一）に豊臣（羽柴）秀吉によって内裏周辺の屋敷替えにと

もない解体された「六町」を継承し、「六町々新在家」[9]とよばれることになったあらたな新在家を意味しているからである。

もっとも、このあらたな新在家のうち、もとの新在家は、六町のように解体されたわけではないので、法華宗檀徒が多いという状況はある程度ひきつがれていた可能性は高い。したがって、冒頭に引用した文書の宛所が「しんさいけ中」とされていたのは、天正期の新在家にも法華宗檀徒が多数居住していたことを裏づけるものといえよう。

（2）『諸寺勧進帳』にみえる新在家

さて、専斎の父既在の名が記された同時代史料とは、冒頭に引用した文書と同様、『京都十六本山会合用書類』におさめられる『諸寺勧進帳』というものである。『諸寺勧進帳』は、天正四年（一五七六）一〇月に会合によっておこなわれた洛中の檀徒を対象とした勧進、いわゆる洛中勧進[10]のさいに作成された帳簿であるが、そのなかに専斎の父の名が記された史料[11]も含まれていた。少し長くなるが、該当部分を引用してみるとつぎのようになる。

新在家中町

本国寺　銀四十五文目　江村既在
同　同十匁　加藤孫十郎
同　　玄哉
同　銀百弐拾九匁　妙為
本国寺　四貫文　清水彦二郎

同　銀弐百十五匁　栄紀
同　拾貫文　辻又佐
但銀卅三文めにて上
壱貫文　同内方
但銀卅三文め五分上
同　銀壱枚　加藤浄琳
同　同廿匁　不出候、　めうあん
同　銀七十匁　清水九郎二郎
同　拾《五》貫文《五貫文》　・　石井良以
立本寺　狩野弥三郎
妙蓮寺　四貫文　ぬ　松長久七
立本寺　四貫文　は　池上七三《郎》
本国寺　銀八拾匁　江村孝与
同　同六十九目　辻子善慶
同　同六拾六文目　辻子九三
同　同六十九匁　同　立加
同　代五貫文　めうしゆ

同　銀五拾目　めうゑい
同　代四貫文　石井弥七
立本寺　は（ママ）　同四貫文　池上与三
本国寺　同四貫文　加藤孫三郎
以上八百八拾弐文め五分銀也、　皆済
代卅四貫文　皆済

新在家北町東
本満寺　壱貫文　い　石寺宗慶
妙覚寺　三貫文　ル　大藤左衛門尉
本国寺　壱貫文　ル　速水又四郎
妙蓮寺　五百文　ぬ　三上了円
要法寺　五百文　ワ　玉井宗喜
本国寺　三百文　・　速水宗喜
妙覚寺　五百文　ル　田村源二郎
本国寺　五百文　・　市井宗貞
本禅寺　百文　・　酒井三郎左衛門
本国寺　五百文　・　松崎与三右衛門

同　　　三百文　・　速水宗加
立本寺　弐貫文　は　下村源四郎
本国寺　壱貫文　・　速水彦七
本国寺　五百文　・　速水与四郎
同　　　五百文　・　速水宗加
同　　　壱貫文　・　同新三郎
本国寺　弐貫文　・　松尾新三郎
本隆寺　弐貫文　・　速水新二郎
頂妙寺　五貫文　に　矢野二郎左衛門
同　　　百文　　に　南座
本国寺　三貫文　但南町　小野宗加内
　以上拾三貫五百文　皆済
　又　弐拾壱貫五百文　同北町之西
　皆済

冒頭にみえる「江村既在」こそ専斎の父にほかならないが、そこに記された内容から、既在が天正四年段階で「新在家中町」に居住し、「本国寺」の檀徒であったことがあきらかとなる。息子の専斎がいうように、天文法華の乱がおこった天文五年（一五三六）段階で「一、二歳」であったなら、天正四年（一五七六）ころには数えで四二歳前後となっている。既在という法名を名乗っていたとしても何の不思議もないといえよう。

いっぽう、専斎自身は、永禄八年（一五六五）のうまれとされているので、天正四年では数えで一二歳前後の少年となる。その専斎が史料のうえで最初に登場してくるのは、山科言経の日記『言経卿記』[12]天正一〇年（一五八二）三月一日条にみえる「新在家江村甚大《（ママ）》郎《（専斎）》読書望之由、二十疋持来了、則論語読之」と考えられているが、「論語」の「読書望」ということも、このころ数えで一八歳前後になっていたとすれば、これまた矛盾のないところといえよう。

ちなみに、『老人雑話』には、「老人少年の時、洛中に四書の素読教る人無之、公家のうち山科殿知れりとて、三部を習ひ、孟子に至りて、本を人に借し置たりとて終に教へす」と「山科殿」より四書を学んだと記されている。実際、『言経卿記』天正一〇年五月一〇日条にも、「江村甚大《（ママ）》郎来、中庸読書相果了」とみえ、「四書」のうち、少なくとも「論語」と「中庸」を言経から学んだことがあきらかとなろう。

ところで、専斎の父、既在のことを確認するだけであれば、右に引用した史料のうち冒頭の部分だけをみればよい。にもかかわらず、ここであえてその該当部分全体を引用したのは、江村既在を筆頭に名をつらねた人びとこそ、新在家に居住する法華宗檀徒であり、また、本章の「はじめに」で引用した文書で語られるところの勧進を「御こと《（断）》ハリ」「さしお」かれる対象となった人びとにほかならないと考えられるからである。

じつは、この史料についても、すでに古川氏[13]が検討を加え、新在家における法華宗檀徒の実態について考察をしている。そこで、以下では、できるかぎり古川氏がふれていない部分に光をあてつつ検討をすすめていくことにしよう。

二　新在家と法華宗檀徒

（1）空間としての新在家

そこで、まずは空間としての新在家についてである。先にもふれたように、信長によって出された「条々」によれば、新在家の範囲は四町におよぶものであったことがわかるが、ただ、その内部となると、これまでは『言経卿記』や言経の父山科言継の日記『言継卿記』(14)にみえる「南之絹屋町」(15)や「南絹屋町」(16)、あるいは「南町」(17)など、南町（南絹屋町）の存在しか同時代史料では確認することができなかった。

それが、先に引用した史料によって、新在家には、「南町」のほかにも「新在家中町」「新在家北町東」「同《(新在家)》北町之西」があったことがあきらかとなった点は貴重といえよう。もっとも、この点については古川氏もふれているが、ただそれらが四町のなかのどこにあったのかについてまではふれていない。それでは、それらはどこにあったのであろうか。

通常、戦国期京都の町は、街路をはさんだ両側町か、片側だけの片側町（片原町）のいずれかとして形成されることが多い。したがって、新在家の場合も同様であったと考えられるが、そのさい、手がかりとなるのが、「新在家北町東」と「同《(新在家)》北町之西」という表記のしかたである。というのも、これによって新在家北町は、ひとつの町として形成されつつも、社会集団、共同体としては東西に分かれていたことがあきらかとなるからである。

とすれば、その新在家北町がどの街路に形成されたのかが問題となるが、新在家の四周には惣構がある以上、東西南北の境界にあたる高倉小路・烏丸小路・近衛大路・土御門大路がそれに該当することはありえない。つまり、

図1　寛永14年の『洛中絵図』にみる新在家

そのあいだを南北に走る東洞院大路か、東西に走る鷹司小路のどちらかと考えられるわけだが、四町におよぶ新在家の真ん中を東西に走る街路に形成された町のことを北町とはよばないであろうから、常識的にみれば、南北に走る東洞院大路の両側に「新在家北町東」と「同（新在家）北町之西」は形成されたとみるのが自然であろう。

もっとも、これまでの研究では、高橋氏にしても、古川氏にしても、新在家には土御門大路と鷹司小路のあいだに一本、また鷹司小路と近衛大路のあいだにも一本、おのおの東西の街路があったと想定している。これは近世の絵図をもとにした復元であり、たとえば、古川氏も参照している寛永一四年（一六三七）の『洛中絵図』[18]をみてみると、**図1**のように、土御門大路と鷹司小路、鷹司小路と近衛大路（出水通）のあいだに一本ずつ街路が確認できる。また、新在家にかかわる町名も見いだすことができるが、しかしながら、これも一見してあきらかなように、本来の新在家の都市域のうち、北側と東側は内裏や院御所をはじめとした「屋敷地」にとられ、原形をたもってはいない。

おそらくこれは、六町が解体された天正一九年（一五九一）の京中屋敷替以降にすすめられた再開発にともなって改変されたも

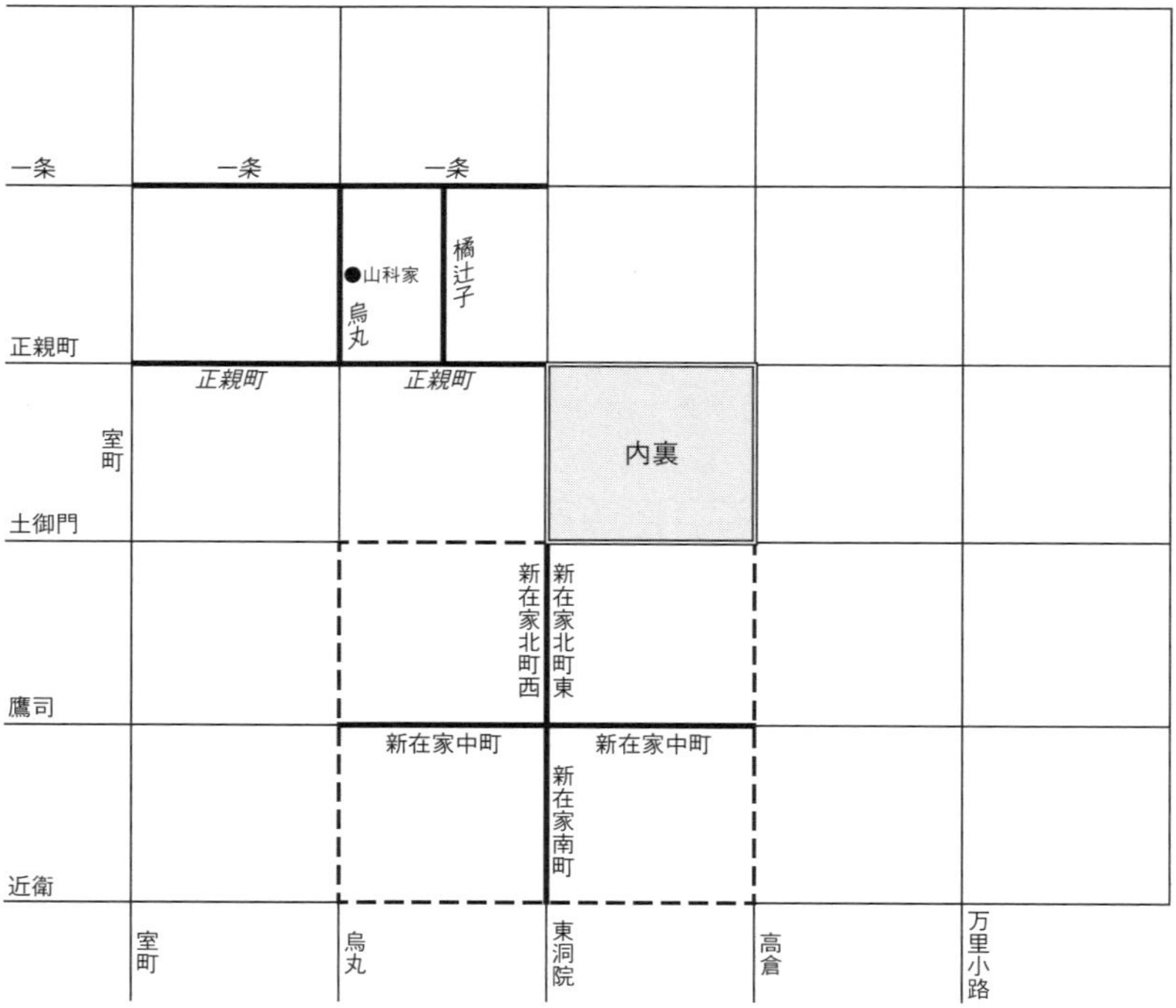

図2　文献史料から考えられる新在家

（註）斜体字は、山科家の屋敷がある六町の町名を意味する。

のと考えられる。そして、このことに注目してみると、**図1**の「新在家南西町」の所在する街路がさらに西へも通じていることに気がつく。しかも、ここの町名が「近衛突抜町」とあることからもわかるように、この東西に走る街路もまた、天正一九年以降あらたに通されたとみるほうが自然であろう。

そもそも新在家のおかれた四町の地は、内裏のすぐ南側であると同時に、一条大路以南の洛中（京中）に含まれる。したがって、信長の時代に、そう簡単に一町の真ん中を突き通す街路をあらたにつくることなどできたとは思われない。もしこのほかにも信長の時代に同じような街路がつくられた事例があるのならともかく、今のところそのようなことも聞かれない。よって、これまでの研究のように、寛永一四年の洛中絵図をもとにして天正期の新在家について考えることにはためらいを禁じえないのである。

したがって、定石どおりで考えるなら、四町の範囲内で新在家北町東・新在家北町西・新在家中町・新在家南町の所在をさぐる必要がある。すると、先にもふれたように、南北に走る東洞院大路の両側に新在家北町東と新在家北町西が形成されたとみられる以上、南町はおのずとこの両町の南側に所在することになる。そして、残る新在家中町が形成されるのは、南北の境界にあたる土御門大路と近衛大路のあいだを走る鷹司小路をおいてほかになく、この東西街路をはさむかたちで所在したと考えざるをえないであろう。

以上のことを図にしてみると、前頁の**図2**のようになるが、ここで注意しておく必要があるのは、現在のところ、史料によるかぎり、北町をのぞいて中町・南町ともに社会集団、共同体としては二町に分かれていない点であろう。また、中町の場合は、東西二町分で一町を形成していたところにも特徴がみられるが、これについては、**図1**でもひきつがれていることがみてとれるので、中町についてだけはその所在を確定することができるのかもしれない。

いずれにしてもこのように、寛永一四年の『洛中絵図』をもとに考えてみると**図1**のようになり、また文献史料だけをたよりにしてみると**図2**のようになる。実際どちらが正しいのか、天正期の地図が残されていない以上、確定的なことはいえないが、**図2**のようなありかたが出発点で、それが天正一九年以降に**図1**のように変化した可能性は十分考えられよう。

（2）新在家と法華宗檀徒

ここで、ふたたび『諸寺勧進帳』の記載に視線をもどしてみると、不思議なことに、新在家北町西や新在家南町に居住する檀徒の情報が記されていないことに気がつく。ここにも当然、法華宗檀徒がいたはずであり、しかも、南町には、天正七年（一五七九）五月におこった安土宗論の直後、「京都騒動不斜」となったさいに「道具已下女房衆」を預けるため言経のもとへ大勢でやってきた「新サイ家衆速水・江村・大藤・黒川」[19]のうちの黒川が居住していたことが、『言経卿記』によって確認できる。

なぜこのような記載になったのかという点についてはさだかではないが、ただ、『京都十六本山会合用書類』におさめられる天正四年一〇月二〇日付の『諸寺勧進銭萬納分』[20]という記録には、「新在家南北町」が「四拾四貫八百文」の喜捨をしたと記されている。また、これとは別に「新在家中町」の記載もあり、「四拾四貫八百文」が新在家南町と新在家北町（東西）の喜捨をあわせたものであることがあきらかとなる。したがって、「新在家北町東」の「拾三貫五百文」と「同北町之西」の「弐拾壱貫五百文」を差し引いた残りの九貫八〇〇文が南町に居住する檀徒分となる。南町に居住する檀徒もまた、喜捨をしていたことだけはあきらかといえよう。

ちなみに、先にふれた『言経卿記』にみえる「新サイ家衆速水・江村・大藤・黒川」については、すでに古川氏も指摘するように、江村は新在家中町に居住する「江村既在」や「江村孝与」、また、速水は新在家北町東に居住する「速水又四郎」「速水宗喜」「速水宗加」「速水彦七」「速水与四郎」「同新三郎」「速水新二郎」、そして、大藤も新在家北町東に居住する「大藤左衛門尉」が該当する。

もっとも、古川氏はふれていないが、新在家中町に居住する「栄紀」もまた、その名字は江村であり、しかも既在の父であることが藤井学氏[21]によってあきらかにされている。したがって、江村は栄紀・既在と、専斎からみれば祖父・父の二代がそろって喜捨していたことになる。このうち栄紀は、永禄一二年（一五六九）に信長が「唐物、天下の名物」を「上京」から召し上げたさいに登場する「江村」[22]と同一人物とされており、新在家が形成される以前より上京に居住する町人だったこともあきらかとなろう。

さらにいえば、新在家中町にその名がみえる「玄哉」も、古川氏が指摘するように、『言継卿記』天正四年一〇月一一日条に「南町辻玄哉今朝死云々、連歌師一人卒」とみえる「連歌師」の「辻玄哉」のことと考えられる。おりしも洛中勧進がはじめられた一〇月一〇日の翌日に亡くなったために引用した史料でも喜捨のところが空白となっているが、これによって逆に、『諸寺勧進帳』の史料としての同時代性も高まることになろう。

なお、『言継卿記』では「辻玄哉」の居住地は「南町」となっているにもかかわらず、『諸寺勧進帳』では新在家中町にその名がみられる理由については不明といわざるをえない。ただ、この「玄哉」については、近年、千宗易（利休）との師弟関係や茶の湯と法華宗との関係をめぐって注目が集まっており[23]、今後の研究の進展によってその居住地についても解決されていくこととなろう。

このように、新在家に居住する個別の法華宗檀徒をめぐっては興味がつきないが、そのことを念頭におきつつ、つぎに本章の主題である、これらの人びとが勧進を「御ことハリ（断）」し、「さしお」かれることの意味について考えていくことにしよう。すると、本書Ⅲ第一章でも引用した天正五年（一五七七）二月朔日付の村井貞勝折紙案[24]の存在が浮上してくることになる。というのも、そこには、法華宗が「祖師」（日蓮）以来の「制法」として、「他宗志」は「受施」さず、また、「諸勧進」についても「不被出」（喜捨してこなかった）ことを織田政権として了承したうえで、今後、「上下京中」で勧進がおこなわれたとしても「当宗」の「真俗」（寺僧と檀徒）は「相除」かれると記されているからである。

ここにみられる「制法」とは、いわゆる不受不施制法とよばれるものであり、「不受」とは他宗からの布施や供養を法華宗僧は「受」けないこと、また、「不施」とは他宗の僧や寺院に法華宗檀徒は布施や供養を「施」さないという、法華宗独特の制法（掟）を意味する。そのような制法を織田政権がこのとき了承したのかどうか、当該の文書が案文であるため判断のまようところでもある。実際、古川氏も、「全く疑問の余地がないわけではない」[25]との見解を示しているが、しかしながら、本章Ⅲ第一章でもふれたように、洛中勧進で集められた財の支出先を示す「諸寺勧進之内遣方」と上書された帳簿[26]に、「銀四百六拾弐匁七分金一枚　諸勧進停止之御折帋之時御礼　村井殿《（貞勝）》」と、「諸勧進停止之御折帋」を発給した村井貞勝に対する礼銀を支払った記載がみえる以上、「諸勧進停止」にかかわる文書を貞勝が発給したことだけはまちがいないといえよう。

　したがって、これをふまえるなら、本章冒頭に引用した文書の年紀は、天正五年（一五七七）以降とも考えられる[27]。もしそうなら、「諸勧進停止之御折帋」が出されていることを前提にして、「法花《（華）》宗」は「くわんしん《（勧進）》」を「御ことハリ」し、それを「伊勢内宮宇治はし《（橋）》妙蓮上人」も「きゝわけ《（聞分）》」たと理解することも可能となろう。

おわりに

　古川氏は、先にみた村井貞勝折紙案にみえる「不受施他宗志」を「謗施は受けないが、他宗には施す」と解釈して、「伊勢内宮宇治橋妙蓮上人の書状とは趣旨が反対になってしまうし、常識的に法華宗側にもメリットをもたらさないのではないだろうか」と理解している。また、それによって、村井貞勝折紙案が「より下る時期に遡及して作成されたことを物語る」とものべている。

　先にもふれたように、また古川氏も指摘しているように、村井貞勝折紙案の原本が今のところ見いだせないため、たしかに判断のまようところではある。しかしながら、「不受施他宗志」は、やはりこれまでどおり「他宗の志を受け施さず」と読まなければ[28]、「殊諸勧進以下不被出」と文意がつながらなくなってしまうであろう。

したがって、本章では、冒頭に引用した文書が、天正五年二月朔日に出された村井貞勝折紙の効力を裏づける可能性をもつと考えるものだが、ただ、そのさい、あわせて注目しておかねばならないのは、冒頭に引用した文書にみえる「くわうしやうゐんの御ふミ《（文）》ニおよはす、さしおきまいらせ候」という一文の存在についてである。

ここからは、もし村井貞勝折紙が出されていなければ、「くわうしやうゐんの御ふミ《（文）》」がないかぎり、法華宗も勧進に応じなければならなかったという事実がうかびあがってくるからである。残念ながら、現在のところ、この「くわうしやうゐん」がいかなる存在であったのかについては不明といわざるをえない。ただ、戦国期の勧進においては、特定の「御ふミ《（文）》」によって、それから免除される場合もあったということがここからは知られよう。

このような「御ふミ《（文）》」の存在が、今回の伊勢内宮宇治橋の勧進に限定されるものだったのかどうかについてはさだかではない。しかしながら、「人別一文」ということばに象徴される中世の勧進（「諸勧進」）がそなえていた呪縛から脱していくような動きは、あるいは多方面からあがりつつあったのかもしれない。法華宗の場合、「諸勧進」からの免除をもとめる理由として不受不施制法があったが、仮に他宗においてもそれぞれの理由で勧進の免除をもとめる動きがあったとするなら、戦国期の勧進がその根底からくずれ去るのも時間の問題であったといえよう。

註

（1）頂妙寺文書編纂会編『頂妙寺文書・京都十六本山会合用書類』一（大塚巧藝社、一九八六年）。

（2）高橋康夫『京都中世都市史研究』（思文閣出版、一九八三年）、同『洛中洛外――環境文化の中世史――』（平凡社、一九八八年）。上京焼き討ちについては、河内将芳『信長が見た戦国京都――城塞に囲まれた異貌の都――』（洋泉社歴史新書y、二〇一〇年）、同『宿所の変遷からみる　信長と京都』（淡交社、二〇一八年）参照。

（3）古川元也「室町後期洛中の法華信仰再考――河内将芳著『中世京都の民衆と社会』の書評にかえて――」（『年報

三田中世史研究』八号、二〇〇一年)。
(4)『上下京町々古書明細記』(京都国立博物館寄託)。
(5)『改定史籍集覧』第一〇冊。
(6)今谷明『戦国大名と天皇――室町幕府の解体と王権の逆襲――』(福武書店、一九九二年)。
(7)朝尾直弘「一六世紀後半の日本」(『岩波講座日本通史　第一一巻　近世1』岩波書店、一九九三年、のちに『朝尾直弘著作集　第八巻　近世とはなにか』岩波書店、二〇〇四年)。
(8)高橋氏前掲『京都中世都市史研究』参照。
(9)『親綱卿記』(『続々群書類従』五)文禄四年一〇月二五日条ほか。
(10)古川元也「天正四年の洛中勧進」(『古文書研究』三六号、一九九二年)、河内将芳「戦国最末期京都における法華宗檀徒の存在形態――天正四年付『諸寺勧進帳』の分析を中心に――」(『仏教史学研究』第三五巻一号、一九九二年、のちに同『中世京都の民衆と社会』思文閣出版、二〇〇〇年)。
(11)『諸寺勧進帳』(頂妙寺文書編纂会編『頂妙寺文書・京都十六本山会合用書類』四、大塚巧藝社、一九八九年)。
(12)大日本古記録。江村甚太郎については、高橋氏前掲『洛中洛外――環境文化の中世史――』参照。
(13)古川元也「京都新在家の形成と法華宗檀徒の構造」(中尾堯編『中世の寺院体制と社会』吉川弘文館、二〇〇二年)。
(14)続群書類従完成会刊本。
(15)『言継卿記』天正四年三月一五日条ほか。
(16)『言継卿記』天正四年七月一〇日条ほか。
(17)『言経卿記』天正七年六月一日条ほか。
(18)大塚隆編『慶長昭和京都地図集成――一六一一(慶長一六)年~一九四〇(昭和一五)年――』(柏書房、一九九四年)。
(19)『言経卿記』天正七年五月二八日条。
(20)『頂妙寺文書・京都十六本山会合用書類』四。

（21）藤井学『本能寺と信長』（思文閣出版、二〇〇三年）。
（22）岡山大学池田家文庫等刊行会編『信長記』（福武書店、一九七五年）、『信長公記』巻二（奥野高広・岩澤愿彦校注『信長公記』角川文庫、一九六九年）。
（23）神津朝夫『千利休の「わび」とはなにか』（角川選書、二〇〇五年、のちに角川ソフィア文庫、二〇一五年）。
（24）天正五年二月朔日付村井貞勝折紙案（『頂妙寺文書・京都十六本山会合用書類』一）。
（25）古川氏前掲「室町後期洛中の法華信仰再考――河内将芳著『中世京都の民衆と社会』の書評にかえて――」参照。
（26）『頂妙寺文書・京都十六本山会合用書類』四。
（27）『資定卿記』（『大日本史料』第一〇編之二六、天正二年雑載　神社）に「神宮宇治橋本願正久」より「綸旨」がくだされるよう申請があったことがみえ、「天正二」年「四月十一日」付の「綸旨案」に「故妙蓮上人」と記されていることをダン・シアー氏よりご教示いただいた。これをふまえれば、天正二年四月一一日までに「妙蓮上人」は死去していることになり、本章の「はじめに」で引用した（年未詳）六月三日付史料の年紀もそれ以前となる。ところが、そうなると、信長によって出された「条々」の年紀である元亀四年七月よりもさかのぼり、「しんさいけ」がまだ成立していない時期となってしまう。不可解といわざるをえないが、ただ、（年未詳）六月三日付史料には、妙蓮上人の花押ではなく、「日本第一　妙蓮上人　内宮宇治橋」ときざまれた印が押されており、妙蓮上人が亡くなったのちもその名と印を押した文書が出された可能性がないとはいえないであろう。いずれにしても、今後とも関連史料をさがしながら検討していかなければならない問題と考える。
（28）立正大学日蓮教学研究所編『日蓮教団全史　上』（平楽寺書店、一九六四年）。

第三章　「洛中勧進記録」について
――中世京都における「都市文書」との関連において――

はじめに

本章の目的は、昭和五七年（一九八二）に京都頂妙寺で発見された『京都十六本山会合用書類』[1]所収の「洛中勧進記録」[2]とよばれる文書群を検討することにある。すでに著者は、当該文書群や同じく『京都十六本山会合用書類』におさめられた『諸寺勧進帳』を含む諸史料をもとに天正四年（一五七六）の洛中勧進やそれに対応した法華宗檀徒の存在形態[3]、そして、その背景となった法華教団の変容や『京都十六本山会合用書類』の成立[4]などについて考察をおこなってきた。そこであきらかになったことを、本章で検討する「洛中勧進記録」との関連でまとめておくとつぎのようになろう。

戦国期京都における法華教団は、そのきわめて流動的な社会の変化に対応し、そのなかでみずからをまもるために、あるときには一揆的に結合し、また、あるときにはいっぽうの勢力に合力、さらには寺院同士が盟約をむすぶなど、さまざまな模索をつづけながら変容をとげてきた。

その間、「寛正の盟約」以降に顕在化してきた武力による合力という方向については、天文法華の乱によって頓挫させられてしまうが、その後、たどりついたひとつのかたちが個別の門流や各寺院の利害をこえた惣的な結合体、すなわち会合（「諸寺」）の結成であった。

京都の法華教団は、結局のところ、この会合をもって戦国最末期の社会の変化に対応することになる。そして、そのさいに対応の手段として会合によって選択されたのが、音信・礼銭・礼物など贈与経済を媒介とするものであった。天正四年に織田政権への対応として会合によっておこなわれた洛中勧進もまた、その一環にほかならないが、「洛中勧進記録」とは、この勧進のさいに洛中の檀徒から提出された文書群であり、それが会合の共有文書である『京都十六本山会合用書類』におさめられていたため日の目をみることになったのである。

その形状などについてはのちにくわしくふれるとして、文書群としての特徴は、当該期京都の町名や檀徒としての町人の名がみられること、また、文書自体が町人自身の手によって作成されたものと考えられる点であろう。このような特徴をそなえた文書群は、比較的多くの「都市文書」を伝える京都においてもかぎられたものといえる。もとより、「洛中勧進記録」と「都市文書」とでは作成された経緯が異なっており、そのとりあつかいには慎重さがもとめられる。ただ、そのいっぽうで、そこから読みとれる情報に注目すれば、教団史のみならず、京都研究にかかわる「都市文書」として「洛中勧進記録」がその列に加わる可能性も浮上してこよう[5]。そういう意味では、本章の目的は、このような可能性をさぐるための基礎的な作業にあるといってよい。

ところで、ここまでつかってきた「都市文書」ということばは、仁木宏氏[6]が指摘されるように、佐々木銀弥氏の論考[7]を嚆矢とするものである。その論考において佐々木氏は、「都市文書」、とりわけ中世「都市文書」に関して、その伝存形態や所有者別に四つの分類と整理をおこなっている。

具体的には、（一）中世都市を支配する官衙・大社寺・公家および武家が伝えるいわゆる荘園文書や武家文書の一部として伝わるもの、（二）都市内の惣町の形成、惣町自治の獲得過程に住民たちが書き残したいわゆる惣町文書、（三）個々の都市住民、とくに有力町衆らが伝える家蔵文書、これは多くの場合商人文書と重複する、（四）その他、都市特有の課税や土地・家地などの売買に関する文書など、というものであるが、これにそくせば、「洛中勧進記録」はそのどれにも属さないことになろう。

しかも、佐々木氏によれば、中世「都市文書」は「独自の、固定した様式や形態をとっていない」とされており、別個の整理方法が必要となってくる。そこでここでは、先にもふれたように、町人が作成したもの、すなわち作成主体に注目したいと思う。このような作成主体に注目した整理方法は、仁木氏の論考やまた近世文書ではあるが、『三条衣棚町文書目録』(8)を作成した京都町触研究会によってもおこなわれており、「都市文書」の整理としてはひとつの方法とされている。

もっとも、仁木氏の場合は、都市法など諸権力側で作成されたものに重点をおいているのに対し、本章ではむしろ町人側で作成されたものに注目したいと思う。その点では、佐々木氏の分類の（二）にみえる「住民たちが書き残した」ということに通じ、おのずと比較検討する文書もいわゆる「惣町文書」となろう。

なお、「都市文書」ということばや分類は、けっして確立されたものではない。というより、むしろ中世都市にかかわる文書や記録などに対する研究自体が未開拓な分野といったほうが適当であろう。そういう意味でも、本章がその置き石のひとつにでもなればさいわいに思う。

一　「洛中勧進記録」に記された情報

それではまず、「洛中勧進記録」のうちの一通をみてみることからはじめよう。

［史料1］

○室町頭上半町　次第不同

安治

壱貫文　本のう《能》寺こんりん《金輪》坊　仙長公

ふや

三百文　本立《隆》寺ゑんくわう《円光》坊　道りう公

（中略）

大句《工》

弐百文　ようほう《要法》寺ゑんとう《円頓》坊　若三郎

百文　下女

已上五貫三百文也、

右に記された文字列のうち、人名が檀徒、また、寺院・僧坊名がその檀徒の帰依する対象、そして、「壱貫文」などと記されるのがおのおのの募財額を意味する。冒頭の町名は、これら檀徒たちが居住する町を意味するが、右の［史料1］をはじめとして各文書はけっして一様とはいえず、そこからまた、作成主体も一様ではなかったことが読みとれる。もっとも、町名、檀徒名、寺院・僧坊名、募財額といった情報が記載されている点はすべてに共通する。

以上をふまえたうえで、［史料1］を含む「洛中勧進記録」から読みとれる情報を一覧表にしたのが**表1**である。

表1には記さなかったが、紙質はすべて楮紙であり、形状については、**表1**に記したように、継紙されたものを含め竪紙が四三通、折紙が二一通となる。

また、**表1**のうち、43をのぞいては、町ごとに町名・募財額・檀徒名、帰依する寺院・僧坊名が一筆で書かれている。また、檀徒名には基本的に花押・略押・印などがみられない。ところが、29の「白雲町」のみには当町の住人ではない立入祐信なる人物の名と花押が日下にすえられている。もっとも、立入祐信の名は、29をのぞいて見いだすことはできず、なぜ29に署判をしているのかといった点についてはさだかではない。

文書が作成された年紀は、49の「弁才天町」と59の「冷泉室町」にみえる記述から、天正四年であることがあきらかとなる、また、**表1**全体から、「洛中勧進記録」がおおよそ一〇月二〇日から一一月一八日までに作成されたことも読みとれる。もっとも、年紀のないものも多く、しかも、61の「新在家」をのぞいて、ほとんどが差出・宛所を欠く。つまり、年紀・差出・宛所を欠くという点では、基本的な文書の体をなしていないわけだが、ただ、宛所がないのは、会合に提出することが前提であったからかもしれない。

文書が作成され、発給（提出）されていく流れとしては、42の「立売町」に一〇月二六日より一一月一八日という月日が段階的に書かれており、ある程度募財が集まった時点で何者かによって募財とともに会合に提出されたと考えられる。あるいは、先にみた立入祐信などがそのような役割をはたしていたのかもしれないが、くわしい点については不明とせざるをえない。

また、募財額全般に端数がみられないことから、一種の約束手形のように文書だけが提出された可能性も考えられる。「天正五年七月十九日　諸寺御勧進之未進分」と題された史料[9]などにみえる「未進」ということばもこのことと関係するのかもしれない。

表1　「洛中勧進記録」から読みとれる情報

	町名	形状	年紀	備考
1	飛鳥井殿西町	折紙	一〇月晦日	合点あり、寺院・僧坊名なし、次第不同、殿付あり、
2	あんせん寺之ちやう	折紙	一〇月二六日	合点あり、寺院・僧坊名仮名多し、
3	某町（安楽小路町）	竪紙（切紙）		僧坊名なし、殿・公付あり、前欠（4と続く）
4	安楽光院小路町	竪紙		僧坊名なし、殿付あり、後欠（3と続く）
5	五辻子町	折紙		後欠（63と続く）
6	某町（山名殿辻子）	竪紙（継紙）	一〇月二〇日	前欠（64と続く）
7	石屋之辻子	竪紙（継紙）		寺院・僧坊名仮名多し、
8	ふろのつし	折紙		
9	北小路室町	折紙		寺院・僧坊名なし、
10	らかんのふろの町	折紙		
11	一条出口東町	竪紙（切紙）		僧坊名なし、
12	うつほや町	竪紙		合点あり、寺院・僧坊名なし、
13	一条殿町	竪紙（継紙）		
14	一条小嶋町	竪紙		合点あり、後欠（62と続く）
15	一てうまちさいもくちやう	折紙		合点あり、全体的に仮名多し、
16	裏築地町	竪紙（継紙）		寺院・僧坊名なし、
17	大炊之御門室町鏡屋町	竪紙（継紙）		界あり、
18	小川らかんの橋下町ひかしのつら	竪紙	一〇月二三日	合点あり、次第不同、

19	春日町	折紙	一一月一日	家一一間
20	このへ町	竪紙		符牒あり、寺院・僧坊名仮名多し、
21	かうたうの町	竪紙（継紙）		符牒あり、
22	大炊之道場町	竪紙		符牒あり、
23	今町	折紙	一〇月二五日	符牒あり、寺院名仮名多し、僧坊名なし、
24	北小路町	竪紙（継紙）		寺院・僧坊名なし、殿付多し、
25	北舟橋町	折紙		
26	御りやうのつし	竪紙（継紙）		
27	五霊通子西東二丁	折紙		
28	下柳原町	竪紙		符牒あり、
29	白雲町	竪紙（継紙）	一一月三日	寺院・僧坊名一カ所のみ、日下に「大鳥居　立入祐信（花押）」の記載あり、
30	新町五霊前	竪紙		
31	新町二条町	竪紙		
32	しんまちへんさいてんちやう	竪紙		全体的に仮名多し、花押あり、
33	西北こうしちやう	竪紙（継紙）	一〇月二〇日	本隆寺・本法寺・本国寺の区分あり、
34	鷹司町	折紙		合点あり、「一町五拾八間　内当宗廿五間」の記載あり、
35	ちやうめうちのまへ町	竪紙		寺院・僧坊名仮名多し、
36	徳大寺殿町	竪紙		寺院・僧坊名一カ所のみ、
37	西舟橋町	折紙		次第不同、
38	西大路	竪紙		殿付多し、

39	一条日野殿町	竪紙		寺院・僧坊名仮名多し、
40	惣門築山上半町	竪紙		寺院名仮名多し、
41	惣門築山南半町	竪紙		僧坊名なし、
42	立売町	折紙	一〇月二六日〜一一月一八日	寄銭、殿付多し、
43	中すし町・しからきつし・立売ひかし町・御所八まん町・かたおかつし	竪紙		
44	二本松町	竪紙（切紙）		
45	ふなはし辻	竪紙	一〇月二七日	全体的に仮名多し、
46	堀出町	竪紙		合点あり、僧坊名なし、
47	室町頭上半町	竪紙		合点あり、次第不同、公付あり、
48	室町頭下半町	竪紙		合点あり、
49	弁才天町	竪紙	天正四年一〇月二四日	合点あり、
50	南猪熊丁	折紙		寺院名のみ仮名、
51	飛鳥井殿町	折紙		合点・符牒あり、次第不同、
52	狩野殿辻子	折紙		
53	西無車小路	竪紙（継紙）		符牒あり、僧坊名五カ所のみ、
54	中武者小路	折紙	一〇月二四日	符牒あり、僧坊名なし、
55	堀上町	折紙		

56	北猪熊町	竪紙（継紙）		
57	羅漢橋南町にしのかた	竪紙		合点あり、
58	南北（立売町）	竪紙		合点あり、殿付あり、二紙カ、
59	冷泉室町	竪紙（継紙）	天正四年 一〇月二九日	合点あり、日下に「冷泉町」の記載あり、
60	ろさん寺町	折紙		寺院・僧坊名なし、殿付多し、
61	新在家	竪紙	（年月未詳） 二〇日	日下に「新在家　清水九郎二郎」、宛所として「諸寺御行事まいる」の記載あり、殿付あり、
62	某町（一条小嶋町）	竪紙	一〇月二七日	前欠（14と続く）
63	某町（五辻町）	折紙		本禅寺檀徒、僧坊名仮名、前欠（5と続く）
64	某町（山名殿辻子）	竪紙		寺院・僧坊名仮名多し、前欠（6と続く）

（註）文書の順番は、『頂妙寺文書・京都十六本山会合用書類』三によったが、影印により若干の訂正をおこなった。したがって、番号はあらたに付したものである。なお、61は「洛中勧進記録」でない可能性が高い。

文書につづられた文字に注目してみると、32の「しんまちへんさいてんちやう《（新町弁才天町）》」のように仮名書きのものも少なくなく、檀徒たちの筆記能力をうかがうことができる。また、それら檀徒のうち、名前の下に公や殿という敬称がつけられたものもみえ、檀徒間にも一定の階層差があったと考えられる。そのほか、合点や符牒がつけられたものもみえるが、これは、会合側でつけられたと考えられ、「洛中勧進記録」が実際に会合へ提出されたことを示すものといえよう。

なお、「洛中勧進記録」には、**表1**をみてもあきらかなように、天正四年段階の上京の町名が数多くみられ、この点は貴重といえる。ただ、それと同時に留意しておく必要があるのは、別稿[10]でもふれたことがあるように、「洛中勧進記録」が地縁的な結合による社会集団、共同体としての町によって作成されたものとは考えられない点であろう。実際、43のように複数の町の分が一括で書かれていたり、また、43・44・45が同筆と考えられるなど、町とは別次元の集団によって作成されたとみるのが自然だからである。

二　天正期京都の「都市文書」との比較

ところで、「洛中勧進記録」のなかに一通だけ、つぎのような書きかたがなされているものがある。

［史料2］

○大炊之御門室町鏡屋町

壱《ひた》貫文　要法寺しつさう坊（実相）　松尾新介

百文　同　同　同新次郎

（中略）

以上拾弐貫文　此内米四升御座候、

右の引用からもみてとれるように、［史料2］は、ほかの「洛中勧進記録」とは異なり、竪紙に経典の界のような縦線を引いたうえで、募財額、帰依する寺院・僧坊名、檀徒名が記されている。なぜ［史料2］だけがこのようなすがたをしているのかという点についてはさだかではないが、これをみて思いおこされる文書がある。『饅頭屋町文書』[11]に残される、つぎのようなものである。

［史料3］

天正十六子二月

西頬合九貫百四十二文　　又せと畠金地子五百五十七文
三条烏丸まんちうや《（饅頭屋）》町

西の口　地子銭三百卅文
弐間一尺三寸四分　奥へ十間間半一尺二寸　与左衛門（略押）

同　同二百卅五文
壱間々半六分　同　十間々半一尺二寸　与衛門（略押）

（中略）

此外北南番や（屋）あり　口一間一小間三寸　おく二間五寸

此とめ日記ハ

子ノ年の二月　　行事

又二郎

弥介

天正拾五年九月九日

［史料3］は、天正一五年（一五八七）という年紀とその内容から、豊臣政権によっておこなわれた洛中検地にあたって、家屋の一軒（間）ごとの間口や奥行、あるいは、地子銭額や家屋を所持するものの名が列記された軒別調書とよばれる文書であることがわかる。

［史料3］は、饅頭屋町に居住していた塩瀬家に伝来したことから、同町が属する町組（牛寅組、丑寅組、艮組）へ提出されたものと考えられるが、これと同じような文書群については、建仁寺塔頭大中院襖の下張文書（『大中院文書』[12]）からも発見されている。そして、そのなかにもつぎのようなものがみられる。

［史料4］
下京秋野々前所町

口弐間々中	奥へ卅壱間々中	与左衛門（略押）
口弐間々中	奥へ卅壱間	与三郎（略押）
（中略）		
口三間壱尺	同　拾弐間	□□□（略押）

以上

天正十五
　九月十日　　　　月行事

御奉行衆様《まいる》

この［史料4］が［史料3］と異なるのは、「御奉行衆様」という宛所がみられることに加えて、もともと襖自体が京都所司代玄以（いわゆる前田玄以）の下代松田政行ゆかりの建仁寺華渓院に伝来したことから[13]、その提出先が豊臣政権であったと考えられる点であろう。つまり、これによって、軒別調書は、町組宛と政権宛の少なくとも二通が作成されていたことがあきらかとなる。

ちなみに、［史料4］では、縦の界のみならず文書の天部にも横の線が引かれているが、いずれにせよこのように、町人たちが作成した文書のなかに、同じようなすがたのものが［史料2］［史料3］［史料4］とみられた点は注目されよう。「洛中勧進記録」と「都市文書」とのあいだには通じるものがあると考えられるからである。

さて、京都の中世「都市文書」として質・量ともに充実していることで知られているのが、先にみた佐々木銀弥氏の分類でいうところの「惣町文書」のひとつにあたる『上京文書』(14)である。この『上京文書』のなかで、「洛中勧進記録」のように町名や町人の名が列記されているものをひろいあげてみると**表2**のようになる。そして、そのうちのひとつ、上京玄蕃町のものをみてみるとつぎのようになろう。

［史料5］

上京玄蕃町地口之事

弐間壱尺　　弥七

弐間也　　与四郎

（中略）

四間口者　　藤あミ

已上合八十五間四尺五寸か

同家数ハ

参拾八間也、

天正廿年三月十七日

けんは《（玄蕃）》町行事

源左衛門（略押）

同行事

衛門太郎（花押）

御月行事町　まいる

右の［史料5］からもわかるように、**表2**としてひろいあげた文書は、いずれも各町の地口を逐一調査したうえで、これらの町々が属する町組（立売組、十四町組）の「御月行事町」へ提出されたものであることが読みとれる。そして、その年紀が天正二〇年（一五九二）二月より四月であることから、これらが作成された背景としてはふたつの可能性が考えられる。

ひとつは、前年の天正一九年（一五九一）に豊臣政権によって上下京・六丁町・聚楽町の地子銭が免除されたさいに必要となった朱印状筆功の礼銭を分担するために作成されたのではないかということ、ふたつは、天正二〇年に洛中の橋修繕の費用調達を目的とした、いわゆる「四千貫文貸付制度[15]」のために作成されたのではないかということである。

ちなみに、幕末に編纂された『上下京町々古書明細記[16]』では、前者の可能性がとられているが、しかしながら、『上京文書』には切紙として後者にかかわる請取状が一六〇通ほども残されている。その残りかたから考えれば、むしろ後者のほうが可能性としては高いといえよう。

いずれにしても現段階では、文書が作成された背景については確定的なことはいえない。ただ、「洛中勧進記録」との関連でいえば、［史料5］にも記されているように、総地口数だけではなく「家数」もわざわざ計上されている点は注目されよう。というのも、すべてではないものの、「洛中勧進記録」にも「家数」が記されているものがみられるからである。ここでいう「家」とは、家屋を意味するのだろうが、町人にとってもっとも重要な財産である家屋の数が計上されている点は特徴的といえよう。

表2　『上京文書』のなかで各町の地口が書きあげられた文書

	町名	形状	年紀	総地口・総家数・差出
1	上京玄蕃町	竪紙（継紙）	天正二〇年三月一七日	八五間四尺五寸、三八間、行事二人（略押・花押）
2	上京木下横半町	竪紙（継紙）	天正二〇年三月一七日	四五間二尺五寸、二一間、行事二人（花押）
3	上京けいかうし殿町	竪紙（継紙）	天正二〇年三月一七日	七二間間中、二九間、行事一人（花押）
4	御霊口内構半町	竪紙（継紙）	天正二〇年三月一七日	六六間二尺九寸一分、月行事二人
5	上京柳途子	竪紙（継紙）	天正二〇年三月二〇日	一二四間四尺、五〇間、行事三人（略押・花押）
6	室町頭下半町	竪紙（継紙）	天正二〇年三月二二日	八一間半中九寸九分、二人
7	上やなきわら町	竪紙（継紙）	天正二〇年卯月四日	一二九間一尺、三人（花押）
8	上立売東町	竪紙（継紙）	天正二〇年四月六日	九〇間四尺二寸九分、四〇間、月行事三人（花押）
9	御所八まん町上半	竪紙（継紙）	天正二〇年卯月九日	八八間五尺、三三間、月行事二人（略押）
10	三条殿御屋敷町	竪紙（継紙）	天正二〇年三月一七日	六三間、二五間、月行事二人（花押）
11	上京かたおかのつし	竪紙（継紙）	天正二〇年三月一七日	四三間四尺三寸、一七間、行事二人（花押）
12	しからきのつし	竪紙（継紙）	天正二〇年卯月九日	三三間七尺、行事三人（略押）

（註）ここでは町人名が列記されたものにかぎってあげたが、町ごとに総地口・総家数（単位は間）を計数した同時期の文書が多数残されている。

もっとも、その「家」に住まう個人の名のほうに注目してみると、「洛中勧進記録」では女性の名も多く見いだせるのに対し、**表2**などの「都市文書」では、男性の名しかみられない点は違いといえる。おそらくそれは、「都市文書」が負担のありかたに重きをおいているため個人を把握することに関心がなかったのに対し、「洛中勧進記録」では、むしろ個別の檀徒の情報にこそ意味があったためと考えられよう。

このように、「洛中勧進記録」と同時期の「都市文書」を比較検討してみると、さまざまな点において類似点や相違点がみられることがわかる。ただ、全体的なことでいえば、「洛中勧進記録」は、その年紀の古さや形状からみて、［史料3］以下のような「都市文書」のさきがけと評価することも可能であるといえよう。

なお、ここまでつかってきた「洛中勧進記録」という呼称は、『頂妙寺文書・京都十六本山会合用書類』を編纂した頂妙寺文書編纂会による命名である。しかしながら、本節での検討をふまえるなら、当該の文書は記録というより、むしろ注文や交名に系譜をひくものとして位置づけられるのが妥当なのかもしれない。

三　町人によって作成された文書

「はじめに」でもふれたように、「洛中勧進記録」は、織田政権への対応として会合がおこなった贈与経済にもとづく音信・礼銭・礼物などの資金調達にあたって作成されたものであった。いっぽう、［史料3］以下の「都市文書」もまた、町や町組が豊臣政権への対応にあたって作成されたという点では類似している。

もっとも、「洛中勧進記録」が会合へ提出されたものであったのに対して、［史料3］以下は、町や町組が直接、権力へ提出したものとなる。この違いは、文書の作成主体が異なるという点では当然なのかもしれないが、ただ、ここで注目しておく必要があるのは、織田政権や豊臣政権といった権力への対応のなかで、町名や町人の名が列記されるかたちの文書が町人みずからの手で作成され、発給（提出）されたという事実であろう。

なぜなら、法華信仰という宗教や信仰によってむすびついた檀徒集団にとって、個人の名とともに募財額や帰依する寺院・僧坊名から居住する町名までが列記された文書が作成されたことで、そのむすびつきに何ひとつ影響をあたえなかったとは考えにくいのと同じように、地縁的な結合を共有する町や町組にとって、町名などとともにそこに住まう町人の名から家の間口や地口、さらには地子銭の額までもが列記された文書が作成されることの影響もまた、少なくなかったと考えられるからである。

権力や領主によって作成された注文や交名、あるいは地子帳・地子目録などとは異なり、みずからの手で個人や集団にかかわる情報を文字として残し、発給（提出）するという行為は、おそらくそれまでにはなかった緊張感をうんだことであろう。なにより自分たちのむすびつきや信仰のありかたまでもが、文書として目にみえるようになってしまったからである。

そのようにしてみたとき、あらためて気がつくのは、「洛中勧進記録」においても、また「都市文書」においても、ともに町という地縁的な結合が前面にあらわれている点である。その背景には、この時期の京都という都市に住まう人びとにとって、地縁的な結合が急速にその優先順位をあげつつあったことが関係しているのではないかと考えられるが、そういう意味でも、作成主体は異なるものの、「洛中勧進記録」が「都市文書」のさきがけとみることにはやはり一定の妥当性があるといえよう。

おわりに

先にもふれたように、「洛中勧進記録」は、天正四年の洛中勧進にかかわる文書群であるが、これをもとにして会合側で作成されたのが四冊におよぶ『諸寺勧進帳』[17]という帳簿である。したがって、「洛中勧進記録」をより深く理解するためには、このときにおこなわれた勧進と『諸寺勧進帳』についてもふれておく必要があろう。そこで、「おわりに」では、この点について若干の検討を加えておきたいと思う。

別稿[18]でものべたことがあるように、天正四年におこなわれた洛中勧進については、なお不明な部分も少なくないが、そのいっぽうで、研究がすすみつつある中世の勧進[19]との比較によってうきぼりとなる部分もあるように思われる。

たとえば、中ノ堂一信氏の研究以来、中世の勧進の特徴のひとつとして、寺社（ただし、すべて顕密系）の修造や造営を勧進聖など寺外の集団が請負い、しだいに彼らが寺内に定着化していく傾向にあったことが知られている[20]。これと比較した場合、天正四年の洛中勧進はどうかといえば、これとはまったく別物であったことがわかる。というのも、洛中勧進では、勧進聖は登場せず、会合という本山寺院の結合体が勧進をおこなっており、そのなかに後藤や本阿弥などの一部有力檀徒も加わるというかたちですすめられたことが知られるからである。しかも、募財の対象も洛中の檀徒にかぎられたものであり、この点もあまねくすべての人びとに喜捨を強制する顕密寺社のそれとは大きな違いといえよう。

また、中世の勧進のもうひとつの特徴として知られる、大勧進職の設定によって勧進がいわば体制的・強制的な課役になりつつあったという議論とも一定の距離がみられる。ちなみに、著者と同じように洛中勧進を検討した古川元也氏は、この議論に引きつけて、洛中勧進が「徴税的」勧進であるとみている[21]。

「徴税的」という以上は恒常的、あるいは定期的に募財がなされなければならないと思われるが、ところが、今のところ、同様の勧進については、天正四年以外に見いだすことはできない。ただし、古川氏が注目された「未進」や「もりまし」ということばからは、洛中勧進にも檀徒の喜捨だけにはとどまらない強制的な部分があったことは否定できない。しかも、勧進によって集められた募財が各寺院の修造や造営にいっさいあてられず、織田政権に対する音信・礼銭・礼物などに支出されていたことにはあらためて注意しておく必要があろう[22]。

もっとも、このようにしてみたとき考えなければならないのは、なぜ洛中勧進のような組織的な勧進がおこなわれることになったのかという点である。残念ながら、この点については、それをあきらかにできる史料が残されておらず、不明といわざるをえない。ただ、『京都十六本山会合用書類』に残される音信・礼銭・礼物関連の史料がこの時期以降、激増していることは、考える手がかりとなるのかもしれない。

もともと会合では、音信・礼銭・礼物などの資金を会合を構成する各寺院のもち寄りによって調達していたことが、『京都十六本山会合用書類』におさめられる最古の史料である永禄八年（一五六五）八月一三日付の『到来帳』[23]などからみてとれる。ところが、このような場当たり的な方法では、めまぐるしく移りかわる武家権力や社会の変化へ対応できないことは火をみるよりあきらかであり、そこでとられたのが、洛中の檀徒からあまねくその財を募る洛中勧進という方式だったのではないかと考えられる。

もっとも、仮にそうであったとしても、それではなぜ洛中勧進は会合が主体となっておこなわれたのかという問いは残される。もちろんこの点についてもそれを解明できるような史料があるわけではないが、本書Ⅲ第一章でもみたように、『諸寺勧進帳』が「洛中勧進記録」をもとに作成されたにもかかわらず、最終的には各寺院ごとに檀徒の家数と募財額を集計し直しているという点であろう。

つまり、これによって、少なくとも天正四年段階における洛中の檀徒の家数とその家ごとの経済力を会合は把握できるようになったからである。こうなれば、たとえ多額の支出を必要とするような事態がおこったとしても、すでに各寺院がみずからの檀徒の家数や経済力を把握している以上、あらためて勧進をおこなうことも、また、「洛中勧進記録」のような文書を提出させる必要もなかったにちがいない。『諸寺勧進帳』に記載された数値をもとにして、会合がそのもち寄り分を各寺院に要請することで対応できるようになったと考えられるからである。もちろん、時間の経過にともなって、檀徒の増減や移動などもみられたであろうが、しかしながら、当面の対応には十分機能したであろう。実際、この時期の史料の大部分が、「支配」にかかわる注文などでしめられていることがそれを反映しているように思われる。

以上のように考えてみると、洛中勧進とは、会合を構成する各寺院やそれに帰依する檀徒の負担能力を調査したものであったともいえるのかもしれない。とすれば、「洛中勧進記録」は、いわば調査票の原本として、また、それらをとりまとめた『諸寺勧進帳』は、当該期京都の法華教団の募財能力を示す基本台帳としてあつかわれるようになったともいえよう。それゆえ、「洛中勧進記録」も、『諸寺勧進帳』も、ともに「厳正に後世に伝えられた一カタマリ」の「共有文書[24]」の一部として保存されることになったとも考えられるのである。

註

（1）頂妙寺文書編纂会編『頂妙寺文書・京都十六本山会合用書類』一～四（大塚巧藝社、一九八六～一九八九年）。
（2）『頂妙寺文書・京都十六本山会合用書類』三。
（3）河内将芳「戦国最末期京都における法華宗檀徒の存在形態――天正四年付『諸寺勧進帳』の分析を中心に――」（『仏教史学研究』第三五巻一号、一九九二年、のちに同『中世京都の民衆と社会』思文閣出版、二〇〇〇年）。なお、天正四年の洛中勧進については、古川元也「天正四年の洛中勧進」（『古文書研究』三六号、一九九二年）参照。
（4）河内将芳「戦国期京都における法華教団の変容――『京都十六本山会合用書類』の成立をめぐって――」（『仏教史学研究』第四〇巻一号、一九九七年、のちに河内前掲『中世京都の民衆と社会』）。
（5）この点に関しては、すでに『頂妙寺文書・京都十六本山会合用書類』四の序において中尾堯氏がふれている。
（6）仁木宏「都市文書と都市社会」（峰岸純夫編『今日の古文書学　第三巻　中世』雄山閣出版、二〇〇〇年）。
（7）佐々木銀弥「商業・都市・交通」（『日本古文書学講座　第五巻　中世編Ⅱ』雄山閣出版、一九八一年）。
（8）京都町触研究会編『三条衣棚町文書目録』（京都町触研究会、一九九六年）。
（9）『頂妙寺文書・京都十六本山会合用書類』四。
（10）河内前掲「戦国最末期京都における法華宗檀徒の存在形態――天正四年付『諸寺勧進帳』の分析を中心に――」参照。
（11）京都市歴史資料館写真帳。
（12）京都市歴史資料館編『叢書京都の史料　9　大中院文書・永運院文書』（京都市歴史資料館、二〇〇六年）。京都市歴史資料館写真帳も参照した。
（13）田良島哲「襖・屏風の下張文書――その伝来と史料的価値をめぐって――」（『ＭＵＳＥＵＭ』四七四号、一九九〇年）、宇野日出生「大中院文書について」（『京都市歴史資料館紀要』八号、一九九一年）、同「建仁寺塔頭大中院文書について」（『古文書研究』三七号、一九九三年）。
（14）京都国立博物館寄託。
（15）杉森哲也「近世京都町組発展に関する一考察――上京・西陣組を例として――」（『日本史研究』二五四号、一九八三年、のちに同『近世京都の都市と社会』東京大学出版会、二〇〇八年）。

（16）京都国立博物館寄託。

（17）『頂妙寺文書・京都十六本山会合用書類』四。

（18）河内前掲「戦国最末期京都における法華宗檀徒の存在形態——天正四年付『諸寺勧進帳』の分析を中心に——」参照。

（19）発表年時順にあげておくと、中ノ堂一信「中世的「勧進」の形成過程」（日本史研究会史料研究部会編『中世の権力と民衆』創元社、一九七〇年、のちに同『中世勧進の研究——その形成と展開——』法藏館、二〇一二年）、永村眞「鎌倉期東大寺勧進所の成立と諸活動」（『南都仏教』四三・四四号、一九八〇年、のちに同『中世東大寺の組織と経営』塙書房、一九八九年）、同「東大寺大勧進職と「禅律僧」」（『南都仏教』四七号、一九八一年、のちに前掲『中世東大寺の組織と経営』）、松尾剛次「勧進の体制化と中世律僧——鎌倉後期から南北朝期を中心にして——」（『日本史研究』二四〇号、一九八二年、のちに同『勧進と破戒の中世史——中世仏教の実相——』吉川弘文館、一九九五年）、安田次郎「勧進の体制化と「百姓」——大和の一国平均役＝土打役について——」（『史学雑誌』第九二編一号、一九八三年、のちに同『中世の興福寺と大和』山川出版社、二〇〇一年）、吉井敏幸「近世初期一山寺院の寺僧集団」（『日本史研究』二六六号、一九八四年）、下坂守「中世的「勧進」の変質過程——清水寺における「本願」出現の契機をめぐって——」（『古文書研究』三四号、一九九一年、のちに同『描かれた日本の中世——絵図分析論——』法藏館、二〇〇三年）。

（20）中ノ堂氏・永村氏・松尾氏・吉井氏・下坂氏前掲註（19）論文参照。

（21）松尾氏・安田氏前掲註（19）論文参照。

（22）古川氏前掲「天正四年の洛中勧進」参照。

（23）『頂妙寺文書・京都十六本山会合用書類』四。

（24）中尾堯「寺院共有文書と寺院結合——『京都十六本山会合用書類』をめぐって——」（『古文書研究』三五号、一九九一年、のちに同『日蓮真蹟遺文と寺院文書』吉川弘文館、二〇〇二年）。

〔補註〕　本書Ⅲでおもな分析の対象としてとりあつかった『京都十六本山会合用書類』をもちいた近年の研究としては、長崎健吾「天正四年洛中勧進の特質に関する一考察」（『古文書研究』八四号、二〇一七年）、同「天正年間の洛中における法華宗檀那の分布状況」（『地方史研究』三九三号、第六八巻三号、二〇一八年）、ダン・シアー「一六世紀を切り抜けた京都法華宗――会合と礼銭――」（海外における日本研究の新地平　海外若手研究員による府民向セミナー、於、京都府立京都学・歴彩館、二〇一九年二月二三日）などがあげられる。ここからは、研究がさらに深化をとげていることが読みとれるが、長崎氏論文「天正四年洛中勧進の特質に関する一考察」では、「天正四年洛中勧進は根本的には檀那側の自発性に基づいて実施されたということができる。徴税的な性格を有する勧進が一般化していた中世という時代の終末期において、寺院と檀那という新たな関係に立脚し、檀那側の自発的な奉加に支えられて実施された点にこそ、天正四年洛中勧進の特質があったと結論づけたい」、あるいはまた、「洛中勧進の実施に町共同体の組織そのものが関わっていたとは考えられない」とのべられており、本書Ⅲの論旨と同じ方向性を示していることが読みとれる。

Ⅳ　東山大仏と京都

「毎月太閤様の命令によって、汝は新しい大仏の寺院に彼の母親の霊を弔うために、八百名の仏僧たちが集まるよう命じている。それゆえこの勤行を務めるために、あらゆる宗派から犠牲を捧げる祭司たちが集まっている。私が知りたいのは、彼らは自分たちのそれぞれの儀式に従っているのに、なぜキリシタンの指導者である伴天連様らを呼ばぬのですか」と。

（一五九六年一二月一三日付、長崎発信、
ルイス・フロイス師の一五九六年度・年報）

第一章　東山大仏の歴史的意義

はじめに

二〇一〇年一〇月に発行された『新しい歴史学のために』二七七号において、拙著『秀吉の大仏造立』（法藏館、二〇〇八年、以下、拙著）に対する書評の労を安藤弥氏がとられた。けっして読みやすいとはいえない拙著を丹念に読んでいただいたうえ、的確なご指摘をいただいたことについては、感謝のことばもみつからない。

しかも、指摘された点のいずれもが拙著の内容に欠けることばかりであり、ひきつづきとりくまなければならない課題があきらかとなったという点でも著者自身、襟をただす思いで一文一文を読ませていただいたことを今でも鮮明におぼえている。

今回、以上のことをふまえたうえで、いくつかの説明や反論を展開していくことをとおして、安藤氏へ学恩をお返しさせていただくとともに、あらためて京都東山大仏（以下、本章では「大仏」）の歴史的意義をめぐって、この間考えてきたことについてふれてみたいと思う。

ところで、安藤氏は、拙著にかかわる「今後の課題」として、「①本書と先行研究を今一度つきあわせて歴史的評価を再検討すること、②京都の都市空間構想と東山大仏などの宗教的施設の関係をどうみるか、③政治権力の宗教政策論や京都の枠組みを超えて宗教構想や宗教状況全体を捉える視点の構築、の三点を指摘」された。安藤氏の書評もこの三点にそくして展開されているので、ここでもまたそれに対応していきたいと思う。

一　研究史

まず課題①について。安藤氏は、「一般向けの書という性格からか、本書では研究史整理等が十分に提示されていない。そのために、他の研究との関係が不明瞭という感も否めない」との指摘をしている。同様の点については、その後、三鬼清一郎氏からもきびしい批判をうけることになるが[1]、これについては、じつのところ返すことばもない。まったく指摘どおりであり、一般書というものに対する、その時点での著者自身の傲慢さ、あるいは研究史に対する認識の甘さを示す以外のなにものでもないといえよう。

遅きに失したといわざるをえないが、あらためて拙著を執筆するにいたった経緯についてふれておくと、その出発点は、拙稿（「京都東山大仏千僧会について――中近世移行期における権力と宗教――」[2]、以下、拙稿）にまでさかのぼることになる。この拙稿は、それまでの研究において、法華宗不受不施派の出発点として、おもに宗門側から法華宗の歴史に関する問題としてあつかわれてきた「大仏千僧会」の実態を追究するとともに、それをとおしてあらわれた豊臣政権と宗教との関係に光をあてることに目的をおいたものであった。

拙稿や拙著の註でもふれているが、「大仏」に関する歴史的研究の嚆矢といえば、辻善之助氏の研究[3]があげられる。辻氏の研究は、「大仏」にかかわる基本的な事実と史料が通史的かつ網羅的に提示されたものだが、その影響力が大きかったためであろうか、研究史のうえでは、『京都の歴史　4　桃山の開花』[4]をのぞいて、かなりの時間的な空白がみられることになる。そして、その空白をへて登場したのが、大桑斉氏の研究(5)であった。

大桑氏の研究は、秀吉が「大仏」に先行して創建しようとした「新紫野天正寺」に注目、それが「大仏」へとつながっていく過程を具体的に掘りさげたところに特徴がみられる。また、氏が立脚する思想史の立場から、「権力者が神性を顕示して民衆を宗教的に支配することを理想としつつ、自らが神性を獲得しえていない段階において、その代理者としての大仏をして民衆の宗教支配を意図したものに他ならない」との結論が示されたところにも特徴がみられた。

いっぽう、それまでの研究ではとりあげられてこなかった「肥前小城鍋島文書」や「大仏殿御算用事」など新史料を駆使して、大仏殿造営の過程を具体的にあきらかにしたのが、三鬼清一郎氏の研究(6)である。三鬼氏の研究の特徴は、辻氏の研究でも一部つかわれていた小瀬甫庵『太閤記』など、同時代史料とはいいがたい史料を排し、徹底的に一次史料にもとづいて検討が加えられたところにある。

また、大桑氏の研究を批判的に継承しつつ、「大仏殿造営の意義と目的」について、大桑氏のいうように、「国家鎮護の宗教から民衆支配の宗教へという人心収攬策という側面もあったが、何よりも、国家鎮護のなかに豊臣家の繁栄と、政権の永遠を求めようとしたもの」であるとの理解を示したところに特徴がみられよう。

このうち後半部については、大桑氏から反論(7)が出されることになるが、それについてはのちにふれることにして、この三鬼氏の論考とほぼ同時期に、平岡定海氏の研究(8)も公表されていたことは忘れてはならない。もっとも、平岡氏の研究は、三鬼氏の手法とは大きく異なり、かつて辻氏がとりあげた史料を掘りさげるかたちとなっていたために『太閤記』も積極的につかわれるなど、とりあつかいにくい部分もみられた。おそらくはそのようなことも関係するのであろう、三鬼氏の研究をうけて「大仏」にかかわる研究をすすめた西山克氏の研究(9)においても、平岡氏の研究が参照されることはなかったのである。

ところで、その西山氏の研究は、三鬼氏が展開した議論を「方広寺構想」ととらえ、三鬼氏が「方広寺構想の段階差を意識しておられないこと」を批判したうえで、文禄五年（一五九六）閏七月の地震によって大破した本尊にかえて大仏殿に「善光寺如来が迎えられたのはなぜか」という問題に焦点をしぼったところに特徴がみられる。また、その研究は、精緻であると同時に、「大仏」の枠もこえ、「王権」や「豊臣「王家」」といった議論につながるスケールの大きなものであったところにも特徴がみられた。

このように、拙稿を執筆しようとしていた当時、著者のまえにそびえたっていたのは、西山氏の研究であり、ともすれば、そのスケールの大きさに呑み込まれそうにもなったが、そのいっぽうで、あらためて細部に目をそそいでみると、思いのほか「大仏」や「大仏千僧会」にかかわる基本的な事実については問題をかかえているのではないかと思うようになった。もっとも、それは西山氏の責任というより、むしろそれまでの研究がかかえてきた問題でもあり、そのうちの「大仏千僧会」について検討を加えてみたのが拙稿であり、また、それをふまえて「大仏」に焦点をあててみたのが拙著だったのである。

以上が拙著を執筆するにいたった経緯と研究史となるが、それでは、これらをふまえたうえで、課題②と③については、どのような説明や反論が可能となるだろうか。できるだけ具体的な事実によりながら、その点についてふれていくことにしよう。

二　京都の都市空間と「大仏」

そこでまずは課題②についてである。「大仏」の造立が、秀吉による京都改造、あるいは城下町化の重要な一要素であるというみかたは、おおよそ『京都の歴史　4　桃山の開花』に由来し、さかのぼれば、小野均（晃嗣）氏の研究[10]にまでいたることとなる。

安藤氏もふれている「京都＝公儀の都」論もまた、その延長線上にあるものだが、しかしながら、すでに杉森哲也氏の研究[11]において指摘されているように、こと「大仏」については、かならずしもそうとはいえない。というのも、「大仏」は、聚楽第（聚楽城）や聚楽城下町、あるいは、いわゆる寺町や御土居（御土居堀）が形成されて以降もなお、完成にはいたっていなかったからである。

それればかりか、本書Ⅳ第二章でもふれるように、秀吉が関白を秀次に譲って聚楽第を去り、そして、その聚楽第を譲られた秀次がほろび、聚楽第やその城下町の解体がはじめられた段階でもなお、完成をみていなかった。そういう意味では、西山氏が指摘された「方広寺構想の段階差」という視点は重要である。

もっとも、西山氏の場合でも、「大仏」の存在を京都との関係のなかで論じようとしていた点では、それまでの研究の影響をうけていたといえる。それに対して拙著では、「大仏」の造立とほぼ時期を同じくして進行していた大坂城・聚楽第・大津城の普請に注目、それらの城がおかれた都市相互の関係性のなかで「大仏」の所在地がえらばれたのではないかと指摘したのである。

史料をひもといてみればあきらかなように、「大仏」造立計画の初見においてすでに、秀吉は「大坂へ御下向」のついでに「可有御建立大仏」地を「御覧」のため「東福寺」の「近所」へ「御出」[12]をしていた。また、慶長二年（一五九七）九月二六日に「太閤御父子」が伏見城から「御入洛」したさいにも、「諸家各為御迎大仏辺罷出」[13]るなど、伏見城が築城されて以降は、伏見との関係性もあわせてみられるようになる。

この点、安藤氏は、「大仏」の立地に「宗教的意味を重視すべきであろう」との指摘をしている。たしかに「大仏」が所在したところは、鳥辺野一帯、阿弥陀ヶ峰の麓であり、三十三間堂をはじめとした寺院も隣接するなど、宗教的な環境が濃厚であったことはまちがいない。しかしながら、そのことと「大仏」の立地とがむすびつく同時代史料をみつけることができなかったために拙著ではその点にはふれえなかったというのが正直なところであった。

また、安藤氏は、「宗教的意味を重視」するという立場から、大桑氏の研究[14]をふまえて、「同じ七条ラインに、後に本願寺が移転してきたのも、同様の文脈で考えるべき歴史的事象である」との指摘もしている。これは、大桑氏が、「天正一九年（一五九一）に堀川七条に本願寺が移り、慶長四年（一五九九）にはその真東の東山阿弥陀ヶ峰に豊国大明神が鎮座して方広寺大仏と共に権力の神殿を構成すると、大坂同様の阿弥陀如来と豊国大明神による救済の東西ラインが生まれた」とのべたことを指している。

しかしながら、本願寺の移転先が「大仏」との関係のなかで選定されたことを裏づける史料というのは、はたしてあるのだろうか。むしろ同時代史料[15]をながめていると、本願寺の移転先は「六条屋敷」であり、六条本国寺との関係が問題になっていたように読みとれる。じつは著者自身が危惧していたのは、このような、きわめて魅力的でありながらも、かならずしも同時代史料によって裏づけがとれるとはいえない議論が著者自身や拙著のなかで展開していくことであった。

もちろんこれは著者自身の問題であって、ほかの人びとがどのような議論を展開したとしてもいっこうにさしつかえないわけだが、ただ、事実認定という観点からいえば、そうとはいえないように思われた。そして、このことと安藤氏が指摘した課題③とは、密接につながっているように思われる。

三　「大仏」と宗教

安藤氏は正確に理解していると思うが、そもそも秀吉の時代に記された史料に登場する「大仏」とは、大仏殿を意味したということをまずは確認しておく必要があろう。したがって、いわゆる刀狩令にみえる「今度大仏御建立の釘かすがひ《（鎹）》に可被仰付」の「大仏」も大仏殿を意味する。また、その大仏殿を中心とした施設もまた「大仏」とよばれた。たとえば、「大仏殿東」に「千僧会」の「会場[16]」となる「経堂」が建立された妙法院のことを、「大仏妙法院」「大仏妙法院殿」とよぶようにである。

もっとも、この妙法院と「大仏」との関係が、秀吉の時代にどのようであったのかという点については今ひとつわかりにくい。ただ、妙法院に建立された「経堂」でおこなわれた千僧会が「大仏千僧会」「大仏法事」とよばれ、その法会に出仕することを「大仏出仕」とよんでいたことをふまえるなら、「大仏」という施設の一部とみられていたことはまちがいないといえよう。

さらに、「大仏」は、大仏殿周辺の地域名としてもつかわれることになる。同時代史料では、「大仏之町[17]」とみえるのがそれであるが、おそらくこの「大仏之町」などが近世の「大仏廻」へとつながっていくことになるのだろう。

もちろん、「大仏」は本尊のことも意味した。もっとも、同時代史料では、「大仏殿仏[18]」や「大仏殿本尊[19]」のように、大仏殿の付属物かのようにもみてとれる。拙著でもふれたように、本尊については同時代史料も少なく、はっきりとしたことはいえない。ただ、残された史料の比率からいえば、秀吉を含め当時の人びとがいうところの「大仏」とは、本尊というよりやはり大仏殿を指していたとみたほうがよいであろう。

となれば、その大仏殿がどのような施設であったのかということが問われるわけだが、おそらく多くの人びとは、まようことなく寺院や宗教施設と判断するだろう。当然のことと思われる。ところが、同時代史料、とりわけ外国語史料ではない日本側のものをいくらさがしてみても、それにふさわしい説明はみつからない。通常、寺院や宗教施設が創建されるにあたっては、それを発願した人物本人が語ったものが残されていなくても、その周辺ではなにがしかの記録が残されるものである。秀吉の場合でいえば、「新紫野天正寺」のようにである。

ところが、こと「大仏」については、それを造立しようとした秀吉の意図を説明する史料も、同時代史料ではない『古渓行状』[20]をのぞいてみつからない。たまたま史料が残されていないだけなのかもしれないが、それにしても不可思議というほかはないであろう。

また、「大仏」が寺院や宗教施設であるとするなら、それらに所属する寺僧集団も確認できそうなものである。ところが、それらも同時代史料では見いだすことはできない。もちろん大仏殿がなかなか完成をみなかったという事情もあるのだろうが、しかしながら、秀吉が亡くなった直後の慶長三年（一五九八）八月二二日におこなわれた、本尊不在（善光寺如来が帰座したため）のなかでの「大仏堂供養」[21]においてさえ、天台・真言を代表する門跡らと彼らにつらなる「千僧」におよぶ顕密僧（「両宗之外他宗無之」[22]）がたずさわったことがわかるだけである。しかも、「大仏」に属する寺僧集団については、そののちも形跡すら見いだすことができないという点はやはり注意しておく必要があろう。

ちなみに、三鬼氏は、近著の「補注［第十三章］豊国社の造営に関する一考察」[23]のなかでも、この法会を「ここでいう葬儀はあくまで非公式なもので、厳密にいえば法要にあたる」として、これまでと同じように葬儀であるとの理解を示している。また、「秀吉の死を知った寺側が、「延々のばされてきた堂供養」の開催を急遽決意したとも考えられる」とものべている。

しかしながら、拙著でもふれたように、この「堂供養」は、秀吉在世時の慶長三年七月の段階ですでに話題にのぼっており、そして、七月二六日には「来月廿二日相定」[24]とみえる以上、秀吉が亡くならなかったとしてもおこなわれる予定の法会であったと考えるのが自然であろう。また、このような「堂供養」は、「寺側」が実施できるようなものではなく、世俗権力側の計画と仰せによってはじめておこなわれるものと考えられる。

むしろ、「寺側」とみられるような主体のないところに「大仏」の特徴があるのではないかと考えられるわけだが、そのようななか、唯一はっきりとしているのは、文禄四年（一五九五）九月二一日に「東山大仏住持ニ聖護院太閤ヨリ被仰」「今日ワタマシ」[25]と伝えられているように、聖護院門跡道澄が「大仏住持」に任じられたという事実であろう。しかもその目的は、『多聞院日記』[26]同日条が「同廿二日秀吉ノ母ノ命日法事始」と記しているように、天正二〇年（一五九二）七月二二日に亡くなった秀吉の母大政所の月命日の法事をおこなうためのものであった。

この法事がおこなわれることについては、「大仏住持」が任じられた日よりおよそ一〇日まえの（文禄四年）九月一〇日に、「民部卿法印玄以」の署名で「東寺　醍醐寺　其外真言宗中」[27]や「法華宗中」[28]に宛てて「今月廿二日より初而」「大仏於妙法院殿毎月太閤様御先祖之御弔として、一宗より百人宛、彼寺へ出仕」するよう命じられたことからも確認できる。この法事こそ、「大仏千僧会」とよばれるものにほかならないわけだが、ただ、それが実施されるまでの動きというのはきわめてあわただしいものであったといわざるをえないであろう。

仮に「太閤様御先祖」としての大政所の「御弔」をおこなうのであれば、祥月命日からはじめればよいにもかかわらず、そのような動きはみられず、そればかりか、「太閤様御先祖」は大政所からその父母（つまり秀吉からみれば母方の祖父母）へとにわかに変更され、それが固定していくようにもなるからである。

拙著では、このような動きの背後に、この直前におこった秀次事件との関連性を読みとったわけだが、この点についても安藤氏は、「これこそ慎重であるべき」であるとしたうえで、「飛躍を承知で言ってみれば、秀吉の母方祖父母というこの男女夫婦は、民衆救済のすがたを見せる大仏とその千僧会に参詣する民衆の代表者的位置付けにならないだろうか。大仏千僧会が個人の供養ではなく、普遍的な性格を持ちえていく要素の一つとして指摘」できるとしている。興味深い指摘とは思うが、安藤氏がいうところの「民衆救済のすがたを見せる大仏」とは、おそらく本尊のことを指しているのだろう。

しかしながら、くり返すように、「大仏千僧会」がおこなわれたのは、妙法院に建立された「経堂」のなかであって、直接的には大仏殿とも、本尊とも関係しない。もちろん、「大仏」という施設の一部として妙法院があったために、「大仏千僧会」「大仏法事」「大仏経堂」ともよばれたわけだが、史料のうえでも大仏殿や本尊との関係に混乱がみられないことを考えあわせても、少なくとも当時の人びとがその違いを正確に認識していたことだけは確認しておく必要があるだろう。

この点に関連して注目されるのは、京都では、「大仏千僧会」とよく似た法会が室町期以降おこなわれていたという事実である。その法会とは、明徳二年（一三九一）におこった明徳の乱で討ち死にした山名氏清らの菩提を弔うため、足利義満によってはじめられた「北野万部経会」である。(29)

万部経会は、一〇〇〇人の僧侶が『法華経』一万部を一〇日間にわたり読経する法会であり、「千僧会」とも通じる一〇〇〇人の僧侶が集められたという点でも興味がひかれる。また、それとともに目をひくのは、その会場が、北野社境内、北野松原に建立された「北野経堂」（北野経王堂）とよばれる建物であった点であろう。

その規模は「長三十間」「横廿五間」(30)であり、「大仏経堂」より大きな建物であったことがわかるが、その名前からして、「大仏経堂」と同種のものであったと考えられるからである。しかも、「北野万部経会」も、「北野経堂」も、ともに「北野」ということばを冠していながら、北野社とは直接関係する存在ではなかった点も重要である。さらに、「北野万部経会」は、山名氏清らの菩提を弔う法会であったものの、その会場である「北野経堂」が、山名氏の「氏寺」とも、菩提寺ともみなされていなかったことにも注意が必要であろう。

もちろん、「北野万部経会」「北野経堂」と「大仏千僧会」「大仏経堂」とが同じものであったというつもりは毛頭ない。しかしながら、ここからは、少なくとも法会とその法会がおこなわれた場を無条件にむすびつけて考えることはできないという点は指摘できるのではないだろうか。「大仏千僧会」が「大仏経堂」でおこなわれているからといって、三鬼氏がのべるように、「大仏」が「豊臣家の氏寺」や菩提寺であり、また、「国家鎮護のなかに豊臣家の繁栄と、政権の永遠を求めようとしたもの」というためには、それを裏づける同時代史料が決定的に不足しているといわざるをえないからである。

おわりに

以上のように、「大仏」の実態とは何か、また、秀吉にとって「大仏」とは何だったのかという問いかけは、追いかけていけばいくほど迷路に入りこんでいく、やっかいな問題といわざるをえない。ただ、とはいっても、著者もまた、「大仏」や「大仏千僧会」を安藤氏が指摘するように「豊臣政権の宗教政策というような範疇を超えて、当該期の宗教史全体の問題として考えていくべき問題」と考えていることにはかわりはない。

そういう意味では、安藤氏とめざすところは同じであり、それゆえ拙著では、いっそう歴史学の立場から同時代史料によって裏づけられないことがらを排し、確実にいえることのみを積み重ねて、「大仏」や「大仏千僧会」の実態に不十分ながらも迫ってみようとこころみたのであった。

もっとも、そのような意図をうまく伝えることができなかったのは、ひとえに著者自身の未熟さ以外のなにものでもない。努力を重ねていくほかないと思うが、最後に一点だけ、安藤氏にかぎらず、大桑氏や三鬼氏のあいだでも議論がかわされた「大仏」を語るさいにかならずといってよいほどみられる、「民衆が大仏に抱く崇敬の念[31]」や「豊臣政権が、その支配の正当性を主張し、民衆を支配するために、大仏を造立した[32]」との説明がどのような史料にもとづいておこなわれているのか、という点については説明していただきたいと思う。

また仮に、それが常識であったのだとしても、その常識をささえる同時代史料が何であるのかという点についても明示していただければと思う。想像するに、これまでの研究においては、いわゆる刀狩令にみえる一節がその史料的な根拠としてつかわれてきたのではないかと思われる。しかしながら、これもまたよく知られているように、『多聞院日記』天正一六年（一五八八）七月一七日条には「天下ノ百姓ノ刀ヲ悉取之、大仏ノ釘ニ可遣之、（中略）内証ハ一揆為停止也ト沙汰在之、種々ノ計略也」とみえ、その言説は、「天下ノ百姓」をはじめ、秀吉やその政権と対峙するすべての人びとに見すかされていたことはあきらかといえる。

つまり、「天下ノ百姓」は、そのような言説にはまどわされなかったわけだが、もちろん、秀吉やその政権がそのことを夢想だにしなかったとは考えられないであろう。むしろ、百も承知のうえでのことだったのではないかと思われる。

とすれば、たがいがそのようなことを承知のうえでむすびあう関係とはどのようなものであったのだろうか。中世から近世へと移行していく時代における世俗権力と宗教との関係、あるいは、宗教をささえる人びとの動きや変化をふまえて考えていかなければならない問題と思われるが、そのさい注意すべきは、秀吉が造立した「大仏」を、それ以前と同じようなことばや概念で理解してはいけないという点であろう。一見、同じようなことばや概念にみえても、それが似て非なるものへと変化したのがこの時期にほかならないからである。

そういう意味もこめて、著者は、拙著を「秀吉の時代においてもなお、紫野や大仏、あるいは八宗や八幡といった、既存の中世的な記号を利用しなければ、文字どおり「新」たな関係を宗教とのあいだに築くことがむずかしかったとみるべきであろう。「仏力柔弱をなげ」き、本尊にはこだわりをもたなかったにもかかわらず秀吉が大仏殿の存在にこだわりつづけざるをえなかったのはまさにそのためであり、そしてこの点にこそ東山大仏の歴史的意義はもとめられなければならないのである」という一節でむすぶことにした。

もっとも、これは、あくまで歴史学の立場にたった著者がたどりついたひとつのこたえにすぎず、「真宗史に責任を持つ立場」の安藤氏をはじめ、さまざまな立場の人びとと議論を重ねていくなかで真実に近づいていくことができるのだろう。そのためにも、多方面からの議論がわきあがることが必要であり、また、そのことをひたすら祈念しつつ本章をおえることにしたいと思う。

註

（1）三鬼清一郎「補注［第十三章］豊国社の造営に関する一考察」（同『織豊期の国家と秩序』青史出版、二〇一二年）。
（2）『日本史研究』四二五号、一九九八年、のちに同『中世京都の民衆と社会』思文閣出版、二〇〇〇年。
（3）辻善之助『日本仏教史　第七巻　近世篇之二』（岩波書店、一九五二年）。
（4）京都市編『京都の歴史　4　桃山の開花』（学藝書林、一九六九年）。

（5）大桑斉「天正寺の創建・中絶から大仏造営へ――天正期豊臣政権と仏教――」（『大谷学報』第六三巻二号、一九八三年、のちに同『日本近世の思想と仏教』法藏館、一九八九年）。
（6）三鬼清一郎「方広寺大仏殿の造営に関する一考察」（永原慶二・山口啓二・稲垣泰彦編『中世・近世の国家と社会』東京大学出版会、一九八六年、のちに前掲『織豊期の国家と秩序』）。
（7）大桑斉「補論　三鬼清一郎氏「方広寺大仏殿造営に関する一考察」をめぐって」（前掲『日本近世の思想と仏教』）。
（8）平岡定海「方広寺の成立とその性格」（『大手前女子大学論集』二〇号、一九八六年、のちに同『日本寺院史の研究　中世・近世編』吉川弘文館、一九八八年）。
（9）西山克「王権と善光寺如来堂」（塚本学先生退官記念論集刊行会編『塚本学先生退官記念論文集　古代・中世の信濃社会』銀河書房、一九九二年）、同「豊臣「始祖」神話の風景」（『思想』八二九号、一九九三年）。
（10）小野均（晃嗣）「京都の近世都市化」（『社会経済史学』第一〇巻七号、一九四〇年、のちに同『近世城下町の研究　増補版』法政大学出版局、一九九三年）。
（11）杉森哲也「近世京都の成立――京都改造を中心に――」（佐藤信・吉田伸之編『新体系日本史　6　都市社会史』山川出版社、二〇〇一年、のちに同『近世京都の都市と社会』東京大学出版会、二〇〇八年）。
（12）『兼見卿記』（史料纂集）天正一四年四月一日条。
（13）『兼見卿記』慶長二年九月二六日条。
（14）大桑斉「都市文化の中の聖と性」（『岩波講座近代日本の文化史　2　コスモロジーの「近世」』岩波書店、二〇〇一年、のちに同『民衆仏教思想史論』ぺりかん社、二〇一三年）。
（15）天正一九年閏正月五日付豊臣秀吉朱印状（『本願寺文書』、東京大学史料編纂所『史料稿本』）。
（16）『義演准后日記』（史料纂集）文禄五年正月二九日条。
（17）『言経卿記』（大日本古記録）文禄四年九月一四日条。
（18）（天正一六年カ）九月六日付豊臣秀吉朱印状（『一柳文書』、名古屋市博物館編『豊臣秀吉文書集　三　天正十四年～天正十六年』吉川弘文館、二〇一七年）。

(19)（天正一六年カ）九月二三日付豊臣秀吉朱印状写（『因幡志』、前掲『豊臣秀吉文書集　三　天正十四年～天正十六年』）。
(20)竹貫元勝『古溪宗陳――千利休参禅の師、その生涯――』（淡交社、二〇〇六年）。
(21)『言経卿記』慶長三年八月二二日条。
(22)『義演准后日記』慶長三年八月二二日条。
(23)註(1)参照。
(24)『義演准后日記』慶長三年七月二六日条。
(25)『言経卿記』文禄四年九月二一日条。
(26)増補続史料大成。
(27)（文禄四年）九月一〇日付民部卿法印玄以書状（折紙）（『東寺文書』楽甲八、上島有編著『東寺文書聚英』同朋舎出版、一九八五年）。
(28)（文禄四年）九月一〇日付民部卿法印玄以書状写（『宗義制法論』上巻、日蓮宗不受不施研究所編『不受不施史料』第一巻、平楽寺書店、一九八三年、柏原祐泉・藤井学校注『日本思想大系　57　近世仏教の思想』岩波書店、一九七三年）。
(29)梅澤亜希子「室町時代の北野万部経会」（『日本女子大学大学院文学研究科紀要』八号、二〇〇一年）、伊東史朗監修『千本釈迦堂　大報恩寺の美術と歴史』（柳原出版、二〇〇八年）。
(30)『洛北千本大報恩寺縁起幷由致拾遺』（前掲『千本釈迦堂　大報恩寺の美術と歴史』）、冨島義幸「足利義満と北野経王堂」（桃崎有一郎・山田邦和編著『室町政権の首都構想と京都――室町・北山・東山――』文理閣、二〇一六年）。
(31)安藤弥「書評　河内将芳著『秀吉の大仏造立』」（『新しい歴史学のために』二七七号、二〇一〇年）。
(32)註(31)参照。

第二章　東山大仏と豊臣政権期の京都
——秀吉在世時を中心に——

はじめに

著者は、以前、豊臣（羽柴）秀吉によって京都東山に造立された大仏について、おもに秀吉やその政権の観点から実態を検討したことがある。(1) しかしながら、そこでは、大仏が京都に存在することの意味を十分には深めることができなかった。そこで、本章では、あらためて都市京都との関係に焦点をあて、その歴史的な意味を考えてみたいと思う。

この点に関連して研究史をひもといてみると、おもな議論としてくりひろげられてきたのが、大仏とほぼ時期を同じくして京都で普請がすすめられた聚楽第（聚楽城）・聚楽城下町との関係をめぐってのものであったことがわかる。その嚆矢は、おそらく、一九六九年刊行の『京都の歴史　4　桃山の開花』(2) におさめられた第三章第二節「聚楽第と方広寺」（黒川直則氏執筆）ではないかと考えられるが、もっとも、そこでは聚楽第と大仏に関するおのおのの叙述はなされていても、かならずしも相互の関係にまでふれたものとはいえなかった。

したがって、本格的な議論としては、一九八六年に三鬼清一郎氏によって発表された論考「方広寺大仏殿の造営に関する一考察(3)」の登場まで待たなければならないであろう。この三鬼氏の論考は、大仏造立に関する基礎的な事実、とりわけ物資調達や労働力編成など、造営にかかわる具体的な事実をあきらかにしたものとしてよく知られている。と同時に、聚楽第や聚楽城下町との関係についてもふれられている点で重要といえよう。

その論考のなかで、三鬼氏は、「内裏に隣接する聚楽第からみれば、東福寺はほぼ南の方角にあたるが、その延長線上には奈良がある。つまり、秀吉は京都において、東大寺の方角に大仏殿の建立を思い立った」としたうえで、「方広寺は京都における南都寺院として、あらゆる種類の災害から皇城を守り、無限世界の浄化と鎮護国家を祈願する役割を担わされていたと思われる」との理解を示すことになる。

この三鬼氏の研究は、大仏の存在を聚楽第や聚楽城下町、あるいは京都との関係を視野に入れたものとしては最初であり、したがって、その後の研究が、三鬼氏の論考を出発点として検討が加えられるようになったのも当然といえよう。たとえば、一九九二年に発表された西山克氏の論考「王権と善光寺如来堂」[4]においても、三鬼氏の研究が「方広寺構想」と名づけられたうえで、「私が違和感を感じているのは、むしろ三鬼氏が、方広寺構想の段階差を意識しておられない」と指摘されるようにである。

ここでいう「段階差」とは、具体的には「文禄四年（一五九五）七月の秀次事件と、それによる「聚楽第城下町」構想の破綻」が「方広寺構想自体に影響を及ぼさなかったと言え」ないことをあらわしている。また、西山氏の場合、その関心は、あくまで文禄五年（一五九六）の大地震で大破した本尊にかわって「慶長二年（一五九七）の夏」に迎えられた善光寺如来にあり、「僅か一年一ヵ月」のあいだ「方広寺大仏殿が善光寺如来堂」であったことの意味を問うものとなっている。

しかしながら、その結果みちびかれた「文禄四年七月の「聚楽第城下町」構想の破綻が、方広寺の王城鎮護の寺としての性格を後退させ」、「異形の善光寺如来を選んだところに、初期の方広寺構想の変質を看取ることができる」との指摘は重要といえよう。

大仏が「王城鎮護の寺」だったのかどうかについては、史料的な裏づけがとれないものの(5)、大仏をとりまく環境の変化に注目することによって、「豊臣政権の権力中枢が大坂―伏見のラインに集中した結果、善光寺如来堂の位相が、京都より伏見に引きつけられてくる」との指摘がうみ出されることになったからである。

本章においても、このような大仏をとりまく環境の変化に注視していくものであるが、西山氏の研究からもあきらかなように、大仏と京都との関係を考えていくにあたっては、もはや聚楽第や聚楽城下町との関係を問うだけでは不十分であることはあきらかといえよう。

この点に関連して注目されるのは、二〇〇一年に発表された杉森哲也氏の論考「近世京都の成立――京都改造を中心に――」(6)のなかで、「大仏殿は、京都改造が完了した天正十九年段階では完成していなかった」と指摘されている点である。

もっとも、杉森氏も、「方広寺大仏殿の造営」を「京都改造の一環」ととらえており、その点では、西山氏のように「段階差」を意識しているわけではない。しかしながら、事実として、天正一九年（一五九一）のいわゆる「京都改造」が終了してもなお、大仏の普請がつづけられていたという点に光をあてたことは重要と考えられる。じつは、秀吉が造立した大仏は、天正一九年はおろか、少なくとも秀吉在世時には完成をみることがなかった。この予想外と思えるような事実にまずは注目しておく必要があろう。

また、西山氏が指摘するように、大仏はたしかに「伏見に引きつけられて」いく側面をもっていた。しかしながら、大仏殿が建てられた場所そのものには変化がみられないのであり、したがって、その場所になぜ大仏が造立されることになったのか、その立地についてもあらためて考えていく必要があろう。

以上をふまえて、本章では、普請が未完におわったという事実と立地の問題について、時期を秀吉在世時にかぎるとともに、大仏をとりまく環境の変化にも注視しながら検討を加えていきたいと思う。なお、あらかじめ確認しておくと、本章でいうところの大仏とは、大仏殿を中核とした一定の施設を意味している。秀吉の在世時でいえば、「大仏殿東」に大仏「千僧会」の「会場」となる「経堂」が建立され[7]、「大仏妙法院」ともよばれた妙法院や、あるいは、「大仏住持」[8]に任じられた聖護院門跡道澄の照高院、さらには、「大仏本願」[9]とよばれた木食応其の住坊なども含まれる。

ただし、木食応其の住坊以外は、文禄四年以降に登場することになるので、大仏とは、基本的には大仏殿と考えてよいであろう。また、「方広寺」という寺号についても、少なくとも近世前期まではそれがつかわれた形跡がみられない[10]。よって、本章では、史料用語として出てくる「大仏」のほうをつかっていきたいと思う。

それでは、順序は前後するものの、まずは立地の問題からみていくことにしよう。

一　立地について

（1）東福寺近所から三十三間堂北へ

秀吉が京都に大仏を造立しようとしたことが史料のうえで確認できるのは、現在のところ、『兼見卿記』[11]天正一四年（一五八六）四月一日条が最初となる。そして、そこには、つぎのような記事がしたためられている。

今日大坂へ御下向也、（中略）即御下向、至東福寺御出、此近所ニ可有御建立大仏、其地為御覧御出云々、

ここからはまず、この日、秀吉が京都から「大坂へ御下向」しようとしていたことが読みとれる。この段階での秀吉の京都宿所といえば、聚楽第（聚楽城）へ移徙する以前となるので、本書Ⅱ第三章でもふれた「二条西洞院」の妙顕寺跡に築かれた「二条城」[12]（「二条之屋敷」）となろう。そして、そこから大坂へむかうにあたり、秀吉は「東福寺」に「御出」するわけだが、その「御出」の目的とは、「此近所」に「大仏」を「御建立」するための「地」を「御覧」することにあった。

このとき秀吉が、どのようにして大坂まで「御下向」したのかということまではわからない。ただ、「東福寺」へ「御出」したという以上、おそらくは東福寺門前を通る法性寺大路（のちの「伏見開道」[13]）を南下して伏見にいたり、そこから船に乗って大坂へとたどりついたとみるのが自然であろう。

もしそうであるなら、秀吉は大仏を京都から大坂へといいたる道筋に「御建立」しようと考えていたことになる。ただし、実際に立地されたのは、この東福寺の「近所」ではなかった。たとえば、イエズス会宣教師の報告書『一五八六年の報告書』[14]につぎのような記事がみてとれるからである。

奈良の市の大仏を、金を塗った千余体の仏像のある都の大寺院（三十三間堂）の附近に造ることを命じた。

ここからは、「金を塗った千余体の仏像のある都の大寺院（三十三間堂）の附近」に大仏をつくるよう秀吉が命じたことが読みとれるが、この記事が事実であったことは、『言経卿記』天正一六年（一五八八）五月一五日条に「京都三十三間北ニ大仏殿可被建立」とみえることからもあきらかといえよう。

それにしてもなぜ、このように東福寺の「近所」から「三十三間北」へと実際の立地が変化したのであろうか。

そのことを直接説明してくれるような史料は残されていないが、この年、京都と大坂を頻繁に往復していた秀吉が、[15]もう一カ所、たびたび下向していたところがあったという事実が関係するのではないかと考えられる。

というのも、先にふれた『一五八六年の報告書』のつづきには、「比叡山の麓近江の湖水に接した坂本といふ所に在った明智の城を破壊し、城も町も同所から一レグワ離れた大津といふ、尊師が都より安土山に往復された時数回宿泊された町に移すことを命じた」という記事がみられるからである。

ここからは、秀吉が大津において、坂本城にかわる城と城下町の普請にとりかかっていたことがあきらかとなるが、もっとも、この時期、秀吉が普請をすすめていたのは、大津城だけではなかった。たとえば、『宇野主水日記』[16]（『貝塚御座所日記』）天正一四年三月二日条にも、「京都内野辺ニ関白殿ノ御殿タテラルベキニ付而、二月下旬ヨリ諸大名在京シテ大普請ハジマル也、大坂ニハ中国之大名ノボリテ普請アリ、人足七八万、又ハ十万人バカリアルベシ」とあるように、「内野」の「関白殿ノ御殿」（聚楽第）や「大坂」城も同じように普請がすすめられていたからである。

このようにしてみるとわかるように、京都に聚楽第、大坂に大坂城、大津に大津城と複数の城普請を並行してすすめているさなか、さらに思い立ち、普請をおこなおうとしたのが大仏となる。したがって、このような流れとその立地が東福寺の「近所」から「三十三間北」へと変化したこととがまったくの無関係であるとは考えにくいであろう。

それでは、なぜ「三十三間北」だったのか、つぎにこの点についてみていくことにしよう。

（2）汁谷

戦国期に描かれたことで知られる『上杉本洛中洛外図屏風』（米沢市上杉博物館所蔵）のなかで「三十三間」と書かれた墨書の北側をながめてみると、そこには「しるたにめうほういん《（汁谷妙法院）》」という墨書を見いだすことができる。これは、「汁谷」の地に「妙法院」があったことをあらわしているが、同地に所在するのは妙法院だけではなかった。たとえば、「汁谷仏光寺」の名で知られていた真宗寺院仏光寺もそのひとつである。ところが、仏光寺に残される『仏光寺派古文書』[17]には、「大仏殿就御造営、地形之事、被任上意、御忠節之段[18]」とあり、「大仏殿」「御造営」にかかわる「地形」をめぐって、「上意」にしたがい、「御忠節」をほどこしたとの記述がみえる。

もっとも、これだけでは、「御忠節」の内容までを知ることはできないが、ただ、大仏造立以後に仏光寺が同地に所在していないことから考えても、近世中期、正徳元年（一七一一）成立の『山城名勝志[19]』巻之四が伝えるように、「仏光寺」は「旧在渋谷、天正十五年大仏殿建立時、移之」ったとみるのが自然であろう。

となれば、焦点は「汁谷」という地がもつ意味にしぼられてくる。「汁谷」とは、いったいどのような場所だったのだろうか。この点について史料をたぐっていくと、これより先、天文一一年（一五四二）、同一二年（一五四三）ころの史料に[20]「汁谷通路」や「汁谷口」という文言を見いだすことができる。

ここからは、「汁谷」に「通路」が通っており、京都側の出入口として「口」もひらかれていたことがあきらかとなる。そして、その同じ史料によれば、「汁谷口」には、「山科花山郷」をへて、「法性寺柳原座中幷大津松本門徒」とよばれた人びとや荷物の往還もあったことが知られよう[21]。

ここにみえる「法性寺」や「柳原」とは、「汁谷」周辺の地名を指し、また、「大津」や「松本」とは、近江国の地名を意味している。つまり、「汁谷」の地とは、大津城が築かれた「大津」や「山科」ともつながる交通の要衝であった。

ここから、天正一四年から一五、六年段階で秀吉が思い立った大仏の立地とは、大津と京都をつなぐ場所であると同時に、大坂へもつながる場所であったことがあきらかとなる。したがって、当初考えられていた大仏の立地とは、これまでいわれてきたような聚楽第やその城下町との関係というより、むしろこの時期の秀吉の移動範囲や行動パターンに由来するものであったとみるのが自然であろう。

そのことをふまえたうえで、留意しておく必要があるのが、東福寺の「近所」にしても、「三十三間北」や「汁谷」にしても、いずれも鴨川より東側、つまりは鴨東の地であったという点である。いうまでもなく、洛中からそこへいたるためには鴨川を渡らなければならないからである。

そのようにしてみたとき、天正一四年から一五、六年段階で鴨川に架けられていた橋が、四条橋と五条橋のほかになかったという事実も意味をもってくる。三条橋が架けられるのは、これより少しくだった天正一八年（一五九〇）のことだが、それを架けたのがほかならない秀吉であったことをふまえるなら[22]、大津への往復や、あるいは伏見を経由して大坂へ往復するためにも、五条橋を渡るのがもっとも合理的だったと考えられるからである。そして、その五条橋を渡ってさほど遠くないところに「汁谷」の地はあった。

こうしてみると、三条橋の架橋と同じ年に中世以来の五条橋にかわって、「汁谷」により近い「六条坊門」にあらたな橋を秀吉が架けた[23]ことの意味も理解しやすくなる。天正一九年（一五九一）の段階でもなお、七月や一二月には秀吉は京都と大津を往復するとともに、東国からの上洛途中には大津に立ち寄ったりしていることが確認できるからである[24]。

このように、秀吉が大仏の造立を思い立った天正一四年から一五、六年に視点をおいてみると、その立地が宗教的というより、むしろ実利的な理由にあったことがうきぼりとなってくる。実際、東福寺の「近所」や「三十三間北」とあるように、「近所」とか「北」とはみえても、それらとのあいだには直接的な接点を見いだすことができないからである。

以上から、本節では、大仏の立地が秀吉の行動範囲や移動パターンという、すぐれて実利的な理由にあったと考えるものだが、しかしながら、時間の経過にともなって、秀吉の行動範囲や移動パターンのみならず、まわりの環境も変化し、それにより、同じ立地でありながら、そこにあるものの意味が変化していくことは当然ありえたであろう。そして、そのような変化と、大仏の普請が結果として完成をみなかったということとは密接にむすびついている。それでは、そのむすびつきとはどのようなものであったのだろうか、節をあらためて具体的にみていくことにしよう。

二　未完におわった普請について

(1)　文禄五年閏七月の大地震以前

「汁谷」の地に立地がさだめられた大仏の普請は、天正一六年（一五八八）五月より本格的にはじめられる。たとえば、『多聞院日記』(25) 五月一二日条に「京ニハ大仏建立トテ石壇ヲツミ土ヲ上テ、其上ニテ洛中上下ノ衆ニ餅酒下行シテヲト（踊）ラセラル、」とみえるようにである。

そして、それからおよそ六年後の文禄三年（一五九四）になってようやく「出来」（完成）に近づく。同じく『多聞院日記』七月二二日条に「大仏モ大旨出来」とあり、また、編纂物ではあるものの、『当代記』[26]文禄三年条にも「此比、東山之大仏漸出来之間、足代をも取、仏体をも塗、築山をも引」とみえるからである。

これだけをみていると、文禄三年には大仏殿は完成に近づいているかのように思える。しかしながら、実際はそうではなかった。たとえば、それからおよそ二年たった文禄五年（一五九六）正月二一日に「大仏中門柱二本立初」と『義演准后日記』同日条にはみえ、また、およそひと月後の同記二月二五日条にも「大仏中門、昨日柱悉建云々、今度本尊以下見物、広大無辺、殊勝無申計」とあるように、「大仏中門」の「柱悉建」ったことが読みとれるからである。

ここにみえる「大仏中門」の普請がはじめられた文禄五年といえば、すでに聚楽第とその城下町は秀吉の手によって破却されている。立地がさだまった天正一四年から一五、六年ころとは大仏をとりまく環境が大きく変化していたことはあきらかといえよう。

また、数々の城普請とくらべたとき、このように大仏の普請が遅々としたものであったのは、寺院建築であるという点もさることながら、天正二〇年（一五九二）一〇月一〇日付と考えられる秀吉朱印状[27]に「大仏にたてられ候わきの寺〳〵普請作事、何も可相止候」「大仏之普請ハ先々被相止候間、柱共もおほひを仕可被置候」とあるように、文禄の役とよばれる対外戦争の用意と関連して「普請」「作事」がとめられたことなども影響していたと考えられる。

もちろん、対外戦争そのものや、秀吉自身が肥前名護屋へ出陣したことなどの影響も必至である。さらには、『三藐院記』[28]「豊臣秀次任内大臣次第」に「大仏造立の御志ニより日を送り給ふ処ニ、若公わつらひ給、晩夏のころ御祓川の水のあはとならせ給ひぬ」とあるように、天正一九年（一五九一）八月五日の「若公」（鶴松）死去に代表される、もっとも近しい身内があいついで他界してしまったことも無関係とはいえないであろう。

しかしながら、いずれにしても、文禄五年段階においてもなお、大仏が完成していなかったという事実にはあらためて注目しておく必要がある。ただ、それと同時に、同じ文禄五年五月六日に「従伏見太閤有御上洛、公家衆不残、於大仏被迎申云々」と『孝亮宿禰記』(29)同日条が伝えているように、あるいはまた、これから三日後の五月九日に「太閤若公」こと、「御ヒロイ」（御拾〈秀頼〉）が伏見城から「初而出洛」するにあたって、「見物ニ大仏辺」まで出むいた人びとが多かったと『義演准后日記』や『言経卿記』同日条が記しているように、西山氏が指摘する慶長二年よりまえにすでに大仏は「伏見に引きつけられて」いた事実にも留意する必要があろう。

ところで、『義演准后日記』文禄五年七月晦日条には、つぎのような興味深い記事を見いだすことができる。

去四日始而大仏供養之儀、興山上人（木食応其）ヲ被召、被仰出候了、去十三日比、上人申送之、八月中旬頃云々、

これによれば、「去四日」に「始而」秀吉は、「興山上人」こと、木食応其を召し、「大仏供養」を「八月中旬頃」におこなうよう命じたことがわかる。はたして『義演准后日記』閏七月五日条には、「大仏供養内々触状来」、その「触状」のなかの「興山上人状」から「来八月十八日、大仏供養可有御執行之由、相定」ったことがあきらかとなる。ここにみえる「大仏供養」とは、大仏殿の堂供養と本尊の開眼供養を意味するが、右の記事からは、少なくともこのころにはおおやけに大仏完成を披露できるような状況にまでいたっていたことがうかがえよう。

もっとも、同じ『義演准后日記』閏七月一二日条には、「来月供養可延引之由風聞」とあり、「大仏供養」延引のうわさもながれていた。しかも、これにつづけて同記には、「唐人来朝、為見物武者御用意延引故歟」という記事

もみえ、「大仏供養」の「延引」が、「唐人」（明使節）に伏見城で見物させる予定であった「武者ソロエ」(30)の「御用意延引」と連動したものであったこともうかがえよう。

このような点から考えれば、わざわざこの時期に設定された「大仏供養」もまた、あるいは一種のイベントとして秀吉が思いついたものであったという可能性も考えられる。しかしながら、「武者ソロエ」も「大仏供養」もともに、くしくもこの日の深夜から未明にかけておこった大地震によって中止に追いこまれることになる。

（2）文禄五年閏七月の大地震以後

文禄五年閏七月一二日の深夜から未明にかけておこった大地震によって、大仏は甚大な被害をこうむることになる。『義演准后日記』閏七月一三日条によれば、「堂無為」であったのに対し、「本尊大破」し、また、この年に柱立てされた「中門無為」、「但四方角柱少々サクル」というありさまだったからである。

ここからは、「大仏中門」が完成をみていたことがうかがえるが、そのいっぽうで、この門とつながっていたであろう「三方之築地悉崩、或顛倒」したこともわかる。このような状態であったため、結局のところ、「大仏供養延引」(31)となった。

この後しばらく大仏をめぐる動きはみられないが、大地震からおおよそ一年近くたった慶長二年（一五九七）五月二三日に「今日大仏へ太閤御所御成、本尊御覧、早々くすしかへの由仰云々」と『義演准后日記』同日条が伝えるように、大破した本尊は、秀吉の「仰」によってとりこわされることになる。

大地震から一年というこの時期になって、にわかに本尊がとりこわされたのは、『義演准后日記』同年七月七日条に「去年大地震ニ付、大仏尺《釈》迦破裂、仍今度彼尺《釈》迦コホタレテ、如来ヲ被安置之」とあるように、当時、甲斐国にあった善光寺「如来」を大仏殿に「安置」させるためであった。

ここでなぜ突然、善光寺如来が登場してくるのかといえば、同年卯月に「甲斐国善光寺如来七日以前太閤様御霊夢被御覧」、「如来」が「都へ被相移、阿弥陀峯と申山之麓ニ有之度と示現」[32]し、それをうけて秀吉が「五月被仰出」[33]たためであったことがあきらかとなる。

ここからは、秀吉が本尊の再建ではなく、善光寺如来の遷座という、大方の予想をこえるような選択をとったことが知られるが、ここで注意しておく必要があるのは、少なくとも史料によるかぎり、大仏と阿弥陀ヶ峰との接点はこのときがはじめてであったという点であろう。立地の段階では、秀吉の視野には阿弥陀ヶ峰の存在は入っていなかったことになるからである。

このようにして、善光寺如来は、同年七月一八日にあわただしく大仏殿へと遷座させられることになる。その移動過程や善光寺如来に供奉した人びとのありようについては、西山氏の論考にくわしい。したがって、詳細はそれにゆずるとして、ここで目をひくのは、「関寺ノ阿弥陀堂ニ安置」[34]された善光寺如来をむかえるために三宝院門跡義演ら「諸門跡」が前日のうちに大津へむかい、そして、当日、「上様より三条の橋まて御馬をも被仰付候」[35]とみえる点であろう。

ここからは、「汁谷」の地にある大仏への遷座にもかかわらず、わざわざ善光寺如来とそれに供奉する人びとは、「粟田口」[36]を通り、「三条の橋」付近にまでたどりついたのち、南下する道筋をとらされたことがあきらかとなるからである。

このような道筋をとった背景には、天正一八年（一五九〇）に秀吉によって石柱橋として三条橋が架橋されたこともさることながら、大津をはじめとした東方からの道筋としての「汁谷通路」「汁谷口」の重要性が、以前とくらべて下がっていたことが関係しよう。

実際、それを裏づけるように、『義演准后日記』七月一八日条には、「従大津至大仏殿、行烈（列）更に不断、貴賤群集驚目了、伏見大名ノ男女構棧敷見物也、洛中緇素集道路美談之」とみえ、「大津」から「大仏殿」にいたる「道路」には、「伏見大名ノ男女」が「棧敷」を「構」えて「見物」し、「洛中緇素」もその「道路」に「集」い「美談」したと伝えられているからである。

こうしてみると、善光寺如来遷座にあたっては、鴨川より西の洛中もまた、秀吉の眼中には入っていなかったように思える。いずれにしても、「豊臣政権の権力中枢が大坂—伏見のラインに集中した結果、善光寺如来堂の位相が、京都より伏見に引きつけられてくる」との西山氏の指摘は、この時点において的を射ているといえよう。もっとも、そのいっぽうで、翌八月になると、つぎのような動きもみられるようになる。

> 京都禁裏ノ東ニ、今度新城太閤御所御沙汰、大方周備云々、又西南ヘヒロケラル、ト云々、伏見城普請最中、大仏殿普請、佐竹以下致之云々、

これは、『義演准后日記』八月二日条の記事であり、いわゆる京都新城の普請が「大方周備」したことを伝えるものである。ここで注目されるのは、この京都新城の普請と並行して、大地震で大破した伏見（指月）城にかえて再建された「伏見城」が「普請最中」であるとともに、「大仏殿普請」も継続しているという事実が読みとれる点であろう。

ここからは、かつてみられた大坂城・聚楽第・大津城の普請と並行してすすめられた大仏普請をほうふつとさせ

るかのように、京都新城・伏見城の普請と並行して大仏普請もまた、つづけられていたことがみてとれるからである。

（3）「大仏供養」のゆくえ

こうなると、大仏の完成とは何をもってそういえるのか、判断にこまってしまうが、ただ、完成を披露する法会である「大仏供養」がおこなわれていないという点では、たしかにおおやけに完成したとはいいがたかったであろう。その「大仏供養」は、じつは慶長二年七月には話題にのぼっていたことが確認できる。『義演准后日記』七月二日条に「大仏供養取沙汰在之」とみえるからである。しかしながら、それも善光寺如来遷座の騒動にかき消されてしまったようで、遷座がおわった直後、ふたたび「大仏供養九月辺云々[37]」とのうわさが流れてくることになる。

はたして八月二六日には、「善光寺堂供養、東寺ヨリ触状」が義演のもとに到来し、そこには、「善光寺如来堂供養、来月廿八日ニ可有之由、興山上人申来候[38]」との一文も見いだすことができる。もっとも、秀吉は、「築地未出来候間、彼周備次第ト被仰出[39]」たらしく、九月に入っても「来月中旬之比ト被仰出[40]」と、「大仏供養」の期日をなかなかさだめようとはしなかった。

ところが、そのいっぽうで、同じ九月には、大仏の周辺で、秀吉の命令により「大仏供養」ではない大規模な法会がおこなわれることになる。『義演准后日記』九月二七日条に「今日高麗人ノ耳鼻、大仏西中門ノ融ニ埋之、為後弔五山禅衆施餓鬼行之」と記されているように、「鼻塚[41]」が築かれ、「五山禅衆」によって大施餓鬼会がおこなわれたことが確認できるからである。

ただし、実際に法会がおこなわれたのは二七日ではなく、『舜旧記』や『鹿苑日録』が伝えているように、二八日であったが、注目されるのは、その同じ日に、前々日二六日に伏見から秀吉とともに「京都禁裏辰巳角新宅御移徙」[42]した「秀頼」が「参内」し、「四品中将宣下」されたという事実であろう。「鼻塚」における大施餓鬼会と「秀頼」の参内という、奇妙なとりあわせもさることながら、ここでふたたび洛中に築かれた京都新城と大仏とのあいだに一定の関係がとりむすばれたことがみてとれるからである。

ちなみに、『兼見卿記』九月二六日条には、「太閤御父子御入洛、今度新屋敷へ御移徙云々、諸家各為御迎大仏辺罷出了」とみえ、伏見から「御入洛」する秀吉・秀頼父子を洛中に住まう「諸家」が「大仏辺」で出迎えていたことが知られる。大仏あたりは、このころになると、伏見からみれば洛中への入口、洛中からみれば伏見への出口という、いわば境界のようにみられていたことがうかがえよう。

ところで、九月二八日におこなわれた大施餓鬼会を境にして、またしばらく「大仏供養」はとりざたされなくなる。ところが、それからおよそ一年近くたった慶長三年（一五九八）七月、不例のなか秀吉は、突然、「大仏供養可有御執行由、被仰出」[43]る。そして、七月二六日には、ついに「善光寺供養来月廿二日相定」ったことが、『義演准后日記』同日条から読みとれる。

しかしながら、八月一七日には、「善光寺如来、大仏ヨリ本国へ今暁帰国」[44]し、大仏はふたたび本尊を失う。それればかりか、その翌一八日には、「太閤御死去」[45]とあるように、秀吉そのひともうしなうことになる。これによって、「大仏供養」はさらに延引に追いこまれることになったのかと思えば、そうではなく、『言経卿記』八月二二日条に「大仏堂供養有之」、また、『御湯殿上日記』[46]同日条に「けふは大ふつたうくやう《（堂供養）》」とあるように、「堂供養」が無事おこなわれたことが確認できる。

ここにようやく大仏殿はおおやけに完成の披露を一部おこなうことができたわけだが、しかしながら、それが実現をみたのは、秀吉がこの世にいなかったためであろう。逆からみれば、秀吉が不例などにならず、壮健でありつづけたとしたなら、「大仏供養」はさらに延引を余儀なくされたにちがいない。このように、大仏は、秀吉が生きているかぎりは未完のままという奇妙な運命を背負わされた存在となっていたことがあきらかとなろう。

おわりに

以上、本章でみてきたことをあらためてふりかえってみると、当初、聚楽第・大坂城・大津城など、秀吉とその政権の拠点となる城郭や城下町との関係のなかで立地され、普請がはじめられた大仏は、鶴松死去や対外戦争、あるいは秀次事件や聚楽第・聚楽城下町の破却など、とりまく環境の変化に対応して、京都から伏見へとその関係の重心を移していったことがあきらかとなる。

いわば柔軟にその関係性を変化させることができるという特徴が、秀吉が造立した大仏にはそなわっていたと考えられるわけだが、それは、大地震で本尊が大破しても、その再建ではなく、善光寺如来の遷座によって装いをあらたにするとともに、京都新城・伏見城との関係をとりむすぶようになった点からもみてとれよう。そういう意味では、とりまく環境に融通無碍に対応できる柔軟性こそが、秀吉が大仏にもとめつづけたものだったといえる。それゆえにまた、容易には完成にいたらなかったといえるのかもしれない。

ところで、秀吉死後、残された豊臣政権が大仏に対して真っ先におこなったこととは、『義演准后日記』慶長三年九月二日条に「今日奉行衆大仏本尊造立之儀ニ被遣云々」とみえるように、「本尊造立」の計画であったことがわかる。

堂供養がおこなわれた以上、一日もはやく本尊の開眼供養が必要とされていたのかもしれないが、ここからは、秀吉死後の豊臣政権が、秀吉在世時とは異なり、いわばあるべきすがたの大仏をもとめていたことがうかがえよう。もっとも、「本尊造立」が実行に移されるのは、翌慶長四年（一五九九）まで待たなければならない。『義演准后日記』同年五月二五日条に「大仏蓮台ノ上ノ宝塔取壊云々、本尊釈迦造立料云々」とあり、かつて善光寺如来がおさめられていた「宝塔」が「取壊」されたことが確認できるからである。

このように「本尊造立」までに若干の時間的な空白がみられたのは、そのあいだに秀吉を神に祝う豊国社の造立を豊臣政権が優先したためであろう。豊国社の正遷宮は四月一八日であり、それを待って、右のような動きがみられるからである。

そして、慶長四年一〇月には、「銅ヲ鋳カクル(47)」とみえ、再建される本尊が銅造であったこともあきらかとなる。ただ、銅が懸けられるのは、「筒《（胴）》体」や「大座《（台）》ノ蓮花」であり、「御手・御頭ハ銅ヲカケス、只木」だったことも『義演准后日記』慶長五年（一六〇〇）二月一〇日条などから知られる。

いっぽう、「大仏ニ七重塔并講堂・廻廊以下ノナワハリ、今日三奉行衆被致之云々」と『義演准后日記』慶長四年三月一六日条にみえるように、これまでにはみられなかった「七重塔」や「講堂」、さらには「廻廊」を普請するための「ナワハリ」もおこなわれたことがわかる。

大仏に「七重塔」といえば、かつて東大寺にあったという塔を連想させるが、ここからは、秀吉死後の豊臣政権が、京都に東大寺のような寺院をつくろうとしていたと考えられよう。そのうえ、慶長四年五月には、「今度大仏ノ築地ヲ卅三間ノ西方ニ被築テ、大仏与一所ニ成由也、礎突躰ト見了(48)」とあり、「卅三間」もとり込まれて「一所」になることもあきらかとなる。

このように、秀吉死後もなお、大仏には普請がほどこされていたことが知られるわけだが、右のような拡大路線が秀吉在世時に計画されていたのかどうかについてはさだかではない。ただ、そのめざすところとは、かつての東大寺をかたどった、あるべきすがたの大仏の寺といわざるをえないであろう。したがって、秀吉在世時にみられたような柔軟性がかえりみられることはなかったと思われる。

なお、この間の大仏と京都との関係についていえば、京都新城には主が不在と考えられるいっぽう、慶長四年正月一〇日には「秀頼卿大坂へ御移徙(49)」し、そして、徳川家康が伏見に長期間滞在していることからすれば(50)、伏見（そして大坂）との関係が濃厚であったと考えられる。

また、そのまま順調にいけば、大仏は、京都に東大寺(51)を再現したかのような存在となったのかもしれないが、しかしながら、慶長五年（一六〇〇）九月の関ヶ原合戦をへて、「大仏遍照院以下、興山上人奉行共悉去」り、「大仏作事ハ徳善院《（玄以）》奉行(52)」となるにおよんで、状況は一変することになる。

たとえば、大仏に付属するものではないが、慶長七年（一六〇二）六月一一日には、「豊国極楽門、内府《（徳川家康）》ヨリ竹生島へ依寄進、壊始」と『義演准后日記』同日条にみえるように、豊国社の「極楽門」が「内府」（家康）の命で壊され、「竹生島」へ寄進されたことが確認できるからである。拡大路線にも一定の修正がもとめられはじめたとみることもできよう。

そして、同じ年の一二月、「本尊鋳懸」の最中に「本尊ノ身内ヨリ焼出」、「後光へ火付テ、其ヨリ堂内へ即時火炎廻テ(53)」、大仏の中核というべき大仏殿も灰燼に帰すことになる。ここにおいて開眼供養も夢まぼろしとなり、大仏は完成どころか、ふりだしにもどることになった。

その再建がふたたび話題にのぼるまでには、およそ七年の年月が必要となるが、この七年がもつ意味は大きかったであろう。豊臣政権の変質や徳川政権の成立といった政情の変化はもとより、七年のあいだ大仏殿も本尊も物理的に存在しないという事実は、おおいようもなかったと考えられるからである。

したがって、再建の話題が出はじめて以降の大仏は、その歴史的な意義においても、また、京都との関係においても、秀吉の造立した大仏とは、似て非なるものとみるべきである。本章が、秀吉在世時を中心にみてきたのもそれゆえであり、秀吉が造立した大仏と京都との関係を考えていくためには、まずは時期を限定して議論を深めていく必要があろう。多方面から議論がわきあがってくることを期待すると同時に、著者自身もひきつづき検討を重ねていきたいと思う。

註

（1）河内将芳『秀吉の大仏造立』（法藏館、二〇〇八年）。
（2）京都市編、学藝書林。
（3）永原慶二・山口啓二・稲垣泰彦編『中世・近世の国家と社会』（東京大学出版会、一九八六年）、のちに三鬼清一郎『織豊期の国家と秩序』（青史出版、二〇一二年）に所収。
（4）塚本学先生退官記念論文集刊行会編『塚本学先生退官記念論文集　古代・中世の信濃社会』（銀河書房、一九九二年）。
（5）河内前掲『秀吉の大仏造立』、同「京都東山大仏の歴史的意義をめぐって――書評・安藤弥「河内将芳著『秀吉の大仏造立』」に接して――」（『新しい歴史学のために』二八六号、二〇一五年、本書Ⅳ第一章）参照。
（6）佐藤信・吉田伸之編『新体系日本史　6　都市社会史』（山川出版社、二〇〇一年）、のちに杉森哲也『近世京都の都市と社会』（東京大学出版会、二〇〇八年）。
（7）『義演准后日記』（史料纂集）文禄五年正月二九日条。
（8）『言経卿記』（大日本古記録）文禄四年九月二一日条。

（9）『言経卿記』天正一九年三月二九日条。
（10）註（1）参照。
（11）史料纂集。
（12）『言経卿記』天正一三年二月二八日条ほか、河内将芳『シリーズ【実像に迫る】012　戦国京都の大路小路』（戎光祥出版、二〇一七年）参照。
（13）『京雀』巻七（『新修京都叢書』第一巻、臨川書店、一九六七年）。
（14）一五八六年一〇月一七日付、下関発、パードレ・ルイス・フロイスよりインド管区長パードレ・アレッサンドロ・バリニヤノに贈りたるもの（『新異国叢書　4　イエズス会日本年報』下、雄松堂書店、一九六九年）。
（15）藤井譲治「豊臣秀吉の居所と行動」（藤井譲治編『織豊期主要人物居所集成』思文閣出版、二〇一一年）。
（16）『石山本願寺日記』下巻。
（17）『真宗史料集成　第四巻　専修寺・諸派』（同朋舎出版、一九八二年）。
（18）（年月日未詳）某書下（『仏光寺派古文書』）。
（19）『新修京都叢書』第一三巻（臨川書店、一九六八年）。
（20）（天文一二年）三月二〇日付茨木長隆書下、天文一二年六月五日付室町幕府奉行人連署奉書（早稲田大学図書館編『早稲田大学所蔵荻野研究室収集文書』下巻、吉川弘文館、一九八〇年）。
（21）河内将芳「中世京都「七口」考——室町・戦国期における京都境域と流通——」（『ヒストリア』一六八号、二〇〇〇年、のちに同『中世京都の民衆と社会』思文閣出版、二〇〇〇年）。
（22）河内将芳「三条橋、そして秀次と妻子の塚」（『本郷』一二二号、二〇一六年）。
（23）『四条橋新造之記』（『都のにぎはい』）（京都府立京都学・歴彩館所蔵、京の記憶アーカイブ）。
（24）藤井氏前掲「豊臣秀吉の居所と行動」参照。
（25）増補続史料大成。
（26）『史籍雑纂　当代記　駿府記』（続群書類従完成会、一九九五年）。
（27）（天正二〇年）一〇月一〇日付豊臣秀吉朱印状（妙法院史研究会編『妙法院史料　第六巻　古記録・古文書二』

吉川弘文館、一九八一年）。
(28) 史料纂集。
(29)『改定史籍集覧』第二五冊。
(30)『義演准后日記』文禄五年七月五日条。
(31)『義演准后日記』文禄五年閏七月一三日条。
(32) 駒井重勝著、藤田恒春編校訂『駒井日記　増補』（文献出版、一九九二年）。
(33)『鹿苑日録』（続群書類従完成会刊本）慶長二年七月一八日条。
(34)『義演准后日記』慶長二年七月一七日条。
(35)（慶長二年）七月六日付興山上人応其書状（『大日本古文書　高野山文書之三』）。
(36)『兼見卿記』慶長二年七月一七日条。
(37)『義演准后日記』慶長二年七月二三日条。
(38)『義演准后日記』慶長二年八月二六日条。
(39)『義演准后日記』慶長二年八月二九日条。
(40)『義演准后日記』慶長二年九月七日条。
(41)『鹿苑日録』慶長二年九月二八日条。
(42)『義演准后日記』慶長二年九月二六日条。
(43)『義演准后日記』慶長三年七月一五日条。
(44)『義演准后日記』慶長三年八月一七日条。
(45)『舜旧記』（史料纂集）慶長三年八月一八日条。
(46)『続群書類従』補遺三。
(47)『義演准后日記』慶長四年一〇月一九日条。
(48)『義演准后日記』慶長四年五月一二日条。
(49)『義演准后日記』慶長四年正月一〇日条。

（50）相田文三「徳川家康の居所と行動」（前掲『織豊期主要人物居所集成』）。
（51）吉田洋子「豊臣秀頼と朝廷」（『ヒストリア』一九六号、二〇〇五年）。
（52）『義演准后日記』慶長六年五月七日条。
（53）『義演准后日記』慶長七年一二月四日条。

第三章　東山大仏千僧会の開始と「宗」「寺」

はじめに

文禄四年（一五九五）九月一〇日、豊臣（羽柴）秀吉の有力家臣であり、「所司代」[1]の職にあった民部卿法印玄以（いわゆる前田玄以）からつぎのような書状[2]（折紙）が発給された。

［史料1］

東寺ゟ一宗中へ可被相触候、已上、

大仏於妙法院殿、毎月太閤様御先祖之御吊として、一宗より百人宛、彼寺へ出仕候て、被有勤、一飯を可参旨、御諚候、然者、今月廿二日より初而被執行候、可被成其意候、百人まて無之寺ハ、書付可被申越候、恐々謹言、

民部卿法印

九月十日　　玄以（花押）

東寺

醍醐寺
其外真言宗中

書状の内容は、「今月」（九月）「廿二日より」「大仏」「妙法院殿」において「毎月太閤様御先祖之御弔」を「初而」「執行」せよとの秀吉の「御諚」にしたがい、「一宗より百人宛」、「彼寺」（妙法院殿）へ「出仕」し、「勤」をおこない、「一飯」を参るようにというものである。これが、およそ二〇年にわたってつづけられることになる、いわゆる大仏千僧会[3]の開始を告げるもっとも古い史料となる。

右の［史料1］では、宛所が「東寺　醍醐寺　其外真言宗中」となっているが、同文のものは、「法華宗中」宛にも写[4]として伝わっており、おそらくは「真言宗中」や「法華宗中」だけでなく、そのほかの「宗中」に対しても同文のものが発給された可能性は高いであろう。

ちなみに、尚々書のほうもみてみると、今回の「御諚」は、「東寺ゟ一宗中へ」「触」れるようにとの指示もなされていたことが知られる。［史料1］が東寺に伝来しているという事実をふまえるなら、「醍醐寺」との関係はこれだけでは不明なものの[5]、実際に東寺より「一宗中」へと「触」れられたのであろう。したがって、「法華宗中」宛に発給されたものもまた、おそらくは妙顕寺などに手渡されて、「宗中」へと「触」れられたと考えられる。

このように、大仏千僧会を開始するにあたって、玄以も属する豊臣政権は、「宗」（「一宗」）と「寺」との関係を多分に意識していたことがあきらかとなる。それは、「百人まて無之寺ハ、書付可被申越候」とみえるように、「一宗より百人宛」が「寺」より出されるという認識のうえにたってのことと考えられるが、それでは、大仏千僧会における「宗」と「寺」との関係とはどのようなものであったのだろうか。本章では、この点について、大仏千僧会が開始されるにいたった経緯を再検討しつつ考えてみたいと思う。

一　大仏千僧会開始の経緯

(1) 九月二二日

順序は前後するが、まずは大仏千僧会が開始された経緯のほうからみていくことにしよう。先にもふれたように、大仏千僧会の開始を告げる、もっとも古い史料［史料1］の年紀は文禄四年九月一〇日である。ところが、その［史料1］には、同月「廿二日より初而被執行」ると記されており、わずか一〇日あまりのちに法会の開始が予定されていたことがあきらかとなる。

ここでなぜ「廿二日」という日にちが出てくるのかといえば、それは、「廿二日」が天正二〇年（一五九二）七月二二日に亡くなった秀吉の母大政所の月命日を意味するからであろう[6]。したがって、［史料1］にみえる「太閤様御先祖」とは、大政所を指すことになるわけだが、しかしながら、なぜ祥月命日の七月二二日ではなく、九月二二日だったのか、あるいはまた、「第三年」（三回忌）[7]もすでにおえているにもかかわらず、なぜ文禄四年という年から「太閤様御先祖之御弔」の法会が開始されることになったのかという疑問をいだく人びとは、おそらく当時においても少なくなかったと考えられる。

しかも、「廿二日」の前日にあたる九月二一日には、聖護院門跡道澄が「東山大仏住持」に任じられ、「ワタマシ」[8]がおこなれわる。そして、その目的とは、『多聞院日記』九月二一日条が「聖護院殿新大仏ノ方丈ヘ移徙在之、御知行ハ一万石被付了、同廿二日秀吉ノ母ノ命日法事始云々」と伝えているように、「秀吉母ノ命日法事」にかかわるものとみられていた。

もっとも、道澄が「住持」となった大仏の普請や作事は、いまだ完成にいたっていなかった[9]。このことからもあきらかなように、いずれの側面からみても、今回の法会が、周到な準備をへて開始されようとしていたというより、むしろ秀吉のにわかな「御諚」によって立ちあがってきたものとみるのが自然であろう。

実際、あまりにも時間的な余裕がなかったためであろう、［史料1］にみえる九月「廿二日より初而被執行」るという予定は履行できなかった。そのあたりの事情、とりわけ「宗中」のほうの事情についてややくわしく知ることができるのが、法華宗の場合である。

当時、妙覚寺住持であった日奥の筆になる『宗義制法論』[10]によれば、九月一〇日付の玄以書状が法華宗側に到来したのは、「同じき十二日」であったことが読みとれる。これがもし事実であれば、残された日数は一〇日たらずとなる。しかも、「これ一宗の大事たるに依って、諸寺において種々談話」があったものの、「衆僧の僉義是非究まりがた」かったために「六条本国寺において諸寺の聖人参会あって直談これあり」となったという。

その「参会」に日奥は「少し遅参」したようだが、「その間に早く談合相究まり」、「今度の大仏出仕、一宗不詳の義なりといえども、今、国主機嫌悪しき時分、偏えに制法の趣きを宣べて出仕を遂げずんば、諸寺破却に及ぶ儀も出来せしめんか、しかる間、ただ一度貴命に応じてかの出仕を遂げ、即ち翌日より公儀を経て、宗旨の制法を立つべ」しとの結論であった。

ここにみえる「制法」「宗旨の制法」とは、いわゆる不受不施制法といわれるものであり、法華宗にとっては、［史料1］にみえる「一飯を可参旨」が問題になったと考えられる。右のような結論に対し日奥は、「一度も制法を破って謗施を受くる事、同心しがた」いとして反対したものの、「同心の人なき間、速やかに座を立って帰」ったという。

［史料1］と同文の書状をまえにして法華宗がその対応に苦慮していたようすがうかがえるが、『宗義制法論』にみえる記事のなかでとくに注目されるのは、「この直談は、文禄四年九月二十二日なり」と記されている点であろう。ここから、法華宗では、法会の開始が予定されていた大政所の月命日その日まで議論がかわされていたことが知られるからである。

このように、法華宗においては、［史料1］と同文の書状への対応に一〇日あまりの日数をかけていたことがうかがえるが、ただ、『宗義制法論』は、あくまで日奥の著作であり、それをそのまま信用してもよいのかといった点については慎重にならなければならない。実際、『宗義制法論』にみえる記事とは異なり、法華宗が一度は出仕を「理」（断）わる旨を玄以に告げていたこともつぎの史料からあきらかとなるからである。

［史料2］

今度於大仏諸宗法事被仰付候、然者、当宗之儀者、日蓮以来他宗之施を不被請旨、理被申候趣致言上候、就其、被仰出様ハ、雖為祖師法度、自公儀被仰付候儀者、各別之儀ニ候、国家之祈禱等可為同事旨、被仰出候条、被成其意、出仕尤候、恐々謹言、

民部卿法印

九月廿四日　玄以（花押）

法花（華）宗

惣中

右は、［史料1］からかぞえれば、一四日後の年紀をもつ玄以書状である。この［史料2］は、『妙顕寺文書』[11]に残されており、ここから法華宗では、真言宗における東寺の役割を妙顕寺がはたしていたことがうかがえる。右の［史料2］の文中でもっとも注目されるのは、「理被申」た法華宗に対する秀吉の「仰」が、「雖為祖師法度、自公儀被仰付候儀者、各別之儀ニ候、国家之祈禱等可為同事旨」と心得て、「出仕」すべしと記されている点であろう。今回の「於大仏諸宗法事」は「公儀」よりの「仰付」であり、しかもそれは、「国家之祈禱等可為同事」き法会であることを秀吉みずからが語っていたことがあきらかとなるからである。

ここで「諸宗法事」とみえることから、［史料1］が真言宗と法華宗だけに出されたものではなかったことが知られるが、この点については、次節でくわしくみることにして、法華宗でみられたような混乱というのは、大なり小なり法華宗以外でもおこっていたにちがいない。そして、その結果として、大仏千僧会は、大政所の月命日から三日おくれた、［史料2］の翌日にあたる九月二五日から開始されることになった。

（2）九月二五日

［史料3］

一、大仏経堂ニテ太閤ヨリ御母儀故大政所御父母栄雲院道円幽儀・栄光院妙円幽儀等御吊トメ八宗ニ被仰付法事有之、昔ヨリ八宗都ニ無之分有之間、新儀ニ先真言衆東寺・醍醐寺・高山〔寺脱〕、・天台宗七十人、加三井寺三〇〔十〕人、・律僧・五山禅宗・日蓮党・浄土宗・遊行・一向衆等也、一宗ヨリ百人ツ、也云々、一宗ツ、ニテ済有之、

右の史料は、山科言経の日記『言経卿記』文禄四年九月二五日条に記された記事である。ここからは、先にみら

れた「諸宗」がじつは「八宗」であったことが知られるが、この点についても次節でみることにして、ここで注意しておかなければならないのは、「太閤様御先祖」が、「御母儀故大政所」でなく、その「御父母」の「栄雲院道円」「栄光院妙円」とされている点であろう。

つまり、大仏千僧会における「御弔」の対象が、母から祖父母へと変更されたという事実がここからは知られるからである。しかも、母一人の「御弔」から祖父母二人のそれへと変更がなされたため、「毎月太閤様御先祖之御弔」は、同年一一月以降[12]、隔月で二五日と二九日に「毎月」おこなわれるようになる。

ここで二五日と二九日が式日にさだめられたのは、「四月廿五日　正つき《（祥月）》　御祖父様」「六月廿九日　正つき《（祥月）》　御祖母様」と記された史料[13]からもあきらかなように、二五日が「御祖父様」「栄雲院道円」の月命日であり、また、二九日が「御祖母様」「栄光院妙円」の月命日であったことによる。

もっとも、このような変更については、すぐには周知のことにはならなかったようである。たとえば、小槻孝亮の日記『孝亮宿禰記』[14]文禄四年一一月二九日条には、「太閤為大政所、於大仏妙法院殿毎月八宗御斎有之云々」とみえ、また、イエズス会宣教師ルイス・フロイスの年報[15]にも「汝は新しい大仏の寺院に彼の母親の霊を弔うために、八百名の仏僧たちが集まるよう命じている」と記されているからである。

九月二五日になって突如登場することになった秀吉の「御祖父様」と「御祖母様」がどのような人物だったのかについては、それを知る手がかりにとぼしく、何もわからない。また、このような変更が当初からおり込まれていたのかどうかもさだかではないが、可能性として考えられるのは、当初の「廿二日」に開始できなかったことに対する苦肉の策だったのではないかという点であろう。しかしながら、いずれにしても、予定より三日おくれとはいえ、文禄四年九月より「国家之祈禱」と「同事」とされた「毎月太閤様御先祖之御弔」の法会、すなわち大仏千僧会は開始されることになった。

おおよそ以上が、現在知られる史料から読みとれる大仏千僧会開始の経緯となるが、それにしても、なぜこの時期に「太閤様御先祖之御弔」の法会が開始されることになったのであろうか。残念ながら、その点を説明してくれるような史料は今のところ見いだせていない。したがって、確たることをのべるわけにはいかないのだが、ただ、「毎月」おこなわれる法会をとおして、「太閤様」（秀吉）の母方の「御先祖」の存在がいやがおうでも印象づけられるようになったことだけはまちがいないであろう。

そのさい、注意しておかなければならないのは、この「太閤様御先祖」の血をひく人びとが、法会が開始された段階ではわずかに三人しか残されていなかったという事実である。すなわち、秀吉本人とその姉「ひてつく《（秀次）》の御ふくろ」[16]、そして秀吉の子「御拾《ヒロイ》」[17]（のちの秀頼）である。

このうち男子となれば、さらに数は減り、秀吉と御拾のみとなるが、このような事態にいたったのは、同じ年の文禄四年七月から八月にかけておこった、いわゆる秀次事件によって、秀次とその子供たちが命を落としてしまったことによる。また、秀次には、「前権中納言」「秀保」[18]という弟がいたものの、その弟も同じ文禄四年四月一六日に「於十津川ニ中納言死去」と『多聞院日記』同日条が伝えるように、「横死」[19]をとげていた。

こうしてみるとわかるように、大仏千僧会をとおして「太閤様御先祖」の存在が「毎月」印象づけられていくのと連動して、その血をひくわずかな人びとの存在もきわだっていくようになっていたことが知られる。もっとも、ここで「ひてつく《（秀次）》の御ふくろ」の存在をわざわざきわだたせる必要性はなかったと考えられるから、焦点となるのは、おのずと「太閤様」とその子御拾をおいてほかにはなかったであろう。

おりしも、秀吉より関白を譲られていた秀次とその一族が滅亡に追いこまれてから、わずかひと月という時期である。この間には、「一、御ひろい様へ対し奉り、聊表裏別心を不存、御為可然様ニ致覚悟御奉公可申上事」「一、諸事太閤様御法度御置目之通、無相違まもりたてまつるへき事」という条文がかかげられた血判起請文[20]が諸大名からささげられるなど、秀次死後の世情に対する沈静化がはかられていた。それとあたかも揆を一にするかのようにして大仏千僧会もまた開始されたということを念頭においたとき、これらがまったく無関係にあったと考えるほうがむしろ不自然であろう。

そう考えてみると、［史料1］にみられる、開始にいたるまでの時間的な余裕のなさも理解できるように思われる。もっとも、これもあくまで状況証拠にもとづいた可能性のひとつにすぎず、直接的な史料による説明とはいえない。したがって、ひきつづき関連史料をさがしもとめるとともに、より実態に近い事由にせまっていく作業を重ねていく必要があろう。

二　大仏千僧会における「宗」と「寺」

（1）「新儀」「八宗」と「寺」

前節でもふれたように、［史料2］にみえる「諸宗法事」の「諸宗」とは、［史料3］によって「八宗」であったことがあきらかとなる。すなわち、「真言衆」「天台宗」「律僧」「五山禅宗」「日蓮党」「浄土宗」「遊行」「一向衆」である。

［史料3］では、真言宗のことを「真言衆」、また、法華宗のことを「日蓮党」と記しているが、［史料1］［史料2］で「真言宗」「法花《(華)》宗」とみえる以上、豊臣政権が「宗」「宗中」「一宗」ととらえていたことはあきらかとい

える。それは、「律僧」「遊行」「一向衆」でも同様であったと考えられるが、これらを豊臣政権が「新儀」「八宗」と位置づけたことが、ここではもっとも重要となろう[21]。

それではなぜ、豊臣政権がこれらを「新儀」「八宗」と位置づけたのだろうか。これについては、「昔ヨリ八宗都ニ無之分有之間」というのがその理由であったと『言経卿記』文禄四年九月二五日条は伝えている。いっぽう、醍醐寺三宝院門跡義演の日記『義演准后日記』文禄五年（一五九六）正月二九日条には、「法相・三論・花厳既召請之有増有之、雖然南都遠路難渋之由懇望歟、于今無出仕」とみえる。

「法相・三論・花厳」が「都ニ無之」、「南都遠路」というのが理由とされているわけだが、しかしながら、たとえば、清水寺などは興福寺一乗院門跡の末寺として知られており、京都に法相宗寺院や僧侶が存在しなかったということではけっしてない。にもかかわらず、「南都」の「出仕」がみられなかったのは、『言経卿記』がいうように「都ニ無之」、つまりは「法相・三論・花厳」がその拠点を京都においていなかったことが理由だったのであろう[22]。

そういえば、文禄五年五月二五日に「於伏見城、御拾御所幷太閤御所へ、諸家・諸門跡幷諸国諸大名不残御礼」がおこなわれたさい、「両門礼ハ未礼無之」と「両門」（興福寺大乗院門跡・一乗院門跡）の「礼」がなかったと『多聞院日記』五月二九日条は伝えている。実際は、「一乗院大僧正[23]」のすがたはみられたものの、しかしながら、豊臣政権における「南都」の存在感が希薄になっていたことだけはうたがいないといえよう。

そして、その「南都」六宗にかわって、「新儀ニ」加えられたのが、「律僧」「五山禅宗」「日蓮党」「浄土宗」「遊行」「一向衆」であったわけだが、これらと「真言衆」「天台宗」をあわせて「八宗」と位置づけられたのは、単なる数あわせではなかった。たとえば、それは、つぎにみえるように、「八宗」ということばが大仏千僧会開始とともに流布していたことからもあきらかとなる。

［史料4］
けふ《(今日)》、ひかしやまめうほうゐんとの《(東山妙法院殿)》御てらのそはなるきやうたう《(経堂)》にてせん《(千)》人そうあり、さりなから、八しゆ《(宗)》から百人つゝにて八百人ありたるとなり、しゆうてい《(宗躰)》〳〵のさほう《(作法)》のほうし《(法事)》つとめあり、

これは、『大外記中原師生母記』[24]文禄四年九月二五日条にみえる記事だが、当初より「せん《(千)》人そう」といわれながらも、「八しゆ《(宗)》から百人つゝにて八百人」で「しゆうてい《(宗躰)》〳〵のさほう《(作法)》のほうし《(法事)》」がおこなわれたことが知られよう。このようにしてみるとあきらかなように、大仏千僧会は、京都においておこなわれ、また、京都に拠点をおく「宗」によってになわれるものとして設定されていたことがうきぼりとなってくる。[25]この場合の京都とは、洛中といった狭義のそれではなく、漠然と「都」とよばれるような範囲を意味していたのであろう。

それを裏づけるように、［史料3］にみえる、文禄四年九月二五日に出仕した「真言衆」は、「東寺」「醍醐寺」「高山」であり、また、翌文禄五年正月二九日に出仕した真言宗の「百口衆」も、「当寺《(醍醐寺)》山上・山下、東寺・仁和寺・大覚寺・高雄衆《(高山寺)》等」であったと『義演准后日記』同日条は記している。真言宗の場合、「東寺」以外は、いずれも洛中に所在する「寺」とはいいがたいが、いずれも「都」に所在するものとみられていたのであろう。

この点、法華宗の場合は、「本国寺　廿人」「本能寺　十人」「妙満寺　五人」「要法寺　六人」「妙伝寺　四人」「寂光寺　一人」「妙泉寺　一人」「頂妙寺　四人」「本禅寺　一人」「立本寺　八人」「本満寺　四人」「妙覚寺　十一人」「妙顕寺　十二人」「本法寺　六人」「妙蓮寺　六人」「本隆寺　二人」[26]と、いずれも洛中に所在した「寺」であることが確認できる。

また、［史料3］をみてみると、「天台宗」では、「三井寺[27]三〇《十》人」とおそらく延暦寺「七十人」を加えて一〇〇

人となり、ともに近江に所在しながらも「都」に拠点をおくものとみられていたことがわかる。この「天台宗」の場合から読みとれるように、大仏千僧会においては、寺門と山門といった、かつてであれば熾烈な対立をみせていた勢力同士であったとしても、おのおの一個の「寺」としてとらえられ、そして、それら「寺」の集積体が「宗」であると豊臣政権に認識されていたことがあきらかとなろう。

もっとも、豊臣政権側の「宗」や「寺」に対する認識と「宗」や「寺」側のそれとのあいだには、大きな乖離がみられたことは容易に想像される。そもそも豊臣政権側がつかっていた「宗」の名称も、あくまで政権側のみかたによるものであり、それは、［史料3］にみえる「天台宗」における「三井寺三〇《十》人」と延暦寺「七十人」のありかたからも端的にうかがえよう。

ちなみに、仏光寺と本願寺のあいだで当初みられた争い(28)も、「仏光寺も本願寺も「一向宗」に包括されるものとして認識されたがゆえに争論になった(29)」とされている。「一向衆」（一向宗）という名称を仏光寺や本願寺が甘んじてうけいれていたとはとうてい考えられないが、そのことも関係するのであろう、仏光寺の出仕がなくなって以降、「一向衆」という名称ではなく、「本願寺」の名称で出仕するようになったことも確認できるのである(30)。

（2）「新儀」「八宗」と京都

さて、［史料3］にみえる「新儀」「八宗」である「真言衆」「天台宗」「律僧」「五山禅宗」「日蓮党」「浄土宗」「遊行」「一向衆」というならびかたは、『義演准后日記』文禄五年正月二九（時）日条に「千僧会次第事、最初真言宗、第二天台宗、第三律宗、第四禅宗、第五浄土宗、第六日蓮衆、第七自衆共、第八一向衆共」とみえるように、式日当日におこなわれる法事の「次第」（順序）や「座次」を意味していた。

したがって、「最初」（第一）ともなると、「寅末剋」[31]という夜明け前から法事をはじめなければならず、かならずしも便宜であったとは思えないが、「最初」から「第八」といった序列が目にみえるかたちであらわとなったために「八宗」のあいだでその「前後」に執心する動きもみられるようになる。

たとえば、［史料3］と『義演准后日記』文禄五年正月二九日条を見くらべてみるとわかるように、わずか三カ月あまりのあいだに「日蓮党」（「日蓮衆」）と「浄土宗」の「前後」は逆転している。また、このような「前後」争いをもっとも熾烈にくりひろげたのが真言宗と天台宗であるが[32]、その争いのなかで、真言宗を代表する高僧の義演が『義演准后日記』慶長二年（一五九七）五月二九日条に「依訴訟、一番ニ天台宗出仕也、当時儀不及力次第歟、仍真言宗初而第二番ニ出仕云々、尤無念也」と記しているように、顕密両宗においても、知らず知らずのうちに豊臣政権が設定した「宗」の枠にとらわれていくようになったことが読みとれよう。このことからもあきらかなように、毎月おこなわれる大仏千僧会をとおして、「新儀」「八宗」は、文字どおり「新」たな「宗」の枠組みをかたちづくっていったと考えられる。

ところで、大田壮一郎氏による中世における「宗」に関する研究[33]によれば、「十三世紀初頭の法然・栄西に対する弾圧」から「宗の新立には勅許が必要であるという論理」や「宗は国家公認が前提であるという論理が健在であることが確認できる」という。

ところが、「十三世紀後半になると、浄土宗・禅宗は次第に日本仏教界に公然の存在として扱われるようになり、「諸宗の僧侶は八宗に禅・浄土を加えた十宗論を展開」し、「勅許による宗の公認という論理は既に回顧の対象となり、それに代わって社会的実態を反映した宗の在り方が論じられ」るようになったという。

いっぽう、「国家と八宗の結びつきを理念的・儀礼的に象徴してきた護国法会や王家追善仏事は、鎌倉期から恒例開催が滞るようにな」り、「八宗の正統性の源泉であった天皇と顕密仏教の関係も、次第に空洞化してゆく」。そして、「室町後期」には、「八宗はかつての国家と結びついた特権的な宗派という意味ではなく、複数性すなわち諸宗横並びの併存のみを意味するものとなっ」たとされている。

この大田氏の指摘をふまえたとき、右にみえるところの伝統的な「八宗」にこれまで入れられることも、また、加えられることもなかった「日蓮党」「遊行」「一向衆」が、「新儀」「八宗」のなかに位置づけられることになったという事実は、やはり画期的といわざるをえないであろう。

しかも、注目しなければならないのは、それが単に「横並びの併存」だけを意味するものではなかった点である。たとえば、『義演准后日記』[34]文禄五年正月二九日条に「浄土宗以下八宗与同日同請、当時為躰応威命計也」とみえるように、「国家之祈禱」と「同事」ともいわれた大仏千僧会に「浄土宗以下」として「威命」により「同日同請」される「宗」として位置づけられたことがあきらかとなるからである。

かつて藤井学氏は、「親鸞や日蓮」の「教説がいわば国民的規模で民衆思想の地位を得たのは、たとえば史料の上で、幾万幾十万の数をもって門徒一揆が蜂起する戦国以降（中略）のことである。この意味では真宗も法華宗も、鎌倉仏教というよりは、戦国仏教と考えた方がはるかに実態に即した呼称である」[35]との指摘をおこなったことで知られている。これを念頭においてみたとき、「戦国仏教」である「真宗も法華宗」も、大仏千僧会の開始にともなって立ちあがってきた「新儀」「八宗」に位置づけられることにより、「国家」の一翼をになう豊臣政権から「宗」として公認されるにいたったと理解することができよう。それはとりもなおさず、「真宗も法華宗」も、京都において「戦国仏教」からつぎの段階へとそのあゆみをすすめたことを意味するにほかならなかったのである。

おわりに

すでにふれたことがあるように[36]、大仏千僧会は、「施主」[37]であった秀吉が慶長三年（一五九八）八月一八日に亡くなって以降もとどこおることなくつづけられた。もっとも、翌慶長四年（一五九九）五月以降は、つぎの『義演准后日記』同年五月二四日条にみえるように、その執行のありかたに大きな変更がほどこされることになる。

［史料5］

大仏千僧会、一ケ月一宗宛ニ被減云々、従東寺触来了、
五月天台一宗　六月八宗　七月真言一宗
八月律一宗　九月禅僧一宗　十月浄土一衆
十一月日蓮一衆　十二月遊行一衆　正月本願寺一衆
　巳上
四月廿五日　正月《ツキ》（祥）、八宗悉出仕、　六月廿九日正月《ツキ》（祥）、八宗悉出仕、

すなわち、「太閤様御先祖」である「栄雲院道円」「栄光院妙円」の「正月《ツキ》（祥）」をのぞいては、「一ケ月一宗宛」に法事がおこなわれることになったのである。このようになった背景には、「施主」であった秀吉が亡くなり、そして、死後、神として祝われた秀吉が同年四月一八日に「豊国大明神」として「遷座」[38]したことにあったのではない

かと考えられるが、より現実的にみれば、出仕する八〇〇人にもおよぶ僧侶への「一飯」（斎）にかかわる経費削減といった事情もあったのかもしれない。

しかしながら、これによって「日蓮党」「遊行」「一向衆」も「国家之祈禱」と「同事」とされた大仏千僧会を「一宗」「一衆」としてになうことになり、その衝撃が顕密僧にとっていかに大きなものであったのかが知られる。たとえば、翌慶長五年（一六〇〇）正月に本願寺が出仕したさいのことを記す『義演准后日記』同年正月二五日条にも、つぎのような記事がみてとれるからである。

［史料6］

大仏千僧会、当月一向衆番云々、但来廿九日也、浄土・日蓮・自宗（時）・一向衆マテ八宗ノ次ニ出仕、末世末法アサマシキ次第也、雖然無力儀也、

『義演准后日記』の記主である義演にとっては、「浄土宗以下八宗与同日同請」でさえみとめがたいものであったにもかかわらず、「浄土・日蓮・自宗（時）・一向衆マテ八宗ノ次ニ出仕」し、単独で法事をおこなうようになるとは、「末世末法アサマシキ次第」といわざるをえない事態であったことが知られよう。

ただし、そのいっぽうで、「正（祥）月《ツキ》」の四月二五日と六月二九日は、「八宗悉出仕」がつづくことになり、また、これまでおこなわれてきた一日のうちでの「前後」「次第」にしたがって各月の「番」も割りふられており、「新儀」「八宗」の「前後」「次第」がただちに意味を失ったわけではけっしてない。

しかしながら、大仏千僧会は、秀頼がほろぶ直前の慶長二〇年（一六一五）三月二九日までおこなわれたことが

確認でき、[39] 慶長四年からかぞえても、一五年以上にもわたり毎月くりかえされていく法会のなかで、「新儀」「八宗」もまた、「横並びの併存」、あるいは「相互に対等で自立的な宗派として、分立した[40]」すがたへと変貌していくことになった可能性は少なくないであろう。それはまた、「寺」の集積したものが「宗」であるという豊臣政権のみかたも浸透させていくことになったと考えられるのである。

註

（1）『義演准后日記』（史料纂集）文禄五年正月三日条。

（2）（文禄四年）九月一〇日付民部卿法印玄以書状（『東寺文書』楽甲八、上島有編著『東寺文書聚英』同朋舎出版、一九八五年）。

（3）河内将芳「京都東山大仏千僧会について――中近世移行期における権力と宗教――」（『日本史研究』四二五号、一九九八年、のちに同『中世京都の民衆と社会』思文閣出版、二〇〇〇年）、同「近世移行期の権力と教団・寺院――豊臣政権と京都法華宗を中心に――」（『日本史研究』四五二号、二〇〇〇年、のちに同『中世京都の都市と宗教』思文閣出版、二〇〇六）、同「大仏千僧供養会と京都日蓮教団」（寺尾英智・北村行遠編『日親・日奥――反骨の導師――』吉川弘文館、二〇〇四年、のちに前掲『中世京都の都市と宗教』）、同『秀吉の大仏造立』（法藏館、二〇〇八年）、同『日蓮宗と戦国京都』（淡交社、二〇一三年）。著者の論考発表以降、大仏千僧会の研究は各方面よりすすめられており、おもなものとして、風間弘盛「近世初頭における真言宗――京都東山大仏千僧会出仕を通して――」（『豊山教学大会紀要』二九号、二〇〇一年）、安藤弥「京都東山大仏千僧会と一向宗――戦国期宗教勢力の帰結――」（『大谷大学史学論究』一一号、二〇〇五年）、小野澤眞「時衆史の再構成」（同『中世時衆史の研究』八木書店、二〇一二年）、古賀克彦「京都東山大仏千僧会に於ける「遊行」――「本願寺」と併せて――」（『武蔵野大学仏教文化研究所紀要』三二号、二〇一六年）があげられる。

（4）『宗義制法論』上巻（日蓮宗不受不施派研究所編『不受不施史料』第一巻、平楽寺書店、一九八三年、柏原祐泉・藤井学校注『日本思想大系　57　近世仏教の思想』岩波書店、一九七三年）。

（5）おそらくは、醍醐寺三宝院門跡義演が文禄三年七月一六日に東寺長者に補任（京都大学附属図書館所蔵『東寺長者補任』）されていたことなどが関係するのではないかと考えられる。

（6）『兼見卿記』（史料纂集）天正二〇年七月二三日条。

（7）『多聞院日記』（増補続史料大成）文禄三年七月二三日条には、「太閤大政所今日第三年、々来東寺ノ大塔建立、一期ノ間ニハ不出来、死後造畢」とみえる。

（8）『言経卿記』（大日本古記録）文禄四年九月二一日条。

（9）本書Ⅳ第二章参照。

（10）註（4）参照。

（11）東京大学史料編纂所写真帳。

（12）河内前掲『秀吉の大仏造立』所収の表3参照。

（13）（年月日未詳）毎月八宗御斎覚書（妙法院史研究会編『妙法院史料　第五巻　古記録・古文書一』吉川弘文館、一九八〇年）。

（14）大和文華館写本。

（15）一五九六年一二月一三日付、長崎発信、ルイス・フロイス師の一五九六年度・年報（松田毅一監訳『十六・七世紀イエズス会日本報告集』第Ⅰ期第2巻、同朋舎出版、一九八七年）。

（16）『御湯殿上日記』（『続群書類従』補遺三）慶長二年八月一九日条。

（17）『義演准后日記』文禄五年正月朔日条。

（18）『公卿補任』（新訂増補国史大系）文禄四年条。

（19）註（18）参照。

（20）文禄四年七月二〇日付羽柴東郷侍従等三十名連署血判起請文（大阪城天守閣所蔵『木下家文書』、山陽新聞社編『ねねと木下家文書』山陽新聞社、一九八二年）。矢部健太郎「秀次事件と血判起請文・「掟書」の諸問題――石田三成・増田長盛連署血判起請文を素材として――」（山本博文・堀新・曽根勇二編『消された秀吉の真実――徳川史観を越えて――』柏書房、二〇一一年）参照。
(21) 河内前掲「京都東山大仏千僧会について――中近世移行期における権力と宗教――」参照。
(22)『義演准后日記』文禄五年五月二五日条。
(23) 註(22)参照。
(24) 東京大学史料編纂所所蔵。
(25) 安藤氏前掲論文では、「〝京都にある寺院・宗派〟であることが大仏千僧会の出仕条件として重要だったのである」とされている。
(26)（年月日未詳）大仏出仕人数帳（頂妙寺文書編纂会編『頂妙寺文書・京都十六本山会合用書類』四、大塚巧藝社、一九八九年）。
(27) ちなみに、三井寺（園城寺）は、文禄四年一一月一七日に「三井寺可被絶之由、今日被仰出候」と『孝亮宿禰記』同日条に記されているように、この後まもなくして、秀吉によりいったん断絶させられることになる。
(28) 河内前掲「京都東山大仏千僧会について――中近世移行期における権力と宗教――」、安藤氏前掲「京都東山大仏千僧会と一向宗――戦国期宗教勢力の帰結――」参照。
(29) 安藤氏前掲「京都東山大仏千僧会と一向宗――戦国期宗教勢力の帰結――」参照。
(30) たとえば、慶長一一年付『千僧会御出仕次第』（『妙法院史料　第五巻　古記録・古文書一』吉川弘文館、一九八〇年）には、「八番　本願寺御門跡」「八番　本願寺」などと記されている。
(31)『義演准后日記』文禄五年正月二九日条。
(32) 河内前掲「京都東山大仏千僧会について――中近世移行期における権力と宗教――」参照。
(33) 大田壮一郎「中世仏教史の〈分水嶺〉――ポスト「顕密体制」を探る――」（荒武賢一朗・太田光俊・木下光生編『日本史学のフロンティア　2　列島の社会を問い直す』法政大学出版局、二〇一五年）。
(34) 東京大学史料編纂所写本『義演准后日記』。
(35) 藤井学「近世初期の政治思想と国家意識」（『岩波講座日本歴史　第一〇巻　近世2』岩波書店、一九七五年、のちに同『法華文化の展開』法藏館、二〇〇二年）。

(36) 河内前掲「京都東山大仏千僧会について——中近世移行期における権力と宗教——」参照。
(37)『義演准后日記』文禄五年正月二九日条。
(38)『義演准后日記』慶長四年四月一八日条ほか。
(39) 河内前掲「京都東山大仏千僧会について——中近世移行期における権力と宗教——」所収の表1参照。
(40) 黒田俊雄「中世における顕密体制の展開」(同『日本中世の国家と宗教』岩波書店、一九七五年、のちに『黒田俊雄著作集　第二巻　顕密体制論』法藏館、一九九四年)。

付論　新多武峯と大織冠遷座について

はじめに

大和大納言《（豊臣秀長）》死去已後、多武嶺《（峯）》且々寺僧還住、但、寺領は前々の十物一也、是は此度大納言逝去の事、蒙大織冠之罸之由、時之人云之間、如此と云々、

これは『当代記』[1]天正一九年（一五九一）条に記された記事である。「大和大納言」とは、豊臣（羽柴）秀吉の弟として知られる豊臣（羽柴）秀長のこと、その秀長の「逝去」（「死去」）が、「大織冠之罸」を「蒙」った結果だと「時之人」がうわさしていたことが読みとれる。

いっぽう、「罸」をくだした「大織冠」とは、中世では「大織冠破裂」[2]という事象でも知られる、大和国多武峯（妙楽寺、現在の談山神社。以下では多武峯で統一）にまつられた霊宝、藤原鎌足の木像（大織冠神像）のことを意味する。

その「大織冠之罸」と秀長の「逝去」（「死去」）とのあいだにどのような因果関係があったのかについて証明することは、もちろん不可能な話である。しかしながら、このように「時之人」にうわさされるような理由がまった

くなかったのかといえば、そういうわけでもなかった。

というのも、右の記事からおよそ三年まえの天正一六年（一五八八）四月に大織冠が多武峯から秀長の居城のある郡山（大和郡山）へと遷座（遷宮）させられたという事実が知られているからである。この事実自体については、これまでにも関心がもたれ、さまざまなところでもふれられてきた(3)。

とくに永島福太郎氏の研究(4)は、このときにおこった大織冠遷座に関する専論であると同時に、嚆矢として今も基本文献の地位をしめている。もっとも、大織冠遷座の評価を「僧徒の勢力を剝奪する為」とするのは理解できるとしても、「その城下の都市発展に利用したものであることも想像出来る」とするのはどうであろうか。

少なくとも残された史料からは、大織冠遷座が郡山城下町の発展に寄与したという形跡はみられない。また、中世では大織冠が不特定多数の人びとの信仰を集めるような存在ではなかったことをふまえると、やはり別の理由をさぐる必要があろう。

そこで付論では、現在知られる史料をあらためて時系列順にたどってみることで、大織冠遷座という事態がもたらしたものが何だったのかについて考えてみたいと思う。そして、そのうえで冒頭にかかげた史料についても何らかの説明を加えることができればと思う。

一　新多武峯の成立

（1）青蓮院門跡と多武峯

残された史料によるかぎり、ことの発端は、天正一三年（一五八五）四月二七日、青蓮院門跡尊朝が「多武峯政所法印」と「多武峯里院老僧中」に対して書状を送り、[5]「当寺《多武峯》継目之朱印」を獲得するようはたらきかけたことにはじまる。

　ここで青蓮院門跡が登場してくるのは、多武峯が山門延暦寺東塔無動寺の末寺であり、その無動寺を管轄していた青蓮院門跡[6]が多武峯の「寺務」でもあったことによる。また、尊朝の書状にも登場する「内府」（内大臣）こと、羽柴秀吉がいよいよ天下人としての名実（この年の七月一一日に関白任官）をととのえつつあったことも関係していよう。「継目之朱印」とは、この秀吉による朱印状にほかならないからだが、このような朱印状獲得の動きは七月に入ってもかわらず、七月八日には、秀吉側近の民部卿法印玄以（いわゆる前田玄以）[7]に対しても尊朝が「多武峯領継目之朱印」を申し入れたことが知られる。[8]

　以上みてきた事実については、すでに『大日本史料』第一一編にも関係史料がおさめられているにもかかわらず、不思議とこれまでの研究ではふれられてこなかった。その理由についてはさだかではないが、しかしながら、時系列順に史料をたどってみると、このような青蓮院門跡の動きと大織冠遷座とがじつは深く関係していたことがうきぼりとなってくる。

　そこでまず注目されるのが、この間、青蓮院門跡が多武峯に書状を送るにあたって、常に「政所法印」と「里院老僧中」（「里院御中」「老僧中」）に対して書状を送り、ともに「申触満寺」ることを要請している点であろう。

　この時期の多武峯の寺内組織については残念ながらあきらかではないが、天台系の寺院組織一般から類推するに、「満寺」とは多武峯の寺僧集団全体を指し、また「政所」とは寺務執行機関、そして「老僧」とは老若[9]によって構成される衆徒のうち老衆を意味すると考えられる。

　したがって、通常であれば、青蓮院門跡の意志や命令は政所を通じて、そこから衆徒、そして満寺へ伝わるかたちとなっていたはずである。ところが、ここではそのようなかたちにはなっていない。このことから、組織としての多武峯に何らかの問題が生じていた可能性が考えられよう。

　じつは、このように考えられるのも、『多聞院日記』[10]天正一三年閏八月二五日条につぎのような記事がみられることがあげられる。

一、多武峯曖調歟、昨夕、弓・ヤリ（槍）・テツハウ（鉄砲）・具足・甲・大小刀、惣山ノ衆、悉以為進上持上、南大門ニ一夜明了、今朝悉持テ上了、兵力全不入天下平均ノ事也、

　この史料は、これまで「僧兵鎮圧」や「刀狩」の事例として知られてきたものだが[11]、しかしながら、よくよく読んでみると、その文面からは秀吉やその政権によって何らかの指示や命令がくだされた形跡がみられないことがわかる。また、そもそもこの時期、多武峯が秀吉と対立状態にあったということも知られていない以上、この史料は、「多武峯曖調歟」という一文からもわかるように、寺内で生じていた問題にかかわって「曖」（調停）がととのい、その結果として弓以下の武具が「惣山ノ衆」によって「悉以為進上持上」げられたと読むのが自然であろう。

　もっとも、その「曖」が具体的にどのようにしておこなわれたのかということまではさだかではない。ただ、これから一〇日あまりたった九月七日の『多聞院日記』の記事をみてみると、寺内で生じていた問題がどのようなものであったのかが多少なりともあきらかとなってくる。

一、多武峯去五日、悉以逃散相果了、如形老衆・行人残云々、

右からは、九月五日に「惣山ノ衆」が「逃散」し、多武峯には「老衆・行人」ばかりが残ったことが読みとれる。書かれてあることといえば、ただそれだけのことであるが、しかしながら、ここから逆に「逃散」したのが、「惣山ノ衆」のうち「老衆・行人」以外のものたちだったことがうきぼりとなろう。

ここで残ったのが老衆と記されている以上、「逃散」したものたちとは、この老衆に対する若衆とよぶべき寺僧たちだったことになる。したがって、この間、寺内で生じていた問題とは、衆徒を構成する老若をめぐるものであったことがあきらかとなってこよう。

残念ながらその問題の中味まではわからないが、それにかかわって弓以下の武具が「進上」されたというからには、「兵力」をともなうきびしいものであったことだけはまちがいない。実際、それを裏づけるように、「多武峯春覚房弟子」で「九才」になる「今市加賀子藤若」が、「物忩故、寺（多武峯）へ難上之間」、「里へ下」っていたことなどが、『多聞院日記』天正一三年閏八月二一日条には記されているからである。

（２）多武峯の分裂

ところで、若衆とよぶべき寺僧たちが「逃散」したのは、直接的には「曖」による結果ではなかった。というのも、閏八月一五日から九月五日までのあいだには、多武峯をめぐってつぎのようなことがおこっていたからである。

同三日（天正一三年九月）、庚子、下向于和州、自談山路銭五百疋進上、依今度被移大織冠社之事歟、有談山衆徒訴訟之子細、勅使今出河晴季公参向、路銭千疋、自談山進入、今夜於南都喜多院一宿、今出川同宿、

> 今度談山寺領被寄附六千石、並山上之坊舎悉以可被移之間、寺僧等可移住于麓之由、関白殿（秀吉）被命之、
> 同四日（天正一三年九月）、郡山登城、并城外一見、

これは『華頂要略』門主伝(12)の記事であるが、これと同じものは『大日本史料』第一一編之二〇（天正一三年九月四日条）にもおさめられ、その綱文には、「秀吉、大和多武峯ノ大織冠社ヲ、同国郡山ニ移築セシメントスルニ依リ、勅使菊亭晴季、青蓮院尊朝法親王ト共ニ、秀吉ヲ郡山ニ訪フ、秀吉、多武峯ノ坊舎ヲ郡山近辺ニ移サンガタメ、寺僧ヲシテ下山セシム」という説明も加えられている。

右の史料をみてみると、たしかに九月三日に青蓮院門跡尊朝と勅使の今出川晴季が大和国に下向し、そして、それが「今度被移大織冠社之事」や「談山衆徒訴訟之子細」にかかわるものであったことが読みとれる。また、翌四日には、「関白殿」（秀吉）によって「談山寺領」として「六千石」が「寄附」されるとともに、「山上之坊舎」をことごとく移し、「寺僧等」もまた「麓」に「移住」するよう命じられたことも読みとれる。

しかしながら、これもよくよく読んでみるとわかるように、この九月の段階では、史料のどこにも多武峯を郡山へ「移築」するとは記されていない。むしろ、「寺僧等」が「麓」へ移住するよう命じられていることからすれば、「大織冠社」も「山上之坊舎」もともに「麓」へ移すよう秀吉から命じられたと読むほうが自然であろう。じつはこの秀吉の命令に対応して、先の『多聞院日記』九月七日条でみられた「逃散」というできごとがおこったわけだが、それは老衆とのあいだで問題を生じていた若衆が「麓」への移住をよしとしなかったためであった。

このような事態に対して、秀吉とともにこの九月三日に大和国に入国したばかりの秀長も、九月六日付で山麓の「多武峯門前」に対して「多武峯之儀、関白様（秀吉）被仰出之旨、聊不可有相違候、自然非分申懸族これあらハ、速可申

付候、寺内之儀、両門前預置之条、家道具等取散幷於有火事者、可加成敗者也」と記した書状[13]を出している。

ここからも、多武峯を郡山へ移すとは秀吉が命じていなかったことがあきらかとなるが、翌九月七日にも秀長の家臣と考えられる渡辺彦左衛門尉が、「たいしよくわんのみや《大織冠宮》、幷ニ諸堂等、理ふちん《不尽》にうちやふり《打破》候ともから《輩》候者、寺中としてからめとり《搦捕》、郡山へ可被越候」という書状[14]を送っている。

大織冠や坊舎を麓に移築するにあたっては、当然、混乱が予想されたのであろう。渡辺の書状もそれを懸念してのものであったが、ただ、ここでも、「理ふちん《不尽》」なおこないによって「たいしよくわんのみや《大織冠宮》」や「諸堂等」を「うちやふ《打破》」るようなものが出たなら、「寺中としてからめとり《搦捕》」「郡山」へ差し出すようにとはのべられていても、大織冠や坊舎を郡山へ移築するようにとはふれられていないことには注意が必要だろう。

いずれにしてもこのように、秀吉や秀長は、九月の段階では坊舎や大織冠を麓に移築するよう命じつつも、できるかぎり寺内（「寺中」）の自律性を尊重する姿勢をみせていたことがうかがえる。ところが、およそ一カ月たっても事態は変化をみせなかったようで、その結果、翌一〇月三日に秀長の重臣横浜一庵良慶がつぎのような書状[15]を多武峯に送ることになる。

当寺《多武峯》知行之帳渡し可申候間、早々慥之仁躰可有御越候、然者郡山近辺へ御寺可被成御引之由被仰出候間、此方ニ坊舎御立候衆へ者、六千石を渡し可申候、無左衆へハ一切渡申間敷候間、可有其御心得候、恐惶謹言、

横一庵《横浜》

十月三日《天正一三年》　良慶（花押）

多武峯御中

じつは、ここでようやく「御寺」を「郡山近辺」へ「御引」の話が出てくるのだが、ここからは、「此方」（「郡山近辺」）に「坊舎」を建て、移住する寺僧たちには「六千石」の「知行之帳」を渡すいっぽう、「無左衆」へは「一切」渡さないという、二者選択をせまることで多武峯の存続にかかわる決断をうながしたことが読みとれよう。

それは同時に、自律性のうしなわれた多武峯寺内そのものを空間的に移動させることで、その回復をはかろうとする秀吉や秀長らの強い意志も感じさせる。その結果、多武峯は、郡山の「新多武峯」（「新峯」「新寺」）と故地の多武峯（「本峯」「本寺」「古寺」）とに分裂することになるわけだが、ここで注意しておかなければならないのは、この間、多武峯にかかわって活発な動きをみせていた青蓮院門跡尊朝の反応についてである。

というのも、『華頂要略』門主伝をみるかぎり、一連の事態に対して尊朝が不快感を示したという形跡が読みとれないからである。むしろ、天正一四年（一五八六）以降にはしばしば郡山へ出むき、「新多武峯社幷本坊等令見物」（四月六日条）といった動きをみせていることからもうかがえるように、今回の事態を歓迎しているようにもみうけられる。

このことからうきぼりになるのは、この間多武峯にかかわって動きをみせていた尊朝の懸念が、この時期に衆徒間に生じていた問題が「兵力」をともなう大騒動となり、それをきっかけにして秀吉によって攻撃されたり、破却されたりしてしまうことにあった点であろう。

それをさけるため、尊朝は四月の段階から「継目之朱印」の獲得を多武峯寺内にはたらきつづけてきたわけだが、いかんせんその意志はうまく伝わらず、その結果、郡山への移築という事態になりはした。しかしながら、それでも攻撃されたり、破却されたりもせず、六〇〇〇石の知行があたえられたうえ、その存続がゆるされたことはやはり歓迎すべきことだったのではないだろうか。しかも、これまでとは異なり、新多武峯に移住する寺僧たちは青蓮院門跡に対しても従順であったと考えられるから、なおさらのことであっただろう。

近年、京都の寺社の事例をとおして、豊臣政権の寺社政策の基調が、「門跡など寺社の頂上部を掌握することと、既存の秩序回復」にあったことが伊藤真昭氏によって指摘されている[16]。多武峯の場合、秀吉や秀長が青蓮院門跡を掌握しようとしていたのかどうかについてはわからないが、尊朝の動きやその反応をみるかぎりでは、今回の事態がかならずしもその意向を無視したものでなかったことはあきらかといえよう。

しかも、尊朝とともに下向してきた勅使の今出川晴季の役目もまた、「一山僧俗法度以下可被改定事」を「従殿下（秀吉）被加下知候様、青蓮院相談[17]」するようにという正親町天皇の命を伝えることにあり、天皇の意向もまた、尊朝のそれと一致していたことが知られる。

これまでの研究では、以上のような点をみのがしたまま、多武峯の郡山移築を秀吉や秀長による弾圧的な処置ととらえてきた。たしかに大和国へは、「秀吉兄弟、上下五千程ニテ被入訖[18]」ということであったため、直接的なものではなかったとはいえ、多武峯衆徒が何らかの威圧を感じることもあったであろう。しかしながら、それをとりたてて根拠もなく弾圧ととらえるみかたにはやはり検討の余地がある。

いずれにしても、このようにして郡山に新多武峯が成立することとなったわけだが、ただ、実際には大織冠も坊舎もこの年に移築されたのではなかった。それでは、大織冠や坊舎は、具体的にどのようにして郡山へ移築されることになったのだろうか。節をあらためて、それをみていくことにしよう。

二　大織冠の遷座

（1）大織冠社と坊舎の造営

『談山神社文書』には、天正一四年（一五八六）正月一一日の年紀をもつ、つぎのような起請文[19]が残されている。

　　　　掟条々
一、今般大織冠社、到部（郡）山可有御遷宮、付而三輩一味同心之事、
一、大織冠御新社造営之間、聊以無疎略、可有馳走事、
一、三輩各衆列之儀、無退屈不被漏評定、到部（郡）山万可有馳走、万一於随意者、及其期可有訴訟事、
敬白
　　　天罰起請文事
右条々趣、於相背者、梵天・帝尺（釈）・四大天王・日本国中大小神祇、殊別者、大織冠大明神、御神罰・冥罰、各
可被蒙者也、仍起請文如件、
　天正十四年正月十一日
　　　良賀　　　政存（花押）　良英
　　　清純　　　豪賢（花押）　証藝
（中略）

祐誉（花押）　英誉　　　　継運（花押）
豪算（花押）　真尊　　　　頼弘（花押）

ここにみえる「三輩」とは、中世では「三輩之衆儀[20]」ともみられることから、多武峯においてもっとも高度な意志決定をおこなう寺僧集団であったと考えられる。具体的には、起請文の最後に一二人ずつ三段に分けて、その名が列記された面々がその「三輩」となるが、ここで注目されるのは、計三六名におよぶ寺僧たちのうち、花押をすえているのが全員ではなく、二一名にとどまっているという点であろう。

この二一名が、郡山に「坊舎御立候衆」であったのかどうかについてはさだかではない[21]。ただ、仮にそうだったとしても、「三輩」においてもなお、郡山への移住に難色を示すものたちがいたことだけはまちがいないだろう。逆からみれば、それだからこそ、「三輩」で起請文を書かなければならなかったわけだが、もっとも、右の起請文からだけでは、大織冠社や坊舎の造営のようすまでは読みとれない。そのようすは、『華頂要略』門主伝にわずかながら伝えられている[22]ので、それをつぎにみていくことにしよう。

『華頂要略』門主伝によれば、まず天正一四年四月一日条に「今度談山大織冠社幷当門本坊以下諸坊舎悉移於郡山被造営云々、宰相秀長卿沙汰云々」とあり、このころには大織冠社と坊舎の造営がはじまり、それを秀長が沙汰していたことが知られる。

郡山への移築とはいっても、その造営は多武峯や青蓮院門跡がおこなうのではなく、豊臣政権がおこなうものであったことがわかるが、工事自体は急ピッチですすめられたとみえ、尊朝も四月六日に「和州郡山下向」、七日には「新多武峯社幷本坊等令見物」し、その後も五月一七日に「新多武峯作事令出来」、六月朔日にも「新多武峯周備」との報告をうけている。

また、七月一六日にも尊朝は、「下向郡山」しており、「新多武峯諸宮殿周備」のさまを目にするだけではなく、八月二八日ごろには、「下向新多武峯」といった記述をはじめていることから、寺観もかなりととのいつつあったことがうかがえよう。

実際、それを裏づけるように、九月二日に尊朝は、「新造本坊」において「為秀長卿息災祈、始修不動護摩」し、また、一二月七日にも「下向新峯」して、「自大和中納言《秀長》賜百石之領地、同十八日従一庵《横浜》被渡水帳」との記事がみられる。

以上のことから、おおよそこのころには坊舎のほうは完成していたと考えられるが、そのいっぽうで、大織冠が遷座する大織冠社の造営のほうはつづけられた。『華頂要略』門主伝によれば、天正一五年（一五八七）一一月に「新峯大織冠社造営成就云々」と記されているからである。

この間、およそ一年におよぶ時間の間隔がみられるが、その理由についてはさだかではない。ただ、このように新多武峯の坊舎が完成をみてもなお一年あまり大織冠が多武峯にあったため、先にもふれたように、新峯（「新寺」「新多武峯」）と本峯（「本寺」「古寺」）との分裂状態が出現することとなった。

結局のところ、大織冠の遷座は翌天正一六年（一五八八）四月に実行されるが、それにしてもなぜ大織冠の遷座がこのように後まわしにされたのであろうか。また逆に、なぜこの時期に遷座は実行されたのだろうか。そこにはそれなりの理由があったと考えられる。ここで気にかかってくるのが、秀長の病気についてである。

（2）秀長の病気と大織冠

よく知られているように、秀長は、秀吉に先立つこと天正一九年（一五九一）正月二二日に五一歳で病死するが、それにかかわる病気が史料のうえにあらわれるようになるのは、天正一五年（一五八七）一一月ごろとなる。『多聞院日記』同年一一月晦日条に「大納言（秀長）殿煩大事トテ、今暁郡山内衆悉以見廻ニ上洛云々」とみえるからである。もっとも、このときは、「大納言殿煩無殊儀云々」と『多聞院日記』一二月五日条に記されており、心配したほどの大事にはいたらなかった。ただ、「郡山内衆」のようすからみて、病気そのものはこれ以前より秀長の体をむしばんでいたと考えてよいであろう。

そう考えてみると、先にもふれた天正一四年（一五八六）九月二日に尊朝が新多武峯の「新造本坊」で「為秀長卿息災祈、始修不動護摩」していたことが気にかかる。不動法といえば、除病・延寿の息災法として知られる修法だからである。

また、これ以後にも、天正一五年五月二七日に「為郡山城中静謐祈、於新峯本坊、修護摩供幷大般若経読誦」、また、天正一六年（一五八八）正月二〇日にも、「於新峯本坊、修護摩」するなど、新多武峯本坊での尊朝による祈禱や修法の記事が『華頂要略』門主伝には散見される。

もちろん、いずれの記事にも秀長の病気平癒と明記されているわけではない。しかしながら、尊朝がわざわざ京都から新多武峯に下向して祈禱や修法をおこなっているところからみて、秀長にかかわるものであったとみるのが自然であろう。

じつは、大織冠遷座はそのようななか実行される。その具体的なようすについても、『華頂要略』門主伝にくわしいが、それによれば、天正一六年三月二四日、「談山文殊院」が「談山大明神遷宮之事注進」、それをうけて翌二五日に尊朝が参内して「依遷宮長者宣之事、奏聞」し、二六日に出された綸旨を「則渡文殊院」したことが読みとれる。

そして、それから数日後の三月三〇日には長者宣が出され、それが「従玄以法印、到来」したために、四月朔日に「文殊院持長者宣、今日帰峯」、二日には尊朝自身も「新峯下向」し、三日の「未剋許、従談山、大織冠霊像奉遷於郡山新造殿」られたこともあきらかとなる。ちなみに、このときに出された綸旨も長者宣もともに『談山神社文書』に残されているが、そのうちの長者宣[23]とはつぎのようなものであった。

来月三日、至于郡山大織冠遷宮之事、弥可奉抽国家安全懇祈者、長者宣如此、悉之以状、

天正十六年三月卅日　　右中弁（中御門宣泰）（花押）

多武峯衆徒中

この長者宣が出されたことによって、「来月」（四月三日）に郡山への大織冠遷座が決定したわけだが、ここで注意しておく必要があるのは、この長者宣をいったいだれが出したのかという点であろう。というのも、一般に長者宣といえば、藤原氏長者の宣を意味するにもかかわらず、ここでは、それを「玄以法印」が尊朝のもとへもたらしているからである。

この点について、山口和夫氏[24]は、今回の長者宣が「藤原氏長者を包摂した豊臣氏長者」として秀吉によって出されたという理解を示している。山口氏は、この年正月にも秀吉が春日社の正預職を長者宣で補任したとしているが、

それが事実であるなら、今回の長者宣もまた、秀吉によって出された可能性は高いだろう。

したがって、このときに大織冠遷座を実行させたのは、秀長ではなく、秀吉だったことがあきらかとなる。さらに注目すべきは、ここでもまた青蓮院門跡の関与があった点であり、これらのことを考えあわせるなら、この時期に実行された大織冠遷座と秀長の病気とのあいだにはやはり関連があったとみるのが妥当であろう。

もっとも、中世において、大織冠が除病や延寿にとくに霊験あらたかであったということは知られていない。しかしながら、ここで思いおこさなければならないのは、冒頭に引用した『当代記』の記事の存在である。そこでは、秀長が「逝去」（＝死去）したのは、「大織冠之罰」を「蒙」った結果だと「時之人」がうわさしていたわけだが、じつは、これと似たような話は秀長が亡くなるまえにもみられたからである。

一、多武峯大織冠、来十八日ニ寺へ還御、新社カリニ番匠大勢召寄、作事知行ハ一万五千石、先年ノ如指出被返付、当年ハ米ニテ物成六部ノ通ニ被渡置之、以之外御タ、リノ子細在之故云々、

右は『多聞院日記』天正一八年（一五九〇）一二月一五日条の記事であるが、これによれば、「以之外御タ、リノ子細在之故」、大織冠が多武峯に「還御」（帰座）することになった事実が読みとれる。いっぽう、『談山神社文書』に残される史料によれば、右の記事とは異なり、つぎのような理由で豊臣政権は大織冠を帰座させようとしていたことがあきらかとなる。

今度宿願意趣者、大和大納言秀長卿、当病於本復者、太《（ママ）》織冠如先々、可為御帰山幷寺領等可致寄附条、祈念事、

可被抽精誠之状如件、
天正十八年十月吉日　　秀次（花押）
多武峯惣山中(25)

ここでなぜ秀吉ではなく、豊臣（羽柴）秀次が文書を出したのか、その理由についてはさだかではない。ただ、ここからは、秀長の「当病」の「本復」とひきかえに「寺領」の「寄附」と大織冠の「帰山」をおこなうと豊臣政権が「多武峯惣山中」に伝えていたことが知られよう。

もちろんこの場合、大織冠の遷座ということがなければ、帰座を条件に右のようなことをおこなうことは不可能なわけだが、ここで注意しなければならないのは、「罸」にしても「タ、リ」にしても、いずれもそれらは結果としてのみ語られるものであったという点である。

当然のことながら、「罸」や「タ、リ」を期待して大織冠の遷座がおこなわれたとは考えられないからであり、むしろこのことから逆に、秀吉やその政権は、帰座させることと同様の効果を遷座にも期待していたということがうきぼりとなってこよう。

その意味では、「罸」や「タ、リ」とは、その期待の大きさを裏返したものであり、そのことがあったために冒頭で引用した『当代記』が伝えるように、「寺領は前々の十物一」に減らされる結果にもなったと考えられるのである。

おわりに

以上の検討から、付論では、大織冠遷座の背景に秀長の病気「本復」に対する秀吉やその政権の期待があったと考えるわけだが、そのように考えるにあたって、常にその念頭にはある有名なできごとがあった。そのできごとは、この数年後、慶長二年（一五九七）七月に秀吉によっておこなわれた京都東山大仏への善光寺如来遷座というものである。

このときの遷座は、直接的には前年の文禄五年（一五九六）閏七月の大地震によって大破した本尊のかわりとして、当時、信濃国から甲斐国に移されていた善光寺如来を大仏殿へ遷座させたものであったが(26)、注目されるのは、ここでもまた、『当代記』慶長三年（一五九八）条につぎのような記事がみられる点である。

　八月十六日、善光寺如来俄下向、町伝に信州本善光寺江送之、路次中にて脇仏は散々の体也、此善光寺如来上り給て後、太閤《秀吉》無程病気之間、不吉之兆とて如斯、

大織冠の場合はおよそ三年間、郡山へ遷座したが、善光寺如来の場合はさらに短く、わずか一年たらずで帰座した。そしてそのこともまた、秀吉の病気にかかわる「不吉之兆」ととらえられていたことがここからは読みとれよう。

ただし、「善光寺如来上り給て後、太閤《秀吉》無程病気之間」とされているのは、秀長のときの「罸」や「タヽリ」と

同様、結果として語られているものであり事実ではない。実際、『当代記』が伝えているように、秀吉は「惣別、未年（文禄四年）より常御悩気」だったからである。

したがって、このことから秀吉の病気と善光寺如来遷座とのあいだにも深い関係があったと考えられるわけだが、さらに興味深いのは、大織冠が帰座した天正一八年一二月二八日[27]からまもなくして秀長が亡くなったのと呼応するかのように、善光寺如来が帰座した直後の慶長三年八月一八日に秀吉もまた亡くなった[28]という事実の符合である。

一見すると、これらのことは偶然のようにもみえる。しかしながら、おそらくそうではなく、秀長の場合でいえば、すでに天正一八年一〇月ころには「ハヤ今暁秀長ハ死去[29]」といわれるほど病状が悪化し、また秀吉の場合も、「六月二日より御不例、御腰不立[30]」という深刻な病状にあったことをふまえるなら、大織冠の帰座も善光寺如来の帰座もともに意識的におこなわれたとみるのが自然だろう。

そして、その目的とは、先にみた秀次の文書からもあきらかなように、「当病」の「本復」をおいてほかには考えられない。もちろん、秀長の病気にしても、秀吉の病気にしても、その平癒を祈願する祈禱や修法が頻繁におこなわれていたことは、この時期の記録にも散見される。したがって、大織冠や善光寺如来の遷座のみに期待していたわけではなかったであろう。

しかしながら、「罰」や「タヽリ」をおこすほどの霊力をもつ大織冠や善光寺如来に対しては、祈禱や修法をおぎなうような別の効力が期待されていたのではないだろうか。その点で興味深いのは、秀吉の場合、大仏殿に移されたのが善光寺如来だけではなかったという事実である。

此春、奥州平泉中尊寺一切経伏見江被召上、如来堂に被置、是清衡（藤原）・基衡（藤原）・秀衡（藤原）三代之中に所書写之経有三部、

十月本国江被返下、

これもまた、『当代記』慶長三年条の記事であるが、ここからは奥州藤原氏の発願によって書写された、いわゆる「中尊寺経」（「紺紙金銀交書一切経」）も「如来堂」（＝大仏殿、善光寺如来が遷座しているあいだは大仏殿はこうよばれた）へ移され、秀吉の死後、一〇月にかえされたことが知られよう。

この事実は、『義演准后日記』[31]でも確認でき、同記慶長三年六月八日条には「奥州ヨリ先度被仰付一切経二部、伏見ニテ参著云々」と記され、「中尊寺経」「二部」が、『当代記』のいうように「此春」ではなく、秀吉が亡くなる二カ月前の六月に移されたことがあきらかとなる。

時期的なことから考えても、この「中尊寺経」もまた、善光寺如来と同じような霊力を期待された可能性は高い。おそらくはこれ以外にも大仏殿に移された霊宝はあったのではないかと考えられるが[32]、現在のところそのすべてを確認するにはいたっていない。

ただ、大仏殿に移されたこれら霊宝のいずれもが短期間でかえされており、コレクションを目的としたようなものではなかったという点には注目する必要があろう。ここからも、期待されたものが、霊宝自身がそなえる霊力や、あるいは遷座といった移動にともなっておこりうるであろう特別な力にあったことがうかがえる。

このような豊臣政権と霊宝の関係といった問題は、これまでほとんど検討されてこなかったのではないかと思われるが、その意味ではここでの考察もいまだ仮説の域を出るものではない。したがって、今後、残された史料を精査しつつ大仏殿に移された霊宝をひとつでも多く確認することができればと思う。あるいは、それらがある程度のかたまりとなったとき、ここで検討した内容についてもより広い視野から見直す必要が出てくるかもしれないが、いずれにしても、今後の課題としなければならないことのほうが多いといわざるをえない。そのことを確認して、ひとまず付論をおわりにしたいと思う。

註

（1）『史籍雑纂　当代記　駿府記』（続群書類従完成会、一九九五年）。
（2）黒田智『中世肖像の文化史』（ぺりかん社、二〇〇七年）。
（3）奈良県編『大和志料』下（奈良県教育会、一九一五年）、桜井市史編纂委員会編『桜井市史』上巻（桜井市、一九七九年）。
（4）永島福太郎「多武峯の郡山遷座について」（『大和志』第三巻一号、一九三六年）。なお、同『奈良文化の伝流』（目黒書店、一九五一年）でも「郡山の繁栄策」（四九一頁）、「城下町郡山の発展に資する」（四九二頁）というように、同じような見解が示されている。
（5）『華頂要略』多武峯雑記（『大日本史料』第一一編之一五、天正一三年四月二七日条）。
（6）下坂守『中世寺院社会の研究』（思文閣出版、二〇〇一年）。
（7）伊藤真昭『京都の寺社と豊臣政権』（法藏館、二〇〇三年）によれば、史料には「玄以」としか出てこないとされている。
（8）『華頂要略』多武峯雑記（『大日本史料』第一一編之一七、天正一三年七月八日条）。
（9）寛正八年七月日付多武峯寺法度条々（『談山神社文書』）に「老若」の存在が確認できる。
（10）増補続史料大成。
（11）永島氏前掲論文、辻善之助『日本仏教史　第七巻　近世篇之一』（岩波書店、一九五二年）、藤木久志『豊臣平和令と戦国社会』（東京大学出版会、一九八五年）、同『刀狩り――武器を封印した民衆――』（岩波新書、二〇〇五年）。
（12）大日本仏教全書。

(13)『願泉寺文書』(『大日本史料』第一一編之二〇、天正一三年九月四日条)。
(14)『談山神社文書』(『大日本史料』第一一編之二〇、天正一三年九月四日条)。なお、談山神社刊書奉賛会編『談山神社文書』(星野書店、一九二九年)と談山神社文化財調査委員会編『談山神社文化財目録　美術工芸・文書篇』(談山神社、一九九二年)も参照した。
(15)『談山神社文書』(『大日本史料』第一一編之二一、天正一三年一〇月三日条)。
(16)伊藤氏前掲『京都の寺社と豊臣政権』参照。
(17)『華頂要略』多武峯雑記(『大日本史料』第一一編之一九、天正一三年閏八月二五日条)。
(18)『多聞院日記』天正一三年九月三日条。
(19)『談山神社文書』。
(20)寛正八年七月日付多武峯寺法度条々(『談山神社文書』)。具体的には、天文二〇年三月一〇日付三輩衆儀事書(『談山神社文書』)のようなものも残されている。
(21)『談山神社文書』には、天正一四年一二月一〇日付で「新峯同宿分別預人数写」と端裏書された文書も残されている。
(22)この点については、永島氏前掲論文でもふれられている。
(23)『談山神社文書』。
(24)山口和夫「統一政権の成立と朝廷の近世化」(山本博文編『新しい近世史　1　国家と秩序』新人物往来社、一九九六年、のちに同『近世日本政治史と朝廷』吉川弘文館、二〇一七年)。
(25)『談山神社文書』。
(26)この事実については、西山克「王権と善光寺如来堂」(塚本学先生退官記念論文集刊行会編『塚本学先生退官記念論文集　古代・中世の信濃社会』銀河書房、一九九二年)にくわしい。
(27)『華頂要略』門主伝、天正一八年一二月二八日条、『多聞院日記』天正一八年一二月二八日条。
(28)『舜旧記』(史料纂集)慶長三年八月一八日条、『当代記』慶長三年条。
(29)『多聞院日記』天正一八年一〇月二〇日条。

（30）『当代記』慶長二年条。
（31）史料纂集。
（32）黒田智「信長夢合わせ譚と武威の系譜」（『史学雑誌』第一一一編六号、二〇〇二年）によれば、大仏殿には、後北条氏から掠奪した「五百羅漢像」も安置されていたという。

補論　藤井学著『法華文化の展開』『法華衆と町衆』について

はじめに

日本中世史・近世史において活況を呈している研究分野のひとつとして、宗教史・仏教史をあげることはもはや常識の域となっている。ここでとりあげる『法華文化の展開』（法藏館、二〇〇二年、以下、『法華文化』）・『法華衆と町衆』（法藏館、二〇〇三年、以下、『法華衆』）は、このような研究状況を牽引してきた先達のひとりである藤井学氏がみずからの論考をとりまとめた論集である。

宗教史・仏教史とひとくちにいってもその意味するところは多様であるが、両書における特徴は、その書名からも読みとれるように、いわゆる新仏教とされる法華宗（日蓮宗）の研究を中心に、それを信奉した宗教者や民衆の信仰生活を解明するとともに、その総合的な芸術活動の結晶としての文化にまで関説しているところにある。

よく知られているように、近年の宗教史・仏教史の関心が、黒田俊雄氏の顕密体制論・寺社勢力論の影響によって、どちらかといえば、顕密仏教・顕密寺社の研究を中心に、それと密接な関係をたもつ公家・武家・寺社など権門や国家のありようにおかれているのとは一見すると対極にあるかのようにみえる。

しかしながら、藤井氏自身が語るように、「世俗の事象を仏教側の理念から改めて説き明かそうという教説上の立場が、新旧仏教宗派を問わず、中世仏教全体の大きな特色であったと」(『法華文化』一〇五頁)考えられることからすれば、その立場はむしろ自覚的であったという点をみのがしてはならない。

それはまた、研究史上、著名な提言として知られる「真宗も法華宗も、鎌倉仏教というよりは、戦国仏教と考えたほうがはるかに実態に即した呼称である」(『法華文化』一二一頁)と明言したのが、ほかならない藤井氏自身であったことからだけでもあきらかといえよう。

その意味で両書は、法華宗史のすぐれた研究書であると同時に、その専門書にとどまらない奥深い内容をそなえた書物といえる。したがって、そのような内容をそなえた書物のすべてを紹介し批評するといったことは、およそ著者の能力をこえている。よって、ここでは著者の能力のおよぶ範囲で内容の紹介と若干の感想をのべていきたいと思う。

一　歴史学からみた法華宗とその文化

両書は、計三五本の論考によって構成されているが、そのうち一九本が『法華文化』において「Ⅰ　法華宗と中近世の国家」「Ⅱ　法華宗の人物像とその作品」「Ⅲ　法華文化と地域文化」「Ⅳ　京都町衆と法華信仰」の四部として配置され、残りの一六本が『法華衆』において「Ⅰ　法華仏教史総説」「Ⅱ　法華教団の展開」「Ⅲ　近世天皇の葬礼と御寺泉涌寺」「Ⅳ　仏教文化の復興運動」の四部として配置されている。

これらの配置がどのような意図のもとでおこなわれたのかについては、『法華文化』のあとがきに「好悪良否など厳密に私の書いたものから選んだものではない。むしろ、アトランダムに、一定の基準無く選んだような気がする」とのべられるだけで、その真意を知ることはできない。

とくに、『法華衆』のⅢ・Ⅳが本書にえらばれた理由も知りたいところではあるが、とりあえず、ここでは、著者の能力にしたがって、このⅢ・Ⅳをのぞいた部分について、また、各部のまとまりにあえてとらわれずに紹介していきたいと思う。

さて、両書のなかで論じられていることを著者の理解できる範囲で分類するとすれば、それは、①宗祖日蓮にかかわる思想史・教学史、②日蓮の死後、その教えをうけついだ人びとによって展開された京都を中心とした西国における教団の発展史、③②をになった諸師やそれをささえた檀信徒の人物像とその思想、④中世末・近世初頭における宗教と国家の関係となろう。

①日蓮にかかわる思想史・教学史

まず、①にかかわる論考とは、「日蓮と神祇」（『法華文化』Ⅰ）・「中世における国家観の一形態――日蓮の道理と釈尊御領を中心に――」（同上Ⅰ）・「日蓮と立正安国」（『法華衆』Ⅰ）となるが、これらに共通して読みとれることといえば、日蓮御書（遺文）に対する徹底した分析とそこからみちびき出された豊かな思想的言説となろう。じつは、ここで読みとれる特徴は両書全体に共通しているといってよい。

たとえ法華宗を歴史学の立場から研究するにしても、まずは宗祖の思想・教学を把握しなければ、何ひとつ語ることはできないという、おそらくいかなる宗派史を研究するうえでも必要な、このもっとも基本的でありながら容易にはなしとげることのできない作業が確実になされていることをこの一連の論考は証明している。

両書にはおさめられていないが、藤井氏には、「中世宗教の成立」（日本史研究会編『講座日本文化史　第三巻　保元・平治―応仁』三一書房、一九六二年）という論考もあり、法華宗のみならず他宗の思想や教学にも通じていたことはよく知られている。もっとも、この点は藤井氏にかぎられることではなく、氏と同世代の研究者には共通する研究姿勢であったと推察される。もとより困難な作業ではあるが、宗教史・仏教史をこころざすものにとってはやはり範とすべきことといえよう。

②京都を中心とした西国における教団発展史

したがって、②もまた、①をふまえたかたち、とりわけ釈尊御領・常寂光土をキーワードとして展開されることになる。この②にかかわる論考が、「鶏冠井の法華宗」（『法華文化』Ⅲ）・「松ケ崎の法華宗と洛北の祭り」（同上Ⅲ）・「応永の法難と法華宗の「かくれ里」知見谷の歴史」（同上Ⅲ）・「中世備前法華門徒の比企・池上・身延参詣」（同上Ⅲ）・「初期法華一揆の戦闘分析――山科・石山攻めを中心に――」（『法華衆』Ⅱ）となるが、じつは、ここには不思議なことにこれらの原点ともいうべき論考がおさめられていない。

その論考とは、藤井氏にとって最初の雑誌掲載論文となった「西国を中心とした室町期法華教団の展開――その社会的基盤と法華一揆を中心として――」（『仏教史学』第六巻一号、一九五七年）である。なぜこの論考が両書におさめられなかったのか、その理由についてはあきらかではないが、この論考を起点に展開された研究において思想史・教学史の成果と実証的な歴史学の成果が社会的基盤のうえで邂逅することになる。

藤井氏自身しばしば語るように、日蓮の教えは、いわゆる新仏教のなかで唯一、東国においてうまれ育ったものである。そのこともあって、その教えは、日蓮の在世中には京都をはじめとした西国に伝えられることがなかった。しかしながら、その教えをうけついだ人びとによって南北朝・室町期以降、京都を中心に西国にまでひろめられていくことになる。②にあたる一連の論考は、この事実を思想史・教学史の成果とからませながら具体的にあきらかにしていく。藤井氏を評してしばしば実証史家ということばが冠されることが多いが、これらの論考はその面目躍如といった観を呈しているといってよいであろう。

③諸師・檀信徒の人物像とその思想

③においては、②で論じられた部分をより深化させるためにさまざまな人物像とその思想のありかたがあきらかにされていく。じつのところ、両書におさめられた三五本の論考のうち、ここに相当するものが分量としても一番多い。

具体的には、「「かた法華」と「ひら法華」」（『法華文化』Ⅰ）・「日像――題目流布　初めて京の町へ――」（同上Ⅱ）・「妙秀――正直正路の生涯――」（同上Ⅱ）・「仮名草子と法華宗――『妙正物語』について――」（同上Ⅱ）・「日奥――不受不施に殉ずる――」（同上Ⅱ）・「大鹿妙宣寺覚書」（同上Ⅱ）・「桃山の法華文化」（同上Ⅲ）・「近世初頭における京都町衆の法華信仰」（同上Ⅳ）・「本阿弥一門の思想構造――妙秀と光悦の法華信仰を中心として――」（同上Ⅳ）・「本阿弥光悦と日笠紙」（同上Ⅳ）・「光悦――その信仰の世界――」（同上Ⅳ）・「法華専修の成立について」（『法華衆』Ⅱ）・「法華宗不受不施派について――近世初頭におけるその思想と社会的基盤を中心として――」（同上Ⅱ）・「不受不施思想の分析」（同上Ⅱ）がそれらにあたる。

ここでは、日蓮の教えをうけつぐにない手としての日像・日隆・日奥など諸師の行動とその思想、そしてそれらをささえた受容者としての妙秀や光悦など本阿弥一類ならびに後藤家・狩野家・茶屋家・尾形家といった京都町衆の思想構造が実証的かつ詳細に語られていく。一般に実証的といえば、その叙述は、よくいえば禁欲的、悪くいえば無味乾燥とみられがちである。しかしながら、藤井氏の場合、このような常識はあてはまらない。

たとえば、『本阿弥行状記』に登場する人物として、また光悦の母としてその名が知られる妙秀をとおして、「この当時の法華信仰は、唱題目一行に徹することだけが必ずしも強信ではない。信仰から生まれてくる安心が、質素と無欲と慈悲というような日常の庶民生活の徳目の実践に裏打ちされたとき、それが正直正路の人生となる。妙秀という一人の女性に代表される当時の庶民社会が受容した法華信仰は、このように彼らの日常生活に定着した堅実なるものである」(『法華文化』一七〇頁)と熱くのべるいっぽう、近世においてはキリスト教とともに異教とされた法華宗不受不施派の祖となる日奥のことを「日奥はその教えのなかにこそ、一種の禁欲的ともいえる信仰上の潔癖性をもっていたが、その容貌や平素の人柄は、信者らから「大黒奥師」という愛称で呼ばれるほど親しみをもたれていた。(中略)他宗に対しては折伏一道に徹し、宗内においては福力円満の僧、それが町衆が受け止めた日奥の人格像であったからかもしれない」(『法華文化』二二〇～二二一頁)と評するなど、それぞれの人物に対するあふれんばかりの共感が読むものにも伝わってくる。しかも、その共感は感情に流されたものではけっしてなく、すべてにおいて厳選された史料に裏打ちされているだけにその説得力は強い。

学問としての歴史学が、戦後のある時期から一般社会と距離をおくようになったとみられてからすでに久しい。そのように距離がうまれた理由にはさまざまなものがあるのだろうが、ひとつには研究者がおのおのの研究対象に対する情熱や共感を研究者以外の人びとに語るすべを学び、訓練することをおこたってきたことがあげられるのではないだろうか。その点、藤井氏はこのすべを会得していたと考えざるをえない。

とすれば、藤井氏はそのすべをどのようにして会得したのだろうか。この点は、直接うかがうしかないであろうが、そのことを考える糸口のひとつとしては、藤井氏が書斎のなか、あるいは象牙の塔のなかだけの人ではなかったことがあげられよう。

「史家の論文には、すばらしい論と証が展開されていても、それを彷彿とさせる場所や人物がそこに書きこまれていないことがよくある。三浦さんの書いたものには、いつも手抜きがない。史料をこつこつと集め、整理し、現場を歩き、人間とその生活の場所が、論理の展開のなかにいつも生き生きと書きこまれている」との一文は、藤井氏が「畏友」と記す三浦圭一氏への追悼文（「三浦圭一さんを偲んで」『日本史研究』三二八号、一九八九年）にみえるものだが、それはそのまま藤井氏の研究姿勢とも重なり合う。これもまた、宗教史・仏教史にかぎらず歴史学をこころざすものにとっては、常に肝に銘じておかなければならない大切なことといえよう。

④中世末・近世初頭における宗教と国家

④については、戦後、二度にわたって刊行された岩波講座日本歴史におさめられた「江戸幕府の宗教統制」（『法華文化』Ⅰ）と「近世初期の政治思想と国家意識」（同上Ⅰ）によって論じられ、また、同じく岩波書店刊行の日本思想体系におさめられた「近世仏教の特色」（『法華衆』Ⅰ）・「不受不施思想の分析」（同上Ⅱ）、そして、「国民的仏教への道」（同上Ⅰ）をとおして、より近世仏教にそくしたかたちで論じられることになる。

一見すると、この④は、①～③と交錯しないかのような印象をうける。しかしながら、けっしてそうではない。それは、「江戸幕府の宗教統制」と「近世初期の政治思想と国家意識」において、日奥の思想、とりわけ不受不施理論が詳細に論じられていることからもあきらかといえるが、それでは、なぜ不受不施理論が国家との関係にまで関説していくことになるのだろうか。

藤井氏によれば、それは、法華宗が「幕藩体制確立においてその把握に最も心がけた農民・町人・武士層を門徒として組織し、それに立脚した教団で」（『法華文化』六二頁）あり、また、幕府など統一権力の「宗教行政を一貫する基本的課題は、（中略）これら教団がもつ信徒を、教権よりも以前に先取して、幕藩体制の枠内に組み入れることであ」（同上）ったにもかかわらず、不受不施の「理論を支えた国土＝仏土、衆生＝釈子の理念、あるいは王法と対決して法難を甘受せんとする、仏法為本を叫ぶ不受僧侶とその檀方」（同上六九頁）は、正面からそれにたちはだかる存在として認識されたためだという。ここからは、①〜③における成果が④において有機的にむすびついていることが読みとれよう。

ちなみに、不受不施の教えは、いわゆる寛文の惣滅によって全面的に禁制の対象となる。ただ、それでもなおその教えはかくれ不受不施として明治にいたるまで伝えられた。藤井氏は、この強信のありようを高く評価することになるが、それと同時に、中世的な意味での信仰心を喪失した近世仏教に対してもけっして評価をおこたらない。

よく知られているように、近世仏教といえば、葬式仏教と評価されることがながくつづいてきた。しかしながら、藤井氏は、その点についても、「葬式も法要も、また墓石の建立も、たんに遺骸の処理過程を示すものではない。また施主個人の先祖への孝養を意味し、社会的徳目の実践を示すだけでもない。儀式が壮大であることは、これに参集する人々の増大を意味し、死者と施主との悲しみと追憶、それにそれぞれの人生の意義が、個人の段階から、儀式を介して参集者全体、つまり民衆社会に分担され、認知されたことを意味する」（『法華衆』一二一頁）とむしろ高く評価することになる。この文章が記される「近世仏教の特色」は、けっしてながいものではないが、右のような一節を含め、この分野にかかわる問題点を簡にして要にまとめたものとして、これからもくり返しかえりみられていくことになろう。

このようにしてみると、①〜④は、段階をふんで、まるで時間を追って書かれたかのようにみえる。しかしながら、それはそうみえるだけで、おのおのの論考の初出を確認すれば、それらは並行して成稿されてきたことがあきらかとなる。つまり、①〜④の問題関心は、初発から、しかも統合的に藤井氏のなかにあったということが了解されよう。両書におさめられた論考は、成稿の年次も一九五〇年代から一九九〇年代とながきにわたっているにもかかわらず、その内容にはまったくといってよいほどぶれがみられないが、それもまた当然のことであったのかもしれない。

二　宗教史と文化史

以上、たいへんかけ足で両書の紹介をおこなってきた。もとより著者の能力のしからしむるところ、多くの人びとからみれば限界ばかりがめだったのではないかと思われるが、その限界ついでに最後に一点だけ感想をのべて、この補論をおわりにしたいと思う。

その感想とは、ほかでもない、両書をとおして、思いのほか林屋辰三郎氏の影響、とりわけその著『中世文化の基調』（東京大学出版会、一九五三年）の影響が色濃くみられるという点である。もちろんこれは、戦後まもなく京都で立ちあがった日本史研究会において、あるいは林屋氏を中心に一九六〇年代に刊行された京都市編『京都の歴史』において直接的なつながりがあったことに起因するのであろうし、それは藤井氏に限定されるものではなく、氏と同世代の京都の研究者にとっては、むしろ共通するものであったといえるのかもしれない。

ただ、それらを考慮に入れてもなお、藤井氏と林屋氏には、共通してこだわりつづけたものがあったように思われる。それは何か。じつはそのことをよくあらわしているのが、『法華衆』の「あとがき」である。両書には、ともに「あとがき」が記されているが、『法華文化』の「あとがき」にみられる静寂なまでの文章とはうってかわって、『法華衆』の「あとがき」は、読むものにとまどいをおこさせるほどのはげしさがみられる。そして、その一節に藤井氏はつぎのような文章を記すことになる。

すなわち、「日本近世の歴史は政局のドラマだけではない。そこには医学、地理学、鉱山学、冶金学、農学、水産学、本草学、文学、国歌、絵画、邦楽、芸能、哲学、政治学、行政治安機構、あらゆる手工業産業、はては世界一流の出版事業等、国民生活を豊かにする産業や学問が発達していた。やがていつの日かドラマに代わって、歴史の光がこの面に及ぶことを期待する」（『法華衆』四七〇頁）と。

ここには、文化ということばこそ記されていないものの、いわんとするところとは、文化史、しかもそれは狭義のそれではなく、宗教史・仏教史も含めた総合的な学としての文化史の重要性を喚起したものとみてまちがいないであろう。戦後の歴史学が一般社会と距離をもってしまったそのとき、同時に文化史への評価も急速に見うしなうことになってしまった。藤井氏は、そのことをあらためて訴えたいがために両書を世に問うたのではないだろうか。両書につけられた書名が、そのことをあらわしているように著者には思えてしかたがない。

終

本書では、全体をⅠからⅣに分け、戦国期京都の法華宗にかかわるさまざまな事象について、「戦国仏教」という呼称を念頭におきながら検討を加えてきた。それらをふまえたうえで、終では、そこからうきぼりとなってきた点についてふれ、一応のまとめと展望を示したいと思う。

ここでいうところのうきぼりとなってきた点とは、すなわち戦国期京都の法華宗におとずれた変わり目、あるいは転換期となるが、この場合の転換期とは、画期というほどには劇的でないものの、しかしながら、一定の年月をへて、そのありかたに大きな変化がみられていくという意味合いとなろう。

具体的にその転換期とは、ポイントとなる年号にそくせば、文明期（一四六九～八七）、元亀期（一五七〇～七三）、慶長期（一五九六～一六一五）となる。それではなぜ、これらが転換期とみられるのか、順を追って確認していくことにしよう。

一　文明期

鎌倉後期に日像が京都で布教をはじめて以来、中世をとおして法華宗が山門延暦寺大衆による弾圧的な行為にしばしばみまわれたことはよく知られている。そして、それが、応仁・文明の乱直前の寛正六年（一四六五）を境に大きく変化したことについてもすでに指摘したところである[1]。

もっとも、その変化がさまざまな場面で目にみえるようになってくるのは、少しおくれて文明期に入ってからとなる。たとえば、それは、つぎのような史料[2]からも読みとることができる。

文明元年八月八日、山門本院政所集会議曰、早可被相触山門奉行事

（前略）然而、楞厳院一類別心之悪徒、令仏閣閉籠、座主様違背之造意、希代之濫吹、何事如之乎、既非三院一同之儀上者、曾不可有御許容之由、（中略）剰日蓮宗可追放之旨加下知云々、為事実者、言語道断次第也、於彼宗事者、先年粗雖被及其沙汰、以寛宥之儀被捨置畢、（中略）所詮於彼閉衆之下知者、不可致承引之由、速可被加成敗之旨、衆議如此、

応仁・文明の乱の真っただなかの文明元年（一四六九）七月二六日、「山門楞厳院中堂閉籠衆」は、事書を「山門奉行」に触れ、すみやかに室町幕府から「御奉書」をくだして、「法花（華）宗奴原」を「搦捕」、「沈唐崎霊波」めるよう要請するとともに、もしその「御成敗有停滞者、以犬神人懸彼等住所」くるとの「衆議」を伝えた[3]。右は、それから一〇日あまりのちの八月八日に「山門本院政所集会」、つまり東塔政所に結集した大衆が「山門奉行」に触れた事書である。

ここで注目されるのは、東塔政所に結集した大衆が「楞厳院閉籠衆」のことを「別心之悪徒」としたうえで、彼らの行動が「非三院一同之儀」ず、「日蓮宗可追放之旨加下知」えたことは「言語道断次第」とまでいいきっている点であろう。

法華宗に対する三塔（東塔・西塔・横川）大衆の姿勢がかならずしも一枚岩とはいえなかったことが知られるからだが、それ以上に重要なのは、「於彼宗事者、先年粗雖被及其沙汰、以寛宥之儀被捨置畢」と記されているように、その姿勢には「先年」、つまり寛正六年の「沙汰」が影響をあたえていたことが読みとれる点である。

ここで「以寛宥之儀被捨置畢」とみえるように、東塔政所に結集した大衆としても、「彼宗」（法華宗・日蓮宗）の存在を認めたというわけではけっしてない。しかしながら、さまざまな事情により「寛宥」せざるをえず、「捨置」くほかないというのがおおかたの判断になっていたことがあきらかとなろう。

すでに川本慎自氏[4]も指摘しているように、寛正六年の段階で、はからずも延暦寺大衆が「洛中洛外法華堂」「洛中ノ諸寺」を「日蓮宗」[5]というひとつの「宗」として認識していたことがその背景にはあるわけだが、じつは、右のような判断が、大衆内部や幕府内部にとどまらず、京都という都市全体にまでひろがっていたということが確認できる点も重要である。たとえば、それはつぎのような史料からも読みとることができる。

此住持者《（妙蓮寺日応）》源大納言入道《（庭田長賢）》弟也、親王御方《（勝仁親王）》外戚之間、任申請、先年被任僧正云々、不可然事也、勘例申入歟、於注申例者、皆為山門憤申、被奇《（棄）》捐例也云々、当時法華衆繁昌驚耳目者也、

これは、中御門宣胤の日記『宣胤卿記』[6]文明一三年（一四八一）三月二六日条にみえる記事である。ここからはまず、法華宗寺院の妙蓮寺「住持」日応が、「源大納言入道《（庭田長賢）》」の弟であり、姪の「朝子」[7]が、「親王御方」（勝仁親王、のちの後柏原天皇）の実母であったために「親王御方外戚」とみられていたことがわかる。

また、「親王御方外戚」であるがゆえに日応が「先年」[8]（文明九年〈一四七七〉）「僧正」（「権僧正」）に任じられた

ことに対して、宣胤が「不可然事」と記していることもわかるが、ここで注目されるのは、そのように宣胤が判断した根拠が、これまで法華宗僧が僧正に任じられたさいには、「皆」「山門」（延暦寺大衆）の「憤」によって「奇捐《（棄）》」（破棄）されてきたという「例」におかれている点であろう。

ここにみえる「例」とは、具体的には、応永二〇年（一四一三）六月のできごととして知られる妙本寺（妙顕寺）月明（具覚）の事例かと思われるが[9]、このように、法華宗に対する宣胤ら公家たちの視線もまた、「山門」（延暦寺大衆）の判断をとおしてのものであったことがあきらかとなるからである。

したがって、その延暦寺大衆や幕府が、京都における法華宗の存在を「以寛宥之儀被捨置畢」という姿勢に転じては、それにしたがわざるをえなかったと考えられる。また、それと歩調をあわせるかのようにして、「当時」、すなわち文明期に「法華衆繁昌驚耳目者也」という状況が京都において顕著になっていたことも右の史料からあきらかとなるが、その「繁昌」ぶりとは、おそらくつぎのようなものであったのだろう。

法華之輩、号日蓮上人忌日、各詣本寺、（中略）彼寺造作等之事、大宮之少路《（大路）》以東尓不可出之由被定了、然今度文明之乱以後、京中充満、

これは、九条尚経の日記『後慈眼院殿御記』[10]の明応三年（一四九四）一〇月一三日条に記された記事である。一〇月一三日といえば、日蓮の「忌日」にあたり、したがって、「本寺」や「彼寺」とは法華宗寺院を意味するわけだが、尚経の認識としては、いつのころからかさだかではないものの、それらは「大宮之少路」（大宮大路）「以東」には「造作」してはならないと「定」められていたという。ところが、「文明之乱」以降はそれもやぶられ、

「大宮之少路」（大宮大路）を越えて「京中」（洛中）に法華宗寺院が「充満」するようになっていたこともわかる。

この点について、本能寺の場合でみてみると、その「本屋敷」は「大宮以西」であったが、それが大宮以東へと移転するのは、応仁・文明の乱よりさらにくだった天文法華の乱以降であることが確認できる（本書Ⅱ第五章）。また、妙顕寺（妙本寺）の場合は、応仁・文明の乱以前にすでに大宮以東の「三条坊門堀川」に寺地をかまえていたものの、これは、明徳四年（一三九三）に足利義満によって「敷地」の「知行」がみとめられるという特別な事情によるものであろう。実際、それ以前は妙顕寺も、大宮以西である「四条大宮」や「櫛笥以西」に寺地をかまえており、しかも、より東部にあたる「二条西洞院」の敷地買得や移転は、やはり応仁・文明の乱以降であったことが確認できるのである（本書Ⅱ第三章）。

ちなみに、日珖（本書Ⅰ第二章）がのちに住持をつとめる頂妙寺も、開山である日祝が「文明五年」（一四七三）に「営」んだ「一草庵」がもととされ、そこで「日夜説法、聴衆群集、囲繞渇仰、而改宗受法者以万数」であったと『聞法山歴譜幷縁由伝記』(11)は伝えている。

『聞法山歴譜幷縁由伝記』自体は編纂物だが、同時代史料である『後法興院記』(12)文明一三年（一四八一）七月一四日条に「向長《頂》妙寺令聴聞法華法談、次詣本満寺令焼香」(13)とみえることからすれば、「日夜説法、聴衆群集、囲繞渇仰、而改宗受法者以万数」という光景もあながち誇張であるとはいえないのかもしれない。

いずれにしてもこのように、『宣胤卿記』のいう「繁昌」とは、「彼寺」（法華宗寺院）の「京中充満」というかたちで目にみえるようになっていたと考えられるわけだが、ここでもっとも注目されるのは、いずれの事象も文明という年号を冠する時期と交差しているという点であろう。

ここから、京都においては、戦国期に入った文明期を転換期として、法華宗が前代とは異なるすがたをみせはじめたことがうきぼりとなってくるからである。そして、それは、法華宗寺院の「京中充満」、あるいは「造作」を経済的にささえていた「各詣本寺」「法華之輩」である檀徒についてもいえることであった。

たとえば、本阿弥一類の法華信仰は、「文明年中に法号を授け給ひて、清信を本光となづく、それより一類剃髪してみな光の字を名のること、こゝに始る」と『日親上人徳行記』[14]に記されているように、本阿弥光悦の曾祖父の時代である「文明年中」が重要な時期と伝えられていたし（本書Ⅰ第一章）、また、近衛家「奥御所」をとおしてみえる近衛家の法華信仰も、応仁・文明の乱前後よりはじまり、乱後の文明期にとりわけ深化していくようすがみてとれるからである（本書Ⅰ第一章補論）。

このような流れは、「天文元年後奈良院の御宇、将軍義晴公治世京都に日蓮宗繁昌して、毎月二箇寺三箇寺宛出来し、京都大方題目の庵（巷）となれり」[15]とあるように、天文期にかけてひとつのピークをむかえる。そして、その後、天文法華の乱とそれにともなう京都還住を経験し（本書Ⅱ第一章）、ふたたび転換期をむかえることになるが、それが、元亀の年号を冠する元亀期であり、そして、そのさいに注目されたのが勧進という行為であった（本書Ⅲ）。

二　元亀期

応仁・文明の乱以降、兵火にみまわれた京都をはじめとした畿内近国の顕密寺社の修造や造営が、その拠って立つ世俗権力（室町幕府や朝廷など）の助力が期待できないなか、外在的な存在である勧進聖などの勧進によってになわれたことはよく知られている。[16]

また、その勧進は、原則として老若男女、貴賤上下をとわず、あまねく人びとから喜捨をもとめることでなりたっていたことも知られているが、そのさいのキーワードとして注目されるのが、「志」、あるいは「志次第」というものであった(17)。たとえば、それはつぎのような史料(18)からも読みとることができる。

態以折帋申候、仍就東大寺再興勧進之儀、其方へ被申候由候、大伽藍之儀候条、同心候て、洛中洛外諸寺諸山志次第、不寄多少可被勧進事肝要候、尚自東大寺可被仰越候間、不能巨細候、恐々謹言、

日向守

長逸（三好）（花押）

四月十八日

清玉

几下

永禄一〇年（一五六七）一〇月の兵火で被災した東大寺大仏殿の再興は、翌永禄一一年三月、正親町天皇綸旨がくだされて本格化する(19)。右の文書は、その兵火をおこした当事者のいっぽうである三好三人衆のひとり三好長逸が京都「上京芝薬師阿弥陀寺」の清玉に対して出したものである。

ここで注目されるのは、その「東大寺再興勧進」が「洛中洛外諸寺諸山志次第」を対象としたものであったという点であろう。「洛中洛外諸寺諸山」が「洛中洛外」と「諸寺諸山」に分けられるのかどうかについてはさだかではないものの、「勧進」にともなう喜捨が「志次第」とされていたことが読みとれるからである。

ここにみえる「志次第」や「志」が意味するところについては、たとえば、これより先、寛正二年（一四六一）の飢饉のさい、願阿弥によっておこなわれた「六角堂前乞者施行勧進」に対して、東寺の廿一口方が「三百疋」を

遣わすにあたり、「但自惣寺沙汰者旁其憚多之間、志候面々□《少カ》々有沙汰」とその引付[20]に記していることが参考となる（本書Ⅲ第一章）。

ここから、勧進に対しては、「惣寺」といった組織で対応するのは「憚多」いとされるいっぽう、「志候」「面々」（個々人）の「志」にもとづく喜捨で対応するのであれば問題ないといった認識がもたれていたことがうかがえるからである。

もっとも、ここでいう「志」が、かならずしも個々人の意志にまかせられたものではなかった点には注意が必要である。というのも、同じ大仏殿再興の勧進に関しては、本書Ⅲ第一章でも引用した、元亀三年（一五七二）六月に織田信長が清玉に対して出した朱印状[21]の存在が知られるからである。

これより先、元亀元年（一五七〇）八月一五日には、正親町天皇から清玉に対して「東大寺大仏殿之事、勧諸国之助縁、可令再造」との綸旨[22]が出されており、信長朱印状の宛所に清玉が「東大寺本願」と記されているのもそれに対応したものだが、注目されるのは、朱印状のなかで信長が、「分国中人別毎月壱銭宛之事、不撰権門勢家・貴賤上下、無懈怠可出之」と伝えている点であろう。

ここでいう「分国中」とは美濃や尾張などを指し、その「分国中」では、「不撰権門勢家・貴賤上下」、「人別毎月壱銭宛」を「無懈怠」喜捨しなければならないと明記されているからである。ここからは、この時期の勧進が、「不撰権門勢家・貴賤上下」、「人別」に銭「一文」の喜捨を強制するものであったことがうきぼりになる。と同時に、組織として対応するのは「憚多」いにもかかわらず、「人別」（個々人）に対しては「一文」の喜捨の強制を可能にしていたこともあきらかとなろう。

したがって、その「人別」が、たとえ法華宗の僧侶や檀徒であったとしても、あるいはまた、他宗のそれらであったとしても、勧進に対しては応じざるをえないという現実がそこにはあったと考えられる。ところが、信長朱印状が出されたのとまさに同じ年、法華宗では、つぎのような文書[23]を幕府から得たことが知られている。

当宗都鄙本末寺衆徒・同檀那等事、不受施他宗志、殊諸勧進以下不被出之儀、祖師已来堅制法之段、御代々被聞食入、御許容之旨、去年八月二日、被成御下知之上者、向後弥可被専宗躰之法度之由、所被仰下也、仍執達如件、

元亀三年十一月廿三日　右馬助（諏訪貞遥）在判
左衛門尉（飯尾為忠）在判

法花（華）宗中

右によれば、このとき幕府は、「法花（華）宗中」に対して「祖師」（日蓮）「已来堅制法之段」により、「当宗」（法華宗）の「都鄙本末寺衆徒・同檀那等」が「他宗志」を「不受施」、「殊諸勧進以下不被出」ることを「御許容」すると伝えたことがわかる。

ここにみえる「制法」とは、いわゆる不受不施制法とよばれるものだが、注目されるのは、これによって、法華宗の「都鄙本末寺」の「衆徒」「檀那等」にかぎっては、「諸勧進」に応じる必要はないという一種の特例を幕府がみとめたことが知られる点であろう。

文中に「去年八月二日、被成御下知之上者」とみえるように、同様の奉行人奉書は、前年の元亀二年（一五七一）八月二日にも出されており、実際、その文書案[24]も伝えられている。が、いずれにしても、ここからは、元亀二、

三年を境にして法華宗が、この時期の勧進がそなえていた強制力から、いわば自由の身になったことがあきらかとなろう。

ここで注意しておかなければならないのは、このときに得られた特例が一過性のものではなく、その後もひきつがれていくことになったという事実である。たとえば、それは、本書Ⅲ第一章・第二章でも引用した天正五年（一五七七）二月朔日付村井貞勝折紙案[25]からも確認できる。

折紙案の一行目にみえる「為祖師已来之制法、不受施他宗志、殊諸勧進以下不被出」との一文から、本文書の意味するところが元亀三年のものとかわらないことはあきらかである。おそらくは、本文書も元亀三年の奉行人奉書などを証文として法華宗側から申請されて出されたものと考えられるが、違いとして注目されるのは、「向後上下京中江申出旨、雖在之、当宗之事者、可相除」、つまり「上下京中」（洛中）で「諸勧進」がおこなわれたさいにも「当宗」（「法花（華）宗」）は「相除」かれると明記されている点であろう。

これが重要な意味をもつことは、永禄の規約（本書Ⅰ第三章）をへて成立した京都の本山寺院の結合体である会合（史料のうえでは「諸寺」、いわゆる十六本山会合）が、当該の村井貞勝折紙案を「諸勧進停止之御折帋[26]」とよんでいた事実からもあきらかといえる。そればかりか、同じ文面がしたためられた天正一七年（一五八九）卯月二八日付民部卿法印玄以折紙案[27]も残されており、元亀二、三年を境にして法華宗が獲得した「諸勧進停止」という特例は、世俗権力からの承認を重ねていくなかでしだいに定着していったようすが知られよう。

そして、その定着度を裏づけるかのようにして、本書Ⅲ第二章で引用した（年未詳）六月三日付伊勢内宮宇治橋妙蓮上人書状[28]のような史料も登場することになる。本書状の宛所にみえる「しんさいけ」とは、新在家（新在家絹屋町）を意味し、元亀四年（一五七三）四月に信長によっておこなわれた上京焼き討ち後の復興策の一環として、同年七月以降にあらたに建設された都市域であることが高橋康夫氏[29]によってあきらかにされている。

したがって、妙蓮上人書状の年紀もまた、早く見積もって天正二年（一五七四）六月以降となるわけだが、目をひくのは、「しんさいけ」に居住する「法花宗」（法華宗）の「衆徒」や「檀那等」が「くわんしん《勧進》」を「御ことハリ《断》」することについては、「伊勢内宮宇治はし《橋》妙蓮上人」も「きゝわけ《聞分》」たという一文がみえる点であろう。

ここからは、「伊勢内宮宇治はし《橋》」建造を目的とするような「くわんしん《勧進》」でさえも「法花宗」（法華宗）を理由に「御ことハリ《断》」し、「さしおきまいら」すことが、もはやめずらしいものではなくなりつつあったことがうかがえるからである。

そして、それと並行するかのようにして、京都の法華宗では、天正四年（一五七六）以降、自宗内の僧侶や檀信徒を対象にしておこなう広範な募財活動のことを「諸寺勧進」[30]、あるいは「勧進」とよぶようになる。本来、勧進ということばは、顕密寺社の修造や造営にかかわるものとしてつかわれていた。それを念頭においてみたとき、法華宗の場合は、そのような既存の勧進を排除するいっぽうで、みずからの内部に勧進に類する活動をとり込み、日常的な檀徒による寄進などもあわせた、あらたな募財のしくみをもつようになっていったといえよう（本書Ⅲ第一章・第二章・第三章）。

残念ながら、現状では、ほかの教団・寺院との比較ができないため、即断することはできないものの、このようなしくみというのは、おそらくこの時期、法華宗をのぞいてほかに見いだすことはできないのではないだろうか。それがもし的を射ているとするなら、その発端となった元亀期もまた、先の文明期とならんで、法華宗にとって転換期ととらえることができる。実際、それを裏づけるように、先に引用した元亀三年の奉行人奉書のことを法華宗内では、のちに「永代不易の御下知」[31]とよびならわすようになったことも知られるからである。

ここで思いおこさなければならないのは、元亀期といえば、元亀二年（一五七一）九月一二日に信長によって延暦寺が焼き討ちされ、一時的とはいえ、その存在が地上から消滅した時期にあたるという点であろう。本書でみてきた時期に限定したとしても、その存在が法華宗におよぼしてきた影響は絶大といわざるをえず、たとえば、天文法華の乱後の京都還住交渉からもみてとれるように（本書Ⅱ第一章）、法華宗寺院が京都に存続できるかどうかも延暦寺大衆の意向に大きく左右されていた。

したがって、本来、顕密寺社の修造や造営にかかわることばとしてつかわれてきた勧進に対して法華宗が独自のむきあいかたをするようになるのが、延暦寺が焼き討ちされた元亀二年以降であるというのもけっして偶然ではない。いわば、法華宗が、山門延暦寺大衆の影響力からも自由の身になったからこそ踏み出せたことといえよう。

なお、このこととあわせて注目しておく必要があるのが、元亀期直前にあたる永禄期、京都を含む畿内近国に勢力をおよぼした三好政権の有力者である三好実休が日珖に帰依し（本書Ⅰ第二章）、また、同じく三好政権の一翼になう人物にして、「諸寺へ異見」できる「檀那」[32]としても知られた松永久秀が永禄の規約成立に寄与していたという事実である（本書Ⅰ第三章）。

ここからは、京都に影響力をおよぼす武家権力とのあいだに法華宗が直接的な関係をむすぶようになっていたことがあきらかとなると同時に、それが、天文期にみられたような政治的な利害だけにもとづくものではなく、信仰や宗教を媒介にしたものへと変化していたことが知られるからである。

いずれにしてもこのように、延暦寺大衆という軛からときはなたれた法華宗は、好むと好まざるとにかかわらず、三好政権や織田政権、そして豊臣政権といった武家権力との直接対峙の場へと出ていかざるをえなくなっていったと考えられよう。

三　慶長期

京都東山の「汁谷」の地に豊臣政権によって立地がさだめられた大仏（大仏殿）の普請は、天正一六年（一五八八）五月より本格的にはじめられる。ところが、その普請は天正期を過ぎ、文禄期に入ってもなおつづけられることになった（本書Ⅳ第二章）。

そのようななか、文禄四年（一五九五）九月二五日に「太閤様御先祖之御吊」[33]としてはじめられたのが、大仏千僧会である。その「会場」は、『義演准后日記』[34]文禄五年（一五九六）正月二九日条によれば、「大仏殿東」に「先年太閤御所御建立」した「東西廿一間」におよぶ「広大殊勝」かつ「中央仏壇本尊尺迦三尊安置」されたものであり、同地に「妙法院御移徙」したために「大仏経堂」[35]とも、「大仏之奥妙法院殿経堂」[36]ともよばれることになった。

この時期の史料にみえる「大仏」とは、大仏殿を中核とした一定の施設や空間を意味するが、妙法院もまた、そのような施設や空間のなかに「御移徙」したために「大仏妙法院殿」[37]とよばれることになる。ここであらためて注意しておく必要があるのは、大仏千僧会の「会場」は、その「大仏妙法院殿」内におかれたのであって、大仏殿とはまったく異なる場所であったという点であろう（本書Ⅳ第一章）。

そして、その場所でおこなわれた千僧会への「出仕」を豊臣政権よりもとめられたのが、「新儀」「八宗」[38]であった。「新儀」とされたゆえんは、伝統的な「南都」六宗にかわって、「律僧」（律宗）「五山禅宗」「日蓮党」（法華宗・日蓮宗）「浄土宗」「遊行」（時宗）「一向衆」（真宗）が、「真言衆」（真言宗）や「天台宗」と「同日同請」として加えられたことによる。また、「日蓮党」らに「出仕」がもとめられたのは、「八宗都ニ無之分有之間」[39]とあるように、「南都」六宗が「都」（京都）に拠点をおいていなかったためとされている（本書Ⅳ第三章）。

つまり、大仏千僧会においては、京都に拠点をおいているかどうかが重視されたわけだが、注目されるのは、「出仕」を要請した文禄四年九月一〇日付の民部卿法印書状案の宛所には、「真言宗中」と同じ様式で「法華宗中」(40)の文字も確認できる点であろう。

これまでとは大きく異なり、「同日同請」を前提に豊臣政権が法華宗を真言宗と同じように、大規模な法会をになう「宗中」「宗」とみていたことがあきらかとなるからである。したがって、法華宗は、大仏千僧会がおこなわれた京都において、国家の一翼をになう豊臣政権により「宗」として公認されたと理解することも可能となろう（本書Ⅳ第三章）。

ちなみに、文禄四年九月二五日に開始された大仏千僧会においては、延暦寺も「三井寺」とともに「天台宗」を構成する「寺」として、「日蓮党」などとならべられていたことが、『言経卿記』同日条からみてとれる。かつて法華宗に対して絶大な影響力をおよぼした延暦寺も、もはや「一宗」のなかの一「寺」として位置づけられるようになったことが知られよう。

さて、大仏千僧会が開始された翌文禄五年（一五九六）は、慶長元年と改元され、その慶長期は二〇年にわたってつづくことになる。この二〇年という年月がいかにながいものであったのかについては、大仏をめぐってくりひろげられた有為転変のさまからもみてとることができる。

たとえば、文禄五年（慶長元年）には大地震によって大仏本尊が大破し、慶長二年（一五九七）にはその本尊にかえて善光寺如来が遷座するも、翌年には帰座、しばらく本尊不在の時代がつづいたのち、慶長七年（一六〇二）に本尊再建がはかられたにもかかわらず、その最中に火災が発生し大仏殿もろとも焼失、ふたたび大仏殿と大仏の再建がすすめられることになったものの、結局のところ、慶長二〇年（一六一五）には堂供養・開眼供養を待たずして豊臣（羽柴）家が滅亡にいたるというようにである。

ところが、それとは対照的に大仏千僧会のほうは、この二〇年のあいだ、とだえることなくつづけられた。とりわけ「施主」[41]であった秀吉が慶長三年（一五九八）八月一八日に亡くなって以降も継続されたところに、大仏千僧会が「国家之祈禱」と「同事」[42]とされる恒常的な法会として重要な意義をになうようになっていたことがうかがえよう。

もっとも、秀吉が亡くなった翌慶長四年（一五九九）五月以降は、「一ケ月一宗宛ニ被減」[43]、「同日同請」から「一ケ月」ごとに「一宗」が法事をおこなうかたちに変更される。しかしながら、これによって、法華宗もまた、単独で法事をになうことになり、少なくとも大仏千僧会においては、「新儀」「八宗」が「横並びの併存」[44]、あるいは、「相互に対等で自立的な宗派として、分立した」[45]すがたへと変貌していくようすを、くりかえされる法会のなかであらわにしていくことになったといえよう。

したがって、この慶長期もまた、法華宗にとっては転換期だったのではないかと考えられるわけだが、ただ、ここにいたれば、「戦国仏教」という呼称をもちいること自体ふさわしい状況とはいえないことも知られる。それはとりもなおさず、この慶長期が、戦国期京都の法華宗にとって転換期であると同時にひとつの逢着点でもあったことを意味しよう。

以上みてきたように、「戦国仏教」という呼称を念頭におきながら、戦国期京都の法華宗にかかわるさまざまな事象をあらためてみてみると、京都において法華宗がどのような軌跡をたどってきたのか、あるいはまた、そのなかでどのような変化がみられ、そして、それがいつおこったのか、いわば点と点をつないで線にし、その線と線を組みあわせて面や立体にしていくことが可能になることがわかる。

したがって、「戦国仏教」という呼称にもし有用性をもとめるとするなら、それは、他の学術的な呼称と同じように、数々の事象をむすびつけて、かたちあるものにしていくための道具となりうる点にこそあるのではないだろうか。誤解をおそれずにいえば、「戦国仏教」という呼称もまた、あくまで呼称であるということを常に念頭においておく必要があろう。そして、将来、戦国期京都の法華宗も含めた戦国期の仏教のすがたかたちが明瞭となったとき、「戦国仏教」という呼称自体その役目をおえるにちがいない。しかしながら、そこまでの道のりはなお遠く、ひきつづき、あくなき事象の検討と「実証作業」を積み重ねていくほかはないであろう。本書がその捨て石のひとつにでもなれればさいわいに思う。

註

(1) 河内将芳『中世京都の民衆と社会』（思文閣出版、二〇〇〇年）、同『中世京都の都市と宗教』（思文閣出版、二〇〇六年）、同『日蓮宗と戦国京都』（淡交社、二〇一三年）。
(2) 『京都大学所蔵文書』（『大日本史料』第八編之二、文明元年八月八日条）。
(3) 註(2)参照。
(4) 川本慎自「室町幕府と仏教」（『岩波講座日本歴史　第八巻　中世3』岩波書店、二〇一四年）。
(5) 『諫暁始末記』（立正大学日蓮教学研究所編『日蓮宗宗学全書　第一九巻　史伝旧記部（二）』山喜房佛書林、一九六〇年）。
(6) 増補史料大成。
(7) 『尊卑分脈』第三篇（新訂増補国史大系）。
(8) 『御湯殿上日記』（『続群書類従』補遺三）文明九年二月二四日条。
(9) 『教興卿記』（史料纂集）応永二〇年六月二五日条ほか。

(10)『図書寮叢刊　九条家歴世記録　二』、宮内庁書陵部写真帳も参照。
(11)『大日本史料』第九編之四、永正一〇年四月一二日条。
(12)増補続史料大成。
(13)辻善之助『日本仏教史　第五巻　中世篇之四』（岩波書店、一九五〇年）。
(14)京都大学附属図書館所蔵。
(15)『昔日北花録』巻之三（黒川真道編『国史叢書』国史研究会、一九一五年）。
(16)吉井敏幸「近世初期一山寺院の寺僧集団」（『日本史研究』二六六号、一九八四年）、下坂守『描かれた日本の中世――絵図分析論――』（法藏館、二〇〇三年）、河内前掲『中世京都の都市と宗教』、太田直之『中世の社寺と信仰――勧進と勧進聖の時代――』（弘文堂、二〇〇八年）、豊島修・木場明志編『寺社造営勧進本願職の研究』（清文堂出版、二〇一〇年）ほか。
(17)河内将芳「「天正四年の洛中勧進」再考――救済、勧進、経済――」（『立命館文学』六一四号、二〇〇九年、本書Ⅲ第一章）。
(18)（年未詳）四月一八日付三好長逸書状（『阿弥陀寺文書』、水野恭一郎・中井真孝編『京都浄土宗寺院文書』同朋舎出版、一九八〇年）。
(19)『御湯殿上日記』永禄一〇年三月二七日条。
(20)『廿一口方供僧評定引付』（京都府立京都学・歴彩館所蔵『東寺百合文書』く函）寛正二年二月一八日条。
(21)元亀三年六月日付織田信長書状（『東大寺文書』、『大日本史料』第一〇編之九、元亀三年六月是月条）。
(22)『山城名勝志』巻之二（『新修京都叢書』第一三巻、臨川書店、一九六八年）。
(23)元亀三年一一月二三日付室町幕府奉行人連署奉書案（『大日本史料』第一〇編之一〇、元亀三年一一月二三日条、頂妙寺文書編纂会編『頂妙寺文書・京都十六本山会合用書類』一、大塚巧藝社、一九八七年）。
(24)元亀二年八月二日付室町幕府奉行人連署奉書案（藤井学・上田純一・波多野郁夫・安国良一編著『本能寺史料　中世篇』思文閣出版、二〇〇六年）。
(25)天正五年二月朔日付村井貞勝折紙案（頂妙寺文書編纂会編『頂妙寺文書・京都十六本山会合用書類』一、大塚巧藝社、一九八六年)。
(26)(天正四・五年)『諸寺勧進之内遺方』(『頂妙寺文書・京都十六本山会合用書類』四、大塚巧藝社、一九八九年)。
(27)天正一七年卯月二八日付民部卿法印玄以折紙案(『頂妙寺文書・京都十六本山会合用書類』一)。
(28)(年未詳)六月二日付妙蓮上人書状(『頂妙寺文書・京都十六本山会合用書類』一)。河内将芳「戦国期京都における勧進と法華教団――新在家を中心に――」(世界人権問題研究センター編『救済の社会史』世界人権問題研究センター、二〇一一年、本書Ⅲ第二章)参照。
(29)高橋康夫『京都中世都市史研究』(思文閣出版、一九八三年)、同『洛中洛外――環境文化の中世史――』(平凡社、一九八八年)。
(30)古川元也「天正四年の洛中勧進」(『古文書研究』三六号、一九九二年)、河内将芳「戦国最末期京都における法華宗檀徒の存在形態――天正四年付『諸寺勧進帳』の分析を中心に――」(『仏教史学研究』第三五巻一号、一九九二年、のちに同前掲『中世京都の民衆と社会』)。
(31)『宗義制法論』上巻(日蓮宗不受不施派研究所編『不受不施史料』第一巻、平楽寺書店、一九八三年、柏原祐泉・藤井学校注『日本思想大系 57 近世仏教の思想』岩波書店、一九七三年)。
(32)(永禄六年)極月二六日付薬草院日扇書状案(法泉寺所蔵『永禄之旧規勝劣一致和睦之次第案文』)。
(33)(文禄四年)九月一〇日付民部卿法印玄以書状(『東寺文書』楽甲八、上島有編著『東寺文書聚英』同朋舎出版、一九八五年)。
(34)史料纂集。
(35)『言経卿記』(大日本古記録)文禄四年九月二五日条ほか。
(36)『言経卿記』慶長二年正月二九日条ほか。
(37)『孝亮宿禰記』(大和文華館写本)文禄四年一一月二九日条ほか。
(38)『言経卿記』文禄四年九月二五日条。
(39)註(38)参照。
(40)註(31)参照。

（41）『義演准后日記』文禄五年正月二九日条。
（42）（文禄四年）九月二四日付民部卿法印玄以書状（東京大学史料編纂所写真帳『妙顕寺文書』）。
（43）『義演准后日記』慶長四年五月二四日条。
（44）大田壮一郎「中世仏教史の〈分水嶺〉――ポスト「顕密体制」を探る――」（荒武賢一朗・太田光俊・木下光生編『日本史学のフロンティア　2　列島の社会を問い直す』法政大学出版局、二〇一五年）。
（45）黒田俊雄「中世における顕密体制の展開」（同『日本中世の国家と宗教』岩波書店、一九七五年、のちに『黒田俊雄著作集　第二巻　顕密体制論』法藏館、一九九四年）。

成稿・原題一覧

序　「戦国仏教」論再考――京都と日蓮宗を中心に――　『仏教史学研究』第五八巻一号、二〇一五年

Ⅰ

第一章　光悦と日蓮宗　河野元昭編『光悦――琳派の創始者――』宮帯出版社、二〇一五年

近世初頭の京都と光悦村　河野元昭編『光悦――琳派の創始者――』宮帯出版社、二〇一五年

補論　近衛家「奥御所」の臨終　新稿

第二章　戦国末期畿内における一法華宗僧の動向――日珖『己行記』を中心に――　『戦国史研究』三六号、一九九八年

第三章　「法華宗の宗徒」松永久秀――永禄の規約を中心に――　天野忠幸編『松永久秀――歪められた戦国の〝梟雄〟の実像――』宮帯出版社、二〇一七年

Ⅱ

第一章　天文法華の乱後、法華宗京都還住に関する考察――近江六角氏との関係を中心に――　『興風』二九号、二〇一七年

第二章　中世本能寺の寺地と立地――成立から本能寺の変まで――　『立命館文学』六〇九号、二〇〇八年

信長の京都宿所と本能寺の変
『第4回東海学シンポジウム　いくさの歴史Ⅱ――継体と信長に絞って――』ＮＰＯ法人東海学センター、二〇一六年
補論　中世本能寺の弘通所敷地について　新稿
第三章　中世妙顕寺の寺地と立地　『興風』三〇号、二〇一八年
補論　荒木村重の女房衆と妙顕寺と「ひろ籠」　『法華』第一〇〇巻八・九号、二〇一四年

Ⅲ

第一章　「天正四年の洛中勧進」再考――救済、勧進、経済――　『立命館文学』六一四号、二〇〇九年
第二章　戦国期京都における勧進と法華教団――新在家を中心に――　『救済の社会史』財団法人世界人権問題研究センター、二〇一〇年
第三章　『京都十六本山会合用書類』所収「洛中勧進記録」について――中世京都における「都市文書」との関連において――　『古文書研究』四九号、一九九九年

Ⅳ

第一章　京都東山大仏の歴史的意義――書評・安藤弥「河内将芳著『秀吉の大仏造立』」に接して――　『新しい歴史学のために』二八六号、二〇一五年

第二章　東山大仏と豊臣政権期の京都——秀吉在世時を中心に——　『史窓』七五号、二〇一八年

第三章　東山大仏千僧会の開始と「宗」「寺」　新稿

付論　新多武峯と大織冠遷座について——豊臣政権と霊宝に関するノート——　『立命館文学』六〇五号、二〇〇八年

補論　書評・藤井学著『法華文化の展開』『法華衆と町衆』　『洛北史学』七号、二〇〇五年

終　「戦国仏教」論再考——京都と日蓮宗を中心に——　『仏教史学研究』第五八巻一号、二〇一五年

＊各章とも補筆・補訂を加えている。

＊本書への収載にあたり格別のご厚情をいただいた関係各位に対し、記して感謝申しあげます。

＊本書は、二〇一六～一八年度日本学術振興会科学研究助成事業・基盤研究C・課題番号一六K〇三〇六三、二〇一九～二二年度日本学術振興会科学研究助成事業・基盤研究C・課題番号一九K〇〇九六七の研究成果の一部である。

あとがき

人は人とどのようにむすびついて集団をつくり、そして社会をかたちづくっていくのか、これが、著者が第一論集（『中世京都の民衆と社会』思文閣出版、二〇〇〇年）以来、常に考えつづけてきた問いかけである。このような問いかけ自体は、時代を問わず、また、ジャンルも問わないものだが、著者の場合、それを日本の中世や近世という時代に、そして、京都や奈良といった都市において考えてみようとしてきたところに特徴がみられる。そのうえで、都市とは何か、あるいは、前近代における京都という都市の特質とは何かを考えつづけてきた。

本書もまた、このような問題関心のもとでまとめたつもりではあるが、残念ながらあたらしい何かを発信できるようなところにまでいたらず、あいかわらずの習作にとどまってしまった感はいなめない。ひとえに著者の力不足によるものであり、あらためて精進を重ねていくほかはないといえよう。

ところで、本書で注目した宗教や信仰が人と人をむすびつけるという実感を現代日本で得ることは思いのほかむずかしい。また、町や村、あるいは近所といった地縁の力も弱くなるいっぽうで、学校のクラスメートや職場仲間といった、いわば職縁にもとづくものが現代日本を代表するむすびつきになっているように思われるのだが、どうだろうか。

実際、そのような職縁からひとたびはなれてしまえば、たちまち行き場をうしない、ひとりの個人として自分とむきあわなければならなくなる。そのことをおそれて人びとは、職縁から切りはなされないよう、あるいは、仲間はずれにされないよう、ネットや「空気を読む」など、ありとあらゆる手段をつかって神経をすりへらし、疲れはてているというのが現代日本でみられる光景のように思われる。

ところが、ひとたび目を日本の外にむければ、宗教や信仰によってむすびついた集団がいかに影響力をもっているのかは、メディアをとおしてだけでもみてとれる。このような日本の外でくりひろげられているできごとと、本書でみてきた時代のできごととが同じとはいわないが、宗教や信仰が人びとをむすびつけるということを考えていくうえでは、対岸のできごととしてみすごすのではなく、注意深くみていかなければならないことがらといえよう。

ふりかえってみれば、研究史のうえで「戦国仏教」という呼称を冠せられた法華宗（日蓮宗）や真宗（浄土真宗）が人びとの心をとらえ、むすびつけていったことはまぎれもない事実である。そして、その存在を為政者である武家も公家も、また、中世宗教を体現していた顕密寺社も無視することができなくなっていったようすを史料で跡づけようとこころみてきたわけだが、そのようなこころみが少しでもかたちになったのかどうかについては、読者諸賢の判断をあおぐほかはない。忌憚のないご意見をひとつでもいただければ、さいわいに思う。

昨今、人文系の若手研究者をとりまく環境がきびしさを増すいっぽうとの話を聞くにつれ、まったく実力もなく、また、何ひとつ成果も残していない著者のようなものが、さまざまな機会をあたえられていることへのうしろめたさを感じない日はないといってもよい。著者の場合は、ひとえに運がよいだけにすぎないのだが、その運にめぐりあわせていただいている多くの方々にわずかでも恩返しができるよう、これからも微力をつくすことを誓って、あとがきにかえたいと思う。

七月七日　　河内将芳

索　引

・本文中の主要な語句を「Ⅰ　事項」「Ⅱ　人名」に分けて、五十音順で配列した。
・「Ⅰ　事項」には地名・寺社名・史料名等を、「Ⅱ　人名」には研究者名を除く人名を採録した。

Ⅰ　事項

あ行——

か行——

さ行——

た行——

な行——

は行——

ま行——

や行・ら行――

Ⅱ　人名

あ行――

か行――

さ行――

た行――

な行――

は行――

ま行――

や行・ら行――

河内将芳（かわうち　まさよし）

1963年大阪市に生まれる。1987年京都府立大学文学部卒業。1999年京都大学大学院博士課程修了。京都大学博士（人間・環境学）。1987年甲南中学・高等学校教諭、2001年京都造形芸術大学芸術学部専任講師、2003年同助教授、2005年奈良大学文学部助教授、2007年同准教授、2010年同教授、現在に至る。主な著書に、『中世京都の民衆と社会』（思文閣出版、2000年）、『中世京都の都市と宗教』（思文閣出版、2006年）、『秀吉の大仏造立』（法藏館、2008年）、『祇園祭の中世――室町・戦国期を中心に――』（思文閣出版、2012年）、『日蓮宗と戦国京都』（淡交社、2013年）などがある。

戦国仏教と京都
――法華宗・日蓮宗を中心に――

二〇一九年九月二七日　初版第一刷発行

著　者　河内将芳
発行者　西村明高
発行所　株式会社　法藏館
京都市下京区正面通烏丸東入
郵便番号　六〇〇―八一五三
電話　〇七五―三四三―〇〇三〇（編集）
〇七五―三四三―五六五六（営業）

装幀者　上野かおる
印刷・製本　亜細亜印刷株式会社

ISBN 978-4-8318-6252-5 C3021